Jutta Falke-Ischinger
Daniel Goffart

FRIEDRICH MERZ

FSC
www.fsc.org
MIX
Papier | Fördert gute Waldnutzung
FSC® C014889

Umschlaggestaltung: Jorge Schmidt, München
Umschlagmotiv: © picture alliance/dpa | Michael Kappeler
Innengestaltung und Satz: Sibylle Schug, München
Druck und Binden: Friedrich Pustet GmbH & Co. KG, Regensburg
Printed in Germany
ISBN: 978-3-7844-3736-1
www.langenmueller.de

Jutta Falke-Ischinger
Daniel Goffart

FRIEDRICH MERZ

Die Biographie

LMV

Inhalt

VORWORT

Jetzt geht es ums Ganze

Die Ampelkoalition ist Geschichte, das »Zukunftsbündnis« vorzeitig zerbrochen. Damit steht Friedrich Merz vor der größten Herausforderung seines Lebens: Wird der Kanzlerkandidat der Union bei den vorgezogenen Bundestagswahlen am 23. Februar 2025 seinen politischen Lebenstraum erfüllen können und zum nächsten Regierungschef der Bundesrepublik Deutschland gewählt werden?

Wechsel oder weiter so? Bei dieser Wahl wird über den künftigen Kurs entschieden. Dabei geht es nicht nur um Personen, sondern um einen Plan für die Zukunft Deutschlands. Olaf Scholz knüpft an die betäubende Wirkung jener watteweichen Wahlkämpfe an, mit denen schon seine Amtsvorgängerin Angela Merkel erfolgreich war. Die SPD und ihr Kanzler wollen den Menschen keine Entscheidungen abverlangen, sondern sie in dem Glauben wiegen, dass für alle und alles genug Geld da ist. »Die SPD steht für Einsparungen nicht zur Verfügung« – dieser Satz der Co-Vorsitzenden Saskia Esken sagt alles. Hemmungsloses Schuldenmachen wird zur »modernen Wirtschaftspolitik« verklärt, der ungebremste Anstieg der Sozialleistungen als »Investition in den solidarischen Zusammenhalt« geadelt und zur Rettung des Klimas gelingt die ökologische Transformation nach Meinung linker Politiker und Ökonomen auch nur dann, wenn der Steuerzahler den Unternehmen vom grünen Stahl über die Chipfabrik bis zur Ladesäule alles finanziert, was für den Umbau der Industrie wünschenswert ist. Bezahlt werden soll das alles aus »Sondervermögen« oder »Fonds« und »Bonds«, wie man in Brüssel gerne sagt. Das »Framing« der »progressiven Kräfte« funktioniert: Wer in Politik und Medien nennt Schulden heute noch »Schulden«?

Geplant ist ein Wohlfühlwahlkampf. Mit Scholz muss man sich nicht entscheiden zwischen äußerer Sicherheit und steigenden Sozialleistungen, zwischen starker Bundeswehr und pünktlicher Bahn. Mit ihm, so seine Botschaft, gibt es kein »entweder – oder«, sondern nur ein »und«. Genosse Olaf, der erfahrene Staatsmann und Krisenkanzler, kümmert sich. Der alles richtende Staat lässt grüßen. Schon vor Jahren hatte Scholz versprochen: »You'll never walk alone.«

Die Union unter Friedrich Merz setzt dagegen auf ein anderes Staatsverständnis und auf ein anderes Menschenbild. Eigenverantwortung steht vorne, dann erst kommt die Solidarität. Anders gesagt: Erst einmal versucht man es selbst, bevor andere zur Hilfe verpflichtet werden. Das bedeutet auch: Wer arbeiten kann, der soll das tun. Wer das ablehnt, kann nicht die Gemeinschaft zur Kasse bitten. Nicht ohne Grund haben Friedrich Merz und sein Generalsekretär Carsten Linnemann das alte CDU-Mantra hervorgeholt: »Arbeit soll sich wieder lohnen.« Ohne Anstrengungen und auch ohne Zumutungen, so die Botschaft, schafft Deutschland es nicht aus der Krise. Die Umfrageergebnisse für die Union sind stabil. Doch der Wind kann sich jederzeit wieder drehen, die Zeiten sind kurzlebig und selbst kleinste Vorfälle entfalten unerwartet plötzlich Störpotenzial wie bei der Wahl 2021.

Für Friedrich Merz, der 2018 zum ersten Anlauf an die Spitze der CDU ansetzte und sich davor zehn Jahre lang ins politische Off verabschiedet hatte, geht es jetzt ums

Ganze. Trauen die Bürger dem einstigen Merkel-Widersacher zu, nicht nur seine Partei, sondern das ganze Land auf Kurs zu bringen? Und das in einer Zeit, in der multiple Krisen die Welt in Atem halten?

Die russische Invasion in der Ukraine und ihre politischen, wie wirtschaftlichen Folgen stellen ganz Europa, ja die gesamte internationale Gemeinschaft vor große Herausforderungen. Auch der anhaltende Krieg in Nahost und die wachsenden Spannungen zwischen Arabern und Israelis, zwischen Juden und Moslems auf der ganzen Welt verstärken das Gefühl einer bedrohlichen globalen Zuspitzung.

Nicht zuletzt müssen sich Deutschland und Europa auf Donald Trump einstellen. Der US-Präsident wird wie angekündigt in der Ukraine einen raschen »Deal« mit Putin anstreben – wahrscheinlich auf Kosten Kiews. Die Europäer werden in der Nato mehr Verantwortung übernehmen müssen, was im Kern bedeutet, dass sie für die Verteidigung Europas selbst sorgen und auch bezahlen müssen.

Nach Lage der Dinge wird Trump auch den wirtschaftspolitischen Druck auf Europa erhöhen, sei es durch die angekündigten drastischen Zollerhöhungen auf Autos und Maschinen, sei es durch die Abschottungsversuche gegenüber China. Europa und insbesondere die Exportnation Deutschland werden darunter leiden, wenn sie im Kampf zwischen den USA und Peking zerrieben oder von Trump auf die Seite Amerikas gezwungen werden.

Wie kann man dieser Entwicklung begegnen? Wie soll man mit Trump reden, wie den Handel mit China fortsetzen, ohne dass die USA ihren Bannstrahl auf die deutsche Exportwirtschaft richten, insbesondere auf die Autobauer? Wie kann die ökologische Transformation der Wirtschaft gelingen, ohne den Staat zu überfordern, die Regeln der Marktwirtschaft zu ignorieren und im Kampf gegen den Klimawandel zurückzufallen?

Auf all diese Fragen muss Friedrich Merz glaubhafte Antworten geben, wenn er es besser machen will als Olaf Scholz. Merz sagt zwar gerne »ich kann's besser und Deutschland kann's besser«, aber wird er es uns auch beweisen können?

Im Folgenden wollen wir der Frage nachgehen, ob diese Selbsteinschätzung der Realität standhalten kann. Dazu betrachten wir eingehend die Person Friedrich Merz. In der Geschichte der Bundesrepublik gibt es kein vergleichbares politisches Comeback wie das des ewigen Merkel-Widersachers. Was treibt diesen Mann an, der lukrative Jobs in der Wirtschaft hinter sich ließ, um sich nach zehn Jahren Pause nochmal in die Kämpfe der deutschen Politik zu begeben?

Wir begeben uns dabei auf eine Spurensuche nach privaten und politischen Wegmarken, die Aufschluss darüber geben, welche Werte und Erfahrungen seine politischen Überzeugungen geformt haben. Und wie sie sich auf den inhaltlichen Kurs der CDU auswirken. Leitlinie des Buches sind folgende Fragen: Inwiefern hat die #merzcdu in der Vergangenheit zu einzelnen Aspekten bereits Position bezogen – und wie geht sie in Zukunft damit um? Und was sind die Parameter, an denen sich eine zukunftsorientierte CDU in Regierungsverantwortung messen lassen muss?

Die Beantwortung dieser Fragen haben wir in drei Blöcke aufgeteilt:

Teil I befasst sich mit dem mühsamen Aufstieg von Friedrich Merz an die Parteispitze. Wir beschreiben die Hürden, die er überwinden musste, um dahin zu gelangen, wo er immer hinwollte. Kam ihm seine Persönlichkeit auf dem Weg in das Herz der Partei in die Quere oder machte sie ihn stark? Zudem zeigt die spannungsreiche Beziehung zwischen Angela Merkel und Friedrich Merz, wie sehr das Politische persönlich wurde und das Persönliche politisch:

Bis über ihren Rückzug aus dem Kanzleramt hinaus verteidigte Merkel die CDU gegen das Eindringen des Rivalen. Das hat die Partei in eine mindestens drei Jahre anhaltende Führungskrise gestürzt, und am Ende stand der Verlust der Mehrheit im Bund.

Merz hielt trotz aller Rückschläge durch und schaffte es, sich an die Spitze der CDU zu setzen und die Union wieder als führende Kraft zu positionieren. Ein ausführlicher Blick in seine Jugend- und Schulzeit im Sauerland wie auf sein Leben mit Ehefrau Charlotte zeigt, was den Christdemokraten persönlich und politisch so resilient gemacht hat, dass er sich nicht beirren ließ auf seinem langen und mühevollen Marsch durch die Parteigliederungen. Friedrich Merz, der Unbeugsame.

In Teil II unseres Buches gehen wir der Frage nach, wie sich die Partei Adenauers, Kohls und Merkels für die Zukunft positioniert. Wie sehr wird sie sich von einer gesellschaftspolitisch liberalen, manche sagen sozialdemokratisierten Politik der Merkel-Jahre abgrenzen? Die Krisen der Gegenwart erfordern schon jetzt tragfähige Antworten, auch von der Opposition. Wie wird sich das von Irritationen heimgesuchte Verhältnis zur CSU entfalten? Läuft es gut zwischen Söder und Merz? Wir versuchen zu verstehen, was passieren muss, damit der Familienfrieden zwischen den Schwesterparteien nicht wieder gestört wird. Wir beobachten dabei eine Partei auf der Suche nach einem Profil, das sich nicht nur vom früheren abheben soll, sondern auch von den Fehlern der Ampelkoalition. Wenn CDU/CSU wieder Regierungsverantwortung übernehmen, ist dann mit einem konservativen Rollback zu rechnen? Wie wollen Merz und sein Generalsekretär Carsten Linnemann die »CDU Pur« durchsetzen, mit welchen Koalitionspartnern?

In diesem Zusammenhang betrachten wir die Entstehung der AfD und anderer Parteien rechts der CDU, solcher, die einmal als »Fleisch vom Fleische« der Union bezeichnet wurden. Auch ist mit dem Bündnis Sahra Wagenknecht (BSW) eine weitere populistische Partei hinzugekommen, deren spontaner Erfolg viele überrascht hat.

Friedrich Merz hat der Union »Aufbruch und Erneuerung« versprochen. Der erste Test dafür ist, ob es die männlich geprägte Partei schafft, einen Kulturwandel in den eigenen Reihen einzuläuten, der sie attraktiver macht für weibliche Mitglieder und Wählerinnen. Wir schauen dabei auch auf das Frauenbild des CDU-Chefs und auf die Leute um ihn herum. Wer befindet sich im inneren Kreis, wie wirken diese Menschen zusammen? Verfügen die einzelnen Mitglieder dieses Teams über genügend Eigenständigkeit und Sichtbarkeit oder konzentriert sich alles auf den Chef?

In Teil III befassen wir uns mit den vielfältigen Problemen und Herausforderungen, vor denen das Land steht. Anlässlich der Krise in der Ukraine erleben wir eine verunsicherte Nation, die um den richtigen Kurs ringt, vor allem in der Außen- und Sicherheitspolitik sowie bei den Fragen von Klimaschutz und Energiewende. Wie soll die marode Wirtschaft wieder angekurbelt werden? Ohne Aufschwung und den damit verbundenen höheren Steuereinnahmen kann Merz sein Entlastungs- und Investitionsprogramm nicht finanzieren. Doch wie entlastet er die Wirtschaft von der erstickenden Bürokratie, den hohen Steuern und den nicht wettbewerbsfähigen Energiepreisen, die immer mehr Unternehmen ins Ausland treiben?

Auch andere Entwicklungen in Deutschland bereiten Sorgen. Gerade angesichts der großen globalen Bedrohungen wächst die Zahl der Menschen, die sich von keiner der im Bundestag vertretenen Parteien mehr repräsentiert fühlen. Wer sich nicht wegdreht, wendet sich oft genug radikalen Protestbewegungen zu.

Auch bei den Themen Zuwanderung und Integration hat die deutsche Politik noch viel zu tun. Das Schließen von Grenzen und die Verlagerung von Asylprüfungen in Drittländer außerhalb der EU wird nicht reichen, um den ständigen Zustrom von Menschen aufzuhalten und die Zahl der Migranten fairer als bisher auf ganz Europa zu verteilen. Die Versuche der EU, mit dem Konzept einer gemeinsamen Außen- und Sicherheitspolitik weiterzukommen, sind bislang wenig erfolgreich.

Wie geht es weiter mit der Schuldenbremse? Wo soll das Geld für Verteidigung, moderne Infrastruktur und die ökologische Transformation herkommen, wie sollen Sozialsysteme, Gesundheitswesen und die Altersversorgung zukunftsfest gemacht werden? Der Weg über immer neue »Sondervermögen« und die ständige Erklärung von »Notständen« kann nicht funktionieren. In einer schrumpfenden Bevölkerung mit steigenden Ansprüchen geht es auf Dauer nicht gut, wenn die Aussetzung der Schuldenbremse zum Normalfall wird oder sich die entscheidungsunwillige Politik gleich ganz der ungeliebten Beschränkung entledigt.

Was sind die Machtoptionen? Ist Schwarz-Grün wirklich so schlimm, wie CSU-Chef Markus Söder sagt? Gibt es keinen anderen Weg als die Neuauflage einer nicht mehr ganz so »großen« Koalition mit der geschrumpften SPD?

Last but not least: Kann Merz Kanzler? Wir wissen: Den Angriff von vorne und von der Seitenlinie beherrscht der Sauerländer, aber kann er auch integrieren? Immer noch spaltet der brillante Redner die Gemüter. Die einen sehen ihn als konservativen Erlöser und Schrittmacher, die anderen empfinden seine Auftritte und sein Weltbild als nicht mehr zeitgemäß.

Wir kennen beide Friedrich Merz noch aus der Zeit seiner politischen Anfänge in Bonn. Unser 2022 erschienenes

Buch trug den Titel »Der Unbeugsame – Friedrich Merz, die Union und der Kampf um die Macht«. Damit haben wir vor allem sein Durchhaltevermögen und seinen Kampfgeist gewürdigt. In dieser neu überarbeiteten und aktualisierten Auflage bringen wir Sie rechtzeitig vor der vorgezogenen Bundestagswahl 2025 auf den neuesten Stand und nähern uns dem Menschen und Politiker an, der beste Chancen hat, der nächste deutsche Kanzler zu werden.

Berlin, Anfang Dezember 2024
Jutta Falke-Ischinger, Daniel Goffart

I
DER WEG AN DIE PARTEISPITZE

1.

Das Comeback

Eine gemütliche Weinrunde im Apartment eines deutschen Managers in Washington D.C. Es ist der letzte Tag einer Reise der Atlantik-Brücke im Herbst 2018. An diesem Abend des 25. Oktober sind alle offiziellen Programmpunkte abgehakt. Jetzt ist Entspannung angesagt. Dem vorzüglichen Wein wird gut zugesprochen. Friedrich Merz sitzt auf dem Sofa und echauffiert sich über die deutsche Politik. Sein Blick von jenseits des Atlantiks auf die Arbeit der Regierung in Berlin ist ohne Gnade.

Angriffspunkte finden sich genügend. Die Landtagswahlen in Bayern liegen gerade einmal zehn Tage zurück, die CSU blickt auf das zweitschlechteste Ergebnis ihrer Geschichte und die Landtagswahl in Hessen steht unmittelbar bevor. Nach der Bundestagswahl 2017 hatte Angela Merkel nur unter Mühen und nach mehreren Anläufen eine neue Regierung bilden können, wieder eine Große Koalition. Vieles davon kommt an dem Abend zur Sprache. »So aufgeregt habe ich Friedrich selten gesehen«, erinnert sich ein Teilnehmer der geselligen Runde. So viel Wut, so viel Leidenschaft. »Wir waren alle wie gebannt. Mir war klar, da will, ja da muss einer zurück in die Politik, mit aller Macht.«

An diese Szene muss er später noch oft denken, erinnert sich der Zeitzeuge. Die Erinnerung an den Merz-Ausbruch kommt spätestens dann wieder, als die Bundeskanzlerin fünf Tage nach diesem Abend in den USA bekanntgeben wird, nicht mehr für den Parteivorsitz zu kandidieren. Und kurz darauf erneut – als Friedrich Merz offiziell seine Kandidatur für den Parteivorsitz erklärt. Annegret Kramp-Karrenbauer (AKK) und Jens Spahn hatten zuvor bereits ihren Hut in den Ring geworfen.

So ein Comeback hat es noch nicht gegeben in Deutschland. Da verkündet einer nach fast zehn Jahren Abwesenheit von der bundespolitischen Bühne: Ich bin wieder da! Der Auferstandene sitzt auf dem Podium im Haus der Bundespressekonferenz und stellt sich vor: »Mein Name ist Merz, Merz mit e.« Das war nötig gewesen zu erwähnen, weil auf der Einladung sein Name mit »ä« geschrieben worden war. Ein Zeichen dafür, dass der Sauerländer, der vor 20 Jahren einmal Fraktionsvorsitzender der CDU im Bundestag gewesen war, nicht mehr allen in der Branche so vertraut ist.

Es sollte dann noch drei Jahre dauern, bis »Merz mit e« durch die Ziellinie laufen konnte. Dem vorausgegangen war die krachende Niederlage der Union bei der Bundestagswahl 2021, die auch zurückging auf die unzureichend geklärte Nachfolge Angela Merkels in Partei und Amt. Unter Kanzlerkandidat Armin Laschet fuhr die Union das schlechteste Ergebnis ihrer Geschichte ein. Aus dem Trümmerfeld der verlorenen Wahl steigt Friedrich Merz empor als neuer, alter Hoffnungsträger der Partei. Die Delegierten des digitalen Bundesparteitags stimmen im Januar 2022 mit überwältigender Mehrheit für den Sauerländer, der in den vergangenen drei Jahren zweimal erfolglos gewesen ist beim Anlauf an die Macht.

Wo und wann begann die Rückkehr des ewigen Merkel-Widersachers an die Spitze der Partei? War sie von langer Hand geplant, folgte gar einem geheimen Masterplan, oder ergriff der Finanzexperte aus dem Sauerland einfach die

Gelegenheit beim Schopfe, die ihm die Zeitläufte auf dem Silbertablett präsentierten?

Schlüsselmoment am Frühstückstisch

Wer verstehen möchte, wie es dazu kam, zu Aufstieg und Fall, Wieder-Fall und Wieder-Aufstieg des Friedrich Merz, muss sich zurückbegeben in das Jahr 2002, dem Schlüsselmoment in der bis dahin steil nach oben verlaufenden Karriere des jungen CDU-Politikers aus dem Sauerland.

Friedrich Merz war 1994 aus dem Europäischen Parlament kommend in den Bundestag eingezogen, als Nachfolger des langjährigem Abgeordneten Ferdi Tillmann, dessen studentische Hilfskraft er einst war. Im Wahlkreis hatte es eine Kampfabstimmung gegeben, die Merz gewonnen hatte, weil er »den Saal gerockt« hatte, sagt einer, der dabei war. Ein dritter Kandidat hatte kurz vorher zurückgezogen, weil die Entscheidung für Berlin als Sitz von Regierung und Parlament gefallen war. Berlin, das war und ist vom Sauerland etwa sechs mühsame Fahrstunden entfernt.

Noch nicht mal im Bonner Abgeordnetenhaus angekommen, eilte dem jungen Merz der Ruf aus Brüssel voraus, ein profilierter Finanzexperte und scharfzüngiger Redner zu sein. Der Aufstieg ging schnell. 1998 Fraktionsvize. 1999 hatte ihn noch die Generalsekretärin Angela Merkel zum Vorsitzenden des Bundesfachausschusses Wirtschaft und Finanzen der CDU gemacht. Da saßen die beiden noch feixend nebeneinander, erinnert sich ein Mitglied. Das änderte sich rasch, als es um die Machtfrage ging.

Nach dem Rücktritt Wolfgang Schäubles im Zuge der Parteispendenaffäre im Jahr 2000 teilen sich Angela Merkel und Friedrich Merz zunächst die Macht in der Union: er als Fraktionschef der Union im Bundestag, sie kurz darauf als Parteichefin. Doch die »Doppelspitze« ist nicht aus einem Guss, im Hintergrund schwelt die Frage, wer von beiden die Kanzlerkandidatur für sich sichert. Merz, der sich im Parlament als Gegenspieler zur rot-grünen Regierung unter Gerhard Schröder profiliert, macht keinen Hehl aus seinen Ambitionen. Er habe sich schon damals für den besseren Kandidaten gehalten, erinnern sich Parteifreunde.

Aber es läuft dann nicht gut für den begabten Mr. Merz: Am 11. Januar 2002 machen Merkel und der CSU-Vorsitzende Edmund Stoiber am Frühstückstisch in Wolfratshausen die Sache unter sich aus. Das eine Ergebnis wird sofort bekannt: Stoiber wird Kanzlerkandidat. Das andere Verhandlungsergebnis zwischen CSU-Parteichef und der CDU-Vorsitzenden aber wird Merz erst am Wahlabend 2002 erfahren: Merkel soll an seiner Stelle Fraktionschefin werden. So wenden sich die Dinge für den Sauerländer: Merkel entreißt Merz mit dem Führungsjob in der Fraktion auch die Zukunftsperspektiven in der Partei. 20 Jahre später wird er dasselbe machen mit Fraktionschef Ralph Brinkhaus.

Der formelle Abschied des einstigen Shootingstars aus der aktiven Parteipolitik sollte nach dem Merkel-Stoiber-Deal doch noch sieben Jahre dauern. Das – so muss man feststellen – hat er mit Merkel gemein, dieses Nichtloslassenkönnen. Noch im Herbst 2003 begeisterte Merz den Leipziger CDU-Parteitag, als er eine Steuerreform präsentierte, die so einfach sei, dass man sich seine Steuerschuld »sehr einfach, etwa auf einem Bierdeckel, ausrechnen« könne. Ein Coup, der dem Bierdeckel einen Platz im Haus der Geschichte sicherte. Das Konzept jedoch wurde schon bald in den eigenen Reihen zerfleddert und leider sind die Bundesbürger im Jahre 2022 von einer einfachen Steuererklärung so weit entfernt wie das Sauerland von Washington D.C.

In der Folgezeit lässt Merz' politischer Elan spürbar nach. 2004 teilt er Angela Merkel schließlich mit, dass er alle seine politischen Ämter in Bundestagsfraktion und Partei aufgeben werde. 2007 folgt der nächste Schritt: Nach »gründlichem Nachdenken«, so heißt es in seiner Pressemitteilung, habe er sich entschieden, bei der Bundestagswahl 2009 nicht mehr anzutreten.

Gleichzeitig kursieren Gerüchte, der Sauerländer wolle eine eigene, bürgerliche Partei gründen für enttäusche CDU-Wähler, mit der er dann 2009 bei den Bundestagswahlen antreten werde. »Das meinte Friedrich nie ernst, die Aufregung darüber gefiel ihm aber,« so ein Parteifreund, mit dem er regelmäßig Kontakt hat. Einer anderen CDU-Funktionärin, die von der FDP umworben wird, redet der Sauerländer ins Gewissen: Ein Konservativer wechselt seine Parteizugehörigkeit nicht wie das Hemd.

Außerdem hat Merz sich längst anders orientiert, den Blick über den Tellerrand der Politik hinaus gerichtet. »Zeit, auch mal Geld zu verdienen«, verrät er seinen Freunden. Abhängigkeit von Politik als Brotjob war ihm immer zuwider (mehr dazu in Kapitel 3 »Der Lockruf des Geldes«). Doch auch hier zog Merz den Schlussstrich, um wieder frei zu sein für die Politik.

Der Netzwerker

»Rastlos« nennt ihn ein Freund. Rastlos deshalb, weil der Sauerländer immer die Fühler ausstreckte, weil er die Leerstelle, die die Bundespolitik in seinem Leben hinterlassen hatte, nie wirklich schließen konnte.

Wenn die CDU sauber aufgestellt gewesen und »die Lücke geschlossen gewesen wäre«, so beschreibt er es selbst im Abstand von vier Jahren, »wäre ich nie in die Verlegenheit gekommen, noch einmal zurückzukehren«. Er hielt sich bereit. Ein Weggefährte bemüht das gängige Klischee: »Friedrich schlief nachts bei offenem Fenster, um den Ruf nicht zu verpassen.«

Es sind dann vor allem zwei Netzwerke, die für Friedrich Merz in den Jahren des politischen Exils wichtige Plattformen öffentlicher Wahrnehmung darstellten und Bühnen boten, auf denen er immer wieder gegen die Bundespolitik sticheln konnte. Das eine Forum ist der Wirtschaftsrat der CDU, der die Interessen von Unternehmern gegenüber Politik und Gesellschaft vertritt und dessen Präsidium er seit 2009 angehörte. Der Wirtschaftsrat, 1963 in Bonn als Berufsverband gegründet, erwies sich für ihn als »friendly territory«. Mit seiner Kritik am Regierungshandeln Merkels war er hier in guter Gesellschaft.

Schon im Jahr 2010 hatten 40 Manager mit einer ganzseitigen Anzeige in einem energiepolitischen Appell unter anderem gegen eine zu starke Besteuerung der Atomkraft aufgerufen. Zu den Unterzeichnern gehörten neben etlichen Dax-Vorständen der damalige Präsident des Wirtschaftsrats Kurt Lauk sowie der Politikaussteiger Merz. Als die Wirtschaftsbosse und Lobbyisten diesen Appell unterschrieben, ahnten sie nicht, dass es noch dicker kommen würde: dass die Regierung Merkel schon im März des nächsten Jahres beschließen würde, ganz aus der Atomenergie auszusteigen. Immer wieder wird beim Wirtschaftsrat Kritik laut an der Politik der Regierung. Das *Handelsblatt* titelt 2013: »Wirtschaftsrat kritisiert teure Wahlversprechen und fordert Stärkung des Wirtschaftsprofils der Union.«

Regelmäßig, so auch beim Wirtschaftstag 2014, tritt das Präsidiumsmitglied Friedrich Merz auf, in Doppelfunktion. Denn seit 2009 ist Friedrich Merz auch Vorsitzender eines anderen Netzwerkes: der Atlantik-Brücke.

Die deutsch-amerikanische Organisation, die sich seit 1952 um die transatlantischen Beziehungen kümmert und Reisen, Konferenzen und Austauschprogramme organisiert, war in die Schlagzeilen geraten: Der langjährige Vorsitzende Walther Leisler Kiep, der auch Schatzmeister der CDU gewesen war, hatte im Jahr 2000 wegen seiner Verstrickungen in die CDU-Spendenaffäre vom Vorstandsposten zurücktreten müssen. Als Vorsitzende folgten Arend Oetker und dann Airbus-Chef Tom Enders. Als ein Nachfolger für Enders gesucht wurde, war es dann die graue Eminenz Kiep selbst, die den früheren Star der CDU Merz als neuen Atlantik-Brücken-Chef favorisierte.

Was Kiep aber nicht daran hinderte, Merz bald nach dessen Wahl scharf zu kritisieren: Der neue Atlantik-Brücken-Chef nutze das neue Amt für parteipolitische Profilierung. In der Tat hatte der ehemalige Fraktionsvorsitzende der CDU mit dem SPD-Dissidenten Wolfgang Clement, der einst sein politischer Widersacher war, gemeinsam ein Buch geschrieben, eine Abrechnung mit ihren jeweiligen Parteien: »Was jetzt zu tun ist«. In der Atlantik-Brücke kam es daraufhin zum offenen Führungsstreit, der Ehrenvorsitzende Leisler Kiep zeigte sich verärgert und drängte Merz zum Rücktritt.

Ein Mitglied, das das alles miterlebt hat, spricht von einem »klassischen Machtkampf Alt gegen Neu«, verbunden damit war auch der Streit um eine Personalie in der Führungsriege der Organisation. Kiep hatte sich seinerzeit den Vorwurf zugezogen, er habe die Atlantik-Brücke nach Gutsherrenart geführt. Jetzt fühlte sich der alte Herr angeblich von Merz, der dem Verein ein striktes und transparenteres Finanzregime verordnet hatte, zu stark in seinem Zugriff auf den Verein eingeschränkt.

Bei einer Vorstandssitzung im Juni 2010 kam es zum offenen Konflikt. Merz schmiss hin und, so erzählt eine

Teilnehmerin, hörte nicht auf andere, die geraten hatten, doch besser eine Nacht drüber zu schlafen. Von lautstarken Ausbrüchen ist die Rede. Augenzeugen zufolge habe Merz gerufen, so schlecht habe ihn nur Angela Merkel behandelt. Diese Impulsivität, finden solche, die ihn gut kennen, gehe auch schon mal über in fehlende Impulskontrolle: »Da muss er aufpassen!« Von seinem Rücktritt als Vorsitzender der Atlantik-Brücke konnte Merz am nächsten Morgen jedenfalls nicht mehr zurücktreten, stattdessen gab er seine erneute Kandidatur für den Vorstandsvorsitz bekannt – und wurde schließlich auch gewählt.

Unterm Strich fällt das Urteil über den Atlantiker Friedrich Merz positiv aus: Die deutsch-amerikanischen Beziehungen hätten ihm spürbar am Herzen gelegen, auch über alle persönlichen Profilierungsversuche hinweg. Als Verdienst wird Merz zugerechnet, dass er das zerrüttete Verhältnis zur amerikanischen Partnerorganisation »American Council on Germany« gekittet habe. Während der Ära Trump, die zweifellos eine besondere Herausforderung darstellte, halfen Merz seine vielfältige Kontakte jenseits vom Weißen Haus, die Verbindungen in den Senat, zu den Gouverneuren.

Wenn sich allerdings die anderen Teilnehmer bei den jährlichen Mitgliederreisen zu fröhlichen Weinrunden an der Bar versammelten, sonderte sich der hochgewachsene Sauerländer eher ab. Bei den Busfahrten saß er immer in der ersten Reihe. Gleich hinter dem Fahrer. »Wir nannten ihn den Klassenlehrer«, erzählt ein Mitreisender. Und: Merz sei immer mehr an Inhalten interessiert gewesen als an Menschen. Eine Einschätzung, die im Jahr 2022 übrigens auch von einigen seiner neuen Kollegen in der Fraktion geteilt wird. Noch sind sich dort nicht alle sicher, ob der neue Chef auch verbinden und ein echtes Wir-Gefühl erzeugen kann.

In seiner Anfangszeit bei der Atlantik-Brücke begrüßte ihn einmal ein Vorstandsmitglied mit den Worten: »Wir sind hier alle eine große Familie.« Merz wirkte überrumpelt. »So etwas liegt mir eigentlich gar nicht«, soll er geantwortet haben. Freundschaften ja, aber keine Kumpanei. Und auch keine Seilschaften. Dabei hätten solche Netzwerke seine Rückkehr an die Macht durchaus erleichtern können. Stattdessen gab es »eine Koalition gegen Friedrich«, wie es sein alter Freund aus JU-Tagen, der Unternehmer Egbert Neuhaus, ausdrückt.

Im vorpolitischen Raum

Zeitgleich mit Merz, der aus dem Europäischen Parlament nach Bonn gewechselt war, waren Armin Laschet und Norbert Röttgen 1994 in den Bundestag gekommen – Merz war etwas älter als die beiden anderen. Der Umgang untereinander war freundschaftlich-kollegial.

Bevor sie später alle drei zu Konkurrenten um den Parteivorsitz wurden, verhalfen die Parteifreunde Laschet und Röttgen dem Sauerländer zu weiteren Rollen im vorpolitischem Raum. 2012 band ihn Norbert Röttgen ein: Im Falle eines Wahlsieges in Nordrhein-Westfalen (NRW) möge Merz eine Regierungskommission zur Zukunft des Industriestandorts leiten. Die Frage, ob er ein offizielles Amt in der Landesregierung annehmen würde, hatte er stets verneint. »Kein Wunder, das wäre eine Degradierung gewesen. Wenn schon nicht Bund, dann gar nichts«, meint ein Weggefährte aus dem Hochsauerlandkreis. Am Ende gewann Rot-Grün in NRW. Das Thema hatte sich erledigt.

Ein paar Jahre später, nachdem Röttgen längst dem westlichen Bundesland den Rücken gekehrt hatte, kam wieder eine Art »Gesuch um Amtshilfe« aus Düsseldorf.

Armin Laschet, dem das gelungen war, woran Röttgen zuvor scheiterte, nämlich Ministerpräsident von NRW zu werden, machte den Finanzexperten Merz zum Aufsichtsratsvorsitzenden des Köln-Bonner Flughafens und von Januar 2018 an zum Brexitbeauftragten der Landesregierung. Zuvor hatte Laschet Merz in die Grundwertekommission »Zusammenhalt der Gesellschaft« aufgenommen. Teilnehmern zufolge »glänzte er dort durch Abwesenheit«. Die ehrenamtliche Tätigkeit als Brexitbeauftragter hielt sich wohl auch in überschaubaren Dimensionen, stieß deshalb auf Kritik des politischen Gegners und war noch im Oktober 2020 Gegenstand einer kleinen Anfrage im Landtag.

Schritte für ein gezieltes Comeback waren das nicht, da sind sich langjährige Beobachter sicher. Im Gegenteil, Merz musste stets überredet werden. Darin hatte sich auch Julia Klöckner versucht, die 2011 Ministerpräsidentin in ihrer Heimat Rheinland-Pfalz werden wollte. Es war ihr nicht gelungen, den einstigen CDU-Star in ihr Schattenkabinett zu holen, dafür aber firmierte der als ihr Berater in Sachen Wirtschaft und Finanzen. Doch auch hier gab Merz eher den Global Player. Bei einem Wirtschaftskongress in Bad Kreuznach glänzte er lieber beim Thema China als beim Klein-Klein der rheinland-pfälzischen Landespolitik. Alles andere, möchte man meinen, hätte auch überrascht.

Die jährliche »Isny-Runde« im Allgäu war da schon eher sein Ding. 1979 lud der Unternehmer Helmut Aurenz zum ersten Mal eine Gruppe von CDU-Politikern und Unternehmern in sein Hotel »Jägerhof« im Allgäu. Die Initiative zu den nun jährlich stattfindenden Gesprächsrunden ging zurück auf die zufällige Begegnung zweier sehr ungleicher Persönlichkeiten: der eine, Aurenz, ein schwäbischer Düngemittelhersteller, der andere der VW-

Grande Ferdinand Piëch. Beim Weltwirtschaftsforum in Davos hatten sie sich angeblich kennengelernt und Gefallen aneinander gefunden.

Als Spiritus Rector und Moderator dieser Gesprächsrunden fungierte lange Jahre Matthias Wissmann, der in dieser Zeit im Hauptberuf Präsident des Verbandes der Automobilindustrie (VdA) war und folglich über beste Kontakte verfügte. Inzwischen hat Thomas Strobl dessen Rolle übernommen, wie auch Familie Aurenz den Stab weitergereicht hat – an die Tochter. Die Teilnehmer sind eine bunte Mischung aus Politikern und aus westfälischen und schwäbischen Unternehmern, großen Marktführern und Hidden Champions. Viele aus der Autoindustrie. Oft kommen die Ehefrauen mit nach Isny oder auch kleine Kinder.

An der Bar stehen, die kulinarischen Erzeugnisse des Ländles genießen und über Fragen der Zukunft reden, ohne allzu viel Meinungsdiversität hinnehmen zu müssen, das beschreibt den Geist von Isny. Bundeskanzler Schröder, zwar nicht CDU, aber dafür »Automann«, durfte einmal in den »Jägerhof« kommen und dabei auch den weiten Blick genießen über die schneebedeckten Höhen des Allgäu. Ein anderes Mal, 2010, hatte Organisator Matthias Wissmann Angela Merkel eingeladen.

Doch »deren Ding« war das nicht: »Isny ist mehr Heimat von Merz als von Merkel«, sagen langjährige Teilnehmer. Zwar hatte die langjährige Kanzlerin unter den versammelten Unternehmern eine treue Fangemeinde. Was aber niemanden davon abhielt, auch Friedrich Merz zu applaudieren, wenn der wieder mal über die »Dame aus Ostdeutschland« herzog.

Das blieb allerdings nie geheim. Egal, was wer über Angela Merkel sagte, in welchem Kreis auch immer, es gab immer »Spione«, die alles der Kanzlerin zutrugen.

Was übrigens bei Helmut Kohl nicht anders war, der noch viel mehr als Merkel den persönlichen Kontakt zu Mandatsträgern in der Partei gepflegt hatte. Doch auch bei Merkel trugen die Seilschaften immerhin so stark, dass es ihr gelang, die Rückkehr ihres Widersachers Merz bis in die Zeit nach ihrem vollständigen Rückzug hinauszuschieben.

Dabei gab es in der CDU immer auch Netzwerke, zu denen Merkel keinen Zutritt hatte. So war der beschauliche Tagungsort Isny auch immer ein Tummelplatz für Mitglieder des legendären Andenpakts. Schon allein, weil Matthias Wissmann dabei war, der von 1973 bis 1983 JU-Bundesvorsitzender gewesen war.

Der Andenpakt, das war der Zusammenschluss von jungen Unionspolitikern, die sich geschworen hatten, nie gegeneinander anzutreten. Alle männlich, alle West-CDU. 1979 auf einer Reise der Jungen Union durch Südamerika entstanden, auf einem Nachtflug über die Anden und mit reichlich Whisky aus der Taufe gehoben. Friedrich Merz war bei der Gründung nicht dabei, stieß erst viel später, um 2005, dazu.

Als reines Macht- oder Unterstützungsbataillon für Merz erwies sich der Andenpakt später nicht. Matthias Wissmann galt als »taktisch« in der Merz-Frage. Und Andenpakt-Gründungsmitglied Volker Bouffier war nie ein Merz-Freund. Genauso wenig wie der Niedersachse Christian Wulff oder der Saarländer Peter Müller. Um die Frage »Merkel oder Merz« ging es jedenfalls nie. »Es war ja so«, erzählt ein Mitglied dieser Runde, »er war draußen, sie war drinnen.«

Doch richtig draußen war Merz nie. Trotz seiner Abwesenheit aus der Tagespolitik erkannten ihn die Menschen überall und fragten: »Herr Merz, wann kommen Sie wieder?« Ähnlich beschreibt es auch seine Frau Charlotte. Wo immer der frühere Politstar auftrat, waren die Säle voll. Und zwar nicht nur im heimischen Sauerland. Das war es, was ihn antrieb.

Der Anfang vom Ende

In der Zeit nach 2015 geriet die Kanzlerin massiv unter Druck wegen ihrer Politik der offenen Grenzen. Allein 2015 stellten etwa eine Million Menschen einen Asylantrag. Starke Kritik kam aus dem Wirtschaftsflügel, aber auch von der Basis der Partei. Tenor: Durch falsche Botschaften sei eine »Sogwirkung« entstanden. »Europäischer Sonderweg«, »soziale Sprengkraft« waren Begriffe dieser Zeit, noch getoppt durch Horst Seehofers Vorwurf der »Herrschaft des Unrechts«. »Wir schaffen das« ging in die Geschichtsbücher ein, spaltete die Gesellschaft und die Politik: Die AfD zog 2017 erstmals in den Bundestag ein. Die ganze Gesellschaft war in Aufruhr, aber am meisten knirschte es innerhalb der Union selbst, resümiert ein Sozialdemokrat, der Merkel für ihre Haltung in der Flüchtlingsfrage immer bewundert hat.

Putschgerüchte machten die Runde. Es fielen die Namen Merz und Schäuble. Der Streit zwischen CSU und CDU eskalierte, Seehofer stellte öffentlich den Bruch der Fraktionsgemeinschaft zur Disposition. Friedrich Merz und der spätere Landwirtschaftsminister Gerd Müller (CSU) beobachteten das Schauspiel ganz genau. Beide waren seit ihrer gemeinsamen Zeit im Europäischen Parlament eng befreundet. Für den Fall, dass die Lage weiter eskalieren würde, so war verabredet, würden sie den Rücktritt beider Parteivorsitzenden fordern. Favorit für die unmittelbare Nachfolge Merkels war Wolfgang Schäuble; an eine eigene Kandidatur hat Merz damals nicht gedacht. Doch solche Gedankenspiele konnten sich nicht materialisieren. Und für eine Palastrevolte gegen Merkel gab es keine Mehrheit.

Erst die Zeit nach der Bundestagswahl 2017 läutet den Anfang vom Ende der Ära Merkel ein. In diesen Tagen wird das politische Drehbuch täglich neu geschrieben. Die Sondierungsgespräche über eine Jamaika-Koalition scheitern am 20. November 2017. Die Enttäuschung, vor allem in der Union, ist groß. Auf eine Fortsetzung der Großen Koalition hat niemand große Lust, die SPD hat ohnehin gleich abgewinkt. Man will sich in der Opposition regenerieren. Was stattdessen? Neuwahlen? Minderheitsregierung? Oder doch nochmal das ungeliebte Bündnis mit der SPD? Spannende Zeiten, in denen alte Gewissheiten nicht mehr tragen.

Ende November 2017 tritt Merz als Schlussredner beim CDU-Wirtschaftsrat NRW in Düsseldorf auf, in den Räumen der DZ Bank. Thema: »USA und Europa, Quo vadis«. Merz lässt kein gutes Haar am Kurs von Angela Merkel, er meint, das Land müsse wieder mehr politischen Streit aushalten. Merz findet drastische Worte. Die Entscheidung der FDP, von sich aus die Jamaika-Sondierungen zu verlassen, nennt er »nachvollziehbar und verständlich«.

Die Regierungsbildung in Berlin geht derweil nur schleppend voran. Selbst Neuwahlen scheinen möglich. Bei einer Umfrage im Auftrag des Bundesverbandes mittelständische Wirtschaft (BVMW) im Dezember 2017 zeichnet sich ein eindeutiges Bild ab. Gefragt nach ihren Wünschen für die politische Zukunft in Deutschland, geben 70 Prozent der Mittelständler an, sie seien gegen eine Wiederauflage der großen Koalition. Favorit bei einer Neuwahl sei eine CDU/FDP-Bundesregierung unter einem Bundeskanzler Friedrich Merz.

Seine Popularität kann Merz in dieser Zeit noch mehr spüren als sonst: Überall, wo er ist, im Urlaub am Tegernsee, in Stadtzentren, erkennen ihn die Leute. Das, davon sind Freunde und Familie überzeugt, heizt seine Ambitionen weiter an. Wie hatte er 2009 gesagt und 2012 im Deutschlandfunk noch mal wiederholt: »Wenn meine Partei der Meinung ist, dass sie wieder mehr Grundüberzeugung braucht, bin ich der Letzte, der sich einer Mitarbeit verschließt.«

Das Partei-Establishment jedoch, so urteilt Parteifreund Günther Oettinger, habe sich nichts versprochen von einer Rückkehr des einstigen CDU-Dissidenten: »Friedrich war ein Störenfried in den Kaskaden der Karriereplanungen der Amtsträger mit Aufrücken und Nachrücken.« Von der Basis jedoch hatte Merz sich immer getragen gefühlt.

Am 14. März 2018, sechs Monate nach der Bundestagswahl, nimmt die wiederaufgelegte Große Koalition ihre Arbeit auf. Aber erst nachdem Bundespräsident Frank-Walter Steinmeier interveniert und die Parteien in die Pflicht genommen hat, ihrer staatspolitischen Verantwortung auch nachzukommen.

Brodelnde Unzufriedenheit

Die Regierung in Berlin steht, doch Ruhe kehrt nicht ein. Im Sommer 2018 eskaliert der Streit zwischen Angela Merkel und Horst Seehofer, in Doppelfunktion Innenminister im Kabinett Merkel und CSU-Chef, über den Umgang mit Flüchtlingen an den Außengrenzen. In Bayern stehen Landtagswahlen an.

Ein neuer Konflikt entzündet sich zwischen CDU und CSU um die Ablösung des damaligen Verfassungsschutzpräsidenten Hans-Georg Maaßen. Die Causa Maaßen sollte die Union in der Nachbetrachtung länger beschäftigen als ihr lieb war. Das Politbarometer vom 11. September serviert dem »Pakt der Frustrierten, der Zurückgewiesenen und der Besserwisser«, wie die Große Koalition in einem Kommentar im *Tagesspiegel* genannt wird, herbe Kost: Die Große Koalition verliert ihre Mehrheit in den Umfragen. 71 Prozent der Deutschen vermissen Führungsstärke bei der Kanzlerin, und immerhin 57 Prozent der Unionsanhänger.

Deutliche Anzeichen für brodelnde Unzufriedenheit in der Union gab es auch in der Bundestagsfraktion. Am 25. September 2018 kandidiert Ralph Brinkhaus überraschend gegen den Merkel-Unterstützer Volker Kauder und gewinnt. Auch dies ein Schlag gegen die Kanzlerin. Drei Tage später redet Merz bei dem Unternehmer und CDU-Mitglied Martin Herrenknecht, einem großen Fan des Sauerländers. Er hält sich dort zwar zurück mit offener Kritik, doch Unternehmer Herrenknecht ist selig: »Sie wären für Höheres bestimmt.« Einige Monate danach, nachdem Merz in der ersten Runde der Vorsitzenden-Wahl durchgefallen war, trat Unternehmer und CDU-Mitglied Herrenknecht noch massiver auf in seiner Unterstützung für Merz, drohte sogar mit seinem Austritt aus der CDU.

Nicht nur bei Herrenknecht zu Hause – wo immer Friedrich Merz auftauchte in diesen Zeiten, stand die Frage der Rückkehr im Raum. Mehr noch als 2015. »Zufällig war an seinem Comeback gar nichts«, sind viele in der Partei überzeugt. NRW-Unternehmerpräsident und Merz-Freund Arndt Kirchhoff weiß warum: «Natürlich haben wir als Wirtschaft immer wieder gesagt, nicht nur hier in Südwestfalen, dass Friedrich zurückkommen muss. Das habe ich genauso im Südwesten erlebt. Wir wurden auch angesprochen von Leuten aus anderen Regionen Deutschlands, die fragten uns, ob wir Friedrich zur Rückkehr motivieren können.«

Doch einer wie er, sagen die, die ihn gut kennen, lässt sich nicht überreden. Das hat ein wichtiger Parteifreund schon früher erfahren, als der Merz in den 1990er-Jahren geraten hatte, auch den CDU-Landesvorsitz in NRW anzustreben. Das hat Merz bekanntlich nicht gemacht. So ist Friedrich Merz eben, einer wie er trifft seine eigenen Entscheidungen. Doch ihre Wirkung tun die hartnäckigen Überredungsversuche trotzdem. Man will ihn zurück, diese Botschaft kommt an bei dem Sauerländer, der sich stets für den Besseren hält.

Am 10. Oktober 2018 lädt das deutschen Aktieninstitut in Brüssel zum Herbstempfang in die Räume der BNP Paribas Fortis in Brüssel. Merz kommt in seiner Funktion als Aufsichtsratsmitglied von BlackRock, Mitglied im Deutschen Aktieninstitut. Festredner vor 150 Gästen ist der frühere niedersächsische Ministerpräsident und spätere Europapolitiker David McAllister. Merz trifft in Brüssel auch seinen Freund Günther Oettinger. Der erinnert sich: »Der Friedrich hat die Stimmung getestet bei den Landesverbänden.« Baden-Württemberg sei freundlich gestimmt gewesen, freundlich zu Merz, aber auch zur Kanzlerin.

Es gab, anders als in Presseberichten kolportiert, »kein Komplott von Leuten, die ihn zurückwollten«, bestätigt ein mächtiger CDU-Mann. Miteinander geredet wurde allerdings viel: Thomas Strobl, die Merz-Freunde im Osten, zu denen damals Michael Kretschmer und Rainer Haseloff zählten, und Roland Koch. Doch würde Merz wirklich springen, wenn sich die Chance böte?

Nicht zu unterschätzen im spannenden Schlussakt des Comebacks ist die Schlüsselfigur Wolfgang Schäuble. Zusammen mit Roland Koch, der immer ein Unterstützer von Merz war, setzte sich Schäuble schon früh ein für ein Comeback seines einstigen Zöglings, den er 1998 zum Fraktionsvize, zuständig für Wirtschafts- und Finanzpolitik, gemacht hatte.

Schäuble und Merz – gemeinsam teilen die beiden eine Geschichte der Enttäuschungen mit Angela Merkel. Diese hatte sich an Schäuble in der Spendenaffäre vorbeigesetzt und den Parteivorsitz erworben. Schäuble blieb Minister unter Angela Merkel. 2004 dann der nächste Schlag: Sein Name wurde ins Spiel gebracht für die Wahl zum Bundespräsidenten, doch sie ließ ihn fallen. Stattdessen wurde Horst Köhler nominiert.

Das hatte Merkel, so verraten Vertraute, stets anerkannt: Schäuble habe ausgehalten, seinem Land gedient. Anders als der jüngere Friedrich Merz, der alles hinwarf und sich eben nicht zufriedengab mit der dienenden Rolle und erst wieder in den Angriff ging, als seine Gegnerin das Feld zu räumen schien.

Angela Merkel wiederum, so verlautet weiter aus ihrem Umfeld, habe nie die beleidigte Reaktion von Friedrich Merz nachvollziehen können. Wenn einer einen Grund gehabt hätte, sich zurückgesetzt zu fühlen, so wird sie zitiert, dann wäre das Wolfgang Schäuble gewesen. Doch der sei trotz gelegentlicher Differenzen immer loyal gewesen. Allerdings hatte Angela Merkels langjähriger Minister durchaus seine eigene Agenda und betrieb später auch offen die Kandidatur ihres Rivalen, nicht gegen sie, aber doch als ihre Ablöse.

Luft aus dem Kessel

Am 14. Oktober 2018 verliert die CSU ihre absolute Mehrheit bei der Landtagswahl in Bayern, das schlechteste Ergebnis für die CSU seit 1950. Die Stimmung in der gesamten Union ist angespannt. Die Prognosen für Hessen sind schlecht, es zeichnen sich gehörige CDU-Verluste ab. Was ist, wenn Schwarz-Grün scheitert? Wird Bouffier Ministerpräsident bleiben können? Was bedeutet das für die Lage in Berlin, die Stellung Merkels? Fragen, die auch Friedrich Merz umtreiben.

Drei Tage vor der Hessenwahl will Wolfgang Schäuble Merz erreichen und mit ihm sprechen. Doch erreicht er ihn nicht, Merz ist auf der anfangs erwähnten Atlantik-Brücke-Reise in Amerika, der Rückflug für den 26.10. geplant. Noch zwei Tage bis zum Wahlsonntag in Hessen.

Bei der Wahl in Hessen am 28. Okober zeichnen sich schon am Nachmittag große Verluste für SPD und CDU ab. Die CDU verliert mehr als 10 Prozentpunkte, das schlechteste Ergebnis seit 1966, doch Volker Bouffier kann mit Not Ministerpräsident bleiben und seine schwarz-grüne Koalition weiterführen. Das erspart Angela Merkel den totalen Gesichtsverlust.

Schon am Nachmittag waren die Telefone heiß gelaufen. Jeder sprach mit jedem: Roland Koch, Friedrich Merz, Armin Laschet, Wolfgang Schäuble. Ein Gerücht macht die Runde: Merz und Koch hätten die Absicht, anzukündigen, dass Merz beim Parteitag als CDU-Chef kandidiert.

Die einen sind sich bis heute sicher: »Merkel wusste das und hat sich am Tag danach zurückgezogen. Das war keine freiwillige Erkenntnis von ihr.« Merz bestreitet, dass es einen solchen Plan gab. Bis zuletzt habe er selbst nicht genau gewusst, was passieren würde. Ein Strippenzieher aus der Frankfurter Finanzwelt berichtet: »Es war dann Volker Bouffier, der Merkel-Freund, der sie zum Rücktritt als Parteivorsitzende aufgefordert hat, um Luft aus dem Kessel zu lassen.« Das Lager Bouffiers will das so vier Jahre später nicht bestätigen. Es war zumindest, sagt jene Eminenz im Hintergrund, im Nachhinein ein Fehler, dass

Merkel nur vom Parteivorsitz zurückgetreten ist. Mit ähnlichen Aussagen wird auch Friedrich Merz zitiert.

Am 29. Oktober 2018 morgens ist es so weit: Angela Merkel gibt bekannt, dass sie nicht mehr für den Parteivorsitz kandidieren werde beim Parteitag im Herbst. Diese Entscheidung habe sie bereits vor der Sommerpause getroffen und nun um eine Woche vorgezogen. Neben ihr sitzt Volker Bouffier. »Angela Merkel hat eine starke Entscheidung getroffen, eine noble Entscheidung und eine richtige Entscheidung«, sagt er dann. Noch während der Sitzung können die Teilnehmer in der *Bildzeitung* lesen, dass Merz wohl für den Parteivorsitz kandidieren wird. Der Rest ist überliefert: AKK, von all dem überrumpelt, entscheidet sich noch an diesem Montag zu kandidieren. Wie auch Jens Spahn.

Zwei Tage später betritt Friedrich Merz wieder die bundespolitische Bühne, sitzt auf dem Podium der Bundespressekonferenz. Für die älteren Kollegen ist es wie in der Zeitschleife, da sitzt Merz, so als wäre er nie weg gewesen. Doch während bei vielen der Kollegen Jahresringe, viel Bier und gutes Essen die Silhouette rundeten, wirkt Merz trotz seiner damals 63 Jahre geradezu behänd und jungenhaft schlank wie eh und je. Er will es nochmal wissen. Jetzt bietet sich die Chance, die Lücke in der Parteiführung und in seiner politischen Karriere zu schließen – und vielleicht auch noch Kanzler zu werden.

Wann aber war der Punkt, an dem er wusste: jetzt oder nie? Als Merz im Oktober 2018, drei Tage vor der Hessenwahl, in Washington saß und die taumelnde deutsche Politik der letzten Monate sezierte, schien er die Entschlossenheit zur Rückkehr in die Politik stärker denn je zu spüren. Zu dem Zeitpunkt muss ihn auch Wolfgang Schäubles SMS über den Atlantik bereits erreicht haben. Darin stand: »Bis Sonntag musst du dich entschieden haben.« Merz schrieb zurück: »Hast recht, bin vorbereitet.«

Mit der Bekanntgabe seiner Kandidatur für den Parteivorsitz am 29.Oktober 2018 ist nicht nur in der CDU, sondern auch im Hause Merz in Arnsberg nichts mehr, wie es war.

2.

Auf den Spuren des jungen Merz

Arnsberg ist der Wohnsitz von Friedrich dem Streitbaren. Der Mann ist über die Stadtgrenzen hinaus bekannt für »seine kampfbetonte Art«. Von den großen Besitzungen der Ahnen, so heißt es in der Überlieferung, »war nur ein kleiner Theil geblieben, noch dazu in dem wenig fruchtbaren Berglande im Süden des Westfalengaues«.

Das, was für den Friedrich des 12. Jahrhunderts galt, sieht 900 Jahre später für seinen Namensvetter in Arnsberg kaum anders aus. Die CDU hatte einst Verantwortung in ganz Deutschland – der gegenwärtige Machthalter aber hat die absolute Gewalt nur noch über einen kleinen Teil, über eben jene bergische Region im südlichsten Zipfel von Westfalen.

Das Sauerland, damals wie heute. Der Hochsauerlandkreis ist seit 1994 – mit Unterbrechungen – Wahlkreis von Friedrich Merz. Eine eigenwillige Region, deren rustikaler Charme sich dem an urbane Vielfalt gewöhnten Fremden nicht auf den ersten Blick erschließt. Sauerland, das ist das grüne Dreieck in der Deutschlandkarte zwischen Dortmund, Köln und Kassel. Dessen Bewohner werden im Wald geboren, leben dort und sterben im Wald, so heißt es in Ulrich Raulffs Essay »Sauerland als Lebensform«: »Schneidet man sie auf, findet man ein paar Fichtennadeln.« Ganz so drastisch geht's dort natürlich doch nicht zu – wahr ist aber, dass auch Friedrich Merz seinen sauerländischen Wurzeln nie ganz entkommen ist, weder beruflich noch familiär.

Selbst während seines politischen Exils war Friedrich Merz immer präsent in der Region zwischen Finnentrop, Huxel oder Oberkirchen. Immer wieder war der ewige Merkel-Widersacher zu Parteijubiläen gekommen, zu Firmenfeiern, hatte Säle gefüllt. »Er hat gute Wahlkreisarbeit gemacht damals«, lobt ihn rückblickend sein Sauerländer Landsmann Franz Müntefering, der auch mal Parteichef war, allerdings bei der politischen Konkurrenz.

So wie der Friedrich aus dem Mittelalter seine Burg auf einen Berg im heutigen Arnsberg baute, bezog auch der neuzeitliche Friedrich ein Haus auf einer Anhöhe im Arnsberger Ortsteil Niedereimer, mit weitem Blick über Ruhr und den Stabilo-Werkzeugmarkt.

Verwurzelung im Sauerland

Das Eigenheim hatten seine Frau Charlotte und er 1994 gekauft, nachdem Friedrich in den Bonner Bundestag eingezogen war. Seinetwegen war die Saarländerin vor mehr als 30 Jahren mit ihrem Mann und den kleinen Kindern in dessen Heimat gezogen.

Wenn schon Sauerland, dann wenigstens die größte Stadt dort, hatte sich Charlotte Merz gedacht, dann wenigstens da ein neues Leben beginnen, wo sie nicht nur ihre Kinder erziehen, sondern auch als Juristin arbeiten konnte. Arnsberg ist Sitz von mehreren Gerichten und zudem verkehrsmäßig gut angebunden an die Autobahn, was im Sauerland keine Selbstverständlichkeit ist. Da geht schon mal eine Stunde ins Land, bevor ein Autobahnschild auftaucht. Im Winter dauert das oft noch länger, etwa, wenn sich ein Traktor über die schneebedeckten Straßen quält oder ein Touristenauto aus den Niederlanden die »holländischen Alpen« sucht. Auch das ein Grund für Friedrich Merz, sich mit 53 Jahren seinen alten Jugendtraum zu erfüllen: das Fliegen zu lernen. Als CDU-Partei- und Fraktionschef fliegt er in seiner Maschine gelegentlich immer noch selbst nach Berlin. Für ihn die schönste Stunde am Tag.

Charlotte Merz daheim in Arnsberg blickt mit gemischten Gefühlen auf die Entwicklungen der letzten vier Jahre, die ihr bisheriges Leben mal eben auf den Kopf stellen sollten. In den Jahren zuvor hatte das Ehepaar mehr Raum gehabt für Reisen, die Kinder waren ja längst aus dem Haus. Damit ist es nun vorbei. Gesagt hätte sie allerdings nie etwas gegen die Rückkehr ihres Mannes in die Politik: Bei einer solchen Entscheidung gehe es auch um die Wahrnehmung von staatsbürgerlicher Verantwortung: »Da kann ich doch nicht nur mit unserem Privatleben kommen.« Sicher nicht, bei so einem Politaficionado wie Friedrich Merz.

Merz' Wiedereinzug in den Bundestag im Jahr 2021, bevor er ein paar Monate später zum Partei- und dann zum Fraktionschef gewählt wurde, ist in den Augen seines Parteifreundes Günther Oettinger der entscheidende Schritt zurück in das Machtzentrum der Partei. Mit dem Bundestagsmandat hatte er mit einem Schlag beides: Basis und Establishment. Und alles wäre nichts ohne seine Verwurzelung im Sauerland.

Von Arnsberg eine Autostunde Richtung Osten entfernt liegt Brilon, 26 431 Einwohner, »staatlich anerkanntes Kneipp-Heilbad« und Geburtsstadt von Friedrich Merz. Der Ort, in dem er seine ersten 19 Jahre verbrachte. Brilons mittelalterlicher Stadtkern kann sich sehen lassen. Gegenüber dem Rathaus mit seiner prächtigen barocken

Front ducken sich, eng aneinandergeschmiegt, zwei historische Fachwerkhäuser unters Walmdach: Der »Jägerhof« und das »Café am Markt«, das zu Friedrichs Schulzeiten »Konditorei Feldkamp« hieß und immer noch Schwarzwälder Kirsch serviert, obwohl inzwischen die Besitzer gewechselt haben. Die frühere Pächterin des Cafés, über dessen Türrahmen in Stein gemeißelt die heilige Agatha wacht, musste coronabedingt aufgeben. Die neuen Pächter stellten auf »Bistrobetrieb« um.

Außerhalb des Stadtkerns wird es gleich ländlicher. Brilon, so wirbt die Tourismusbehörde, gehört zu den »Sauerland-Wanderdörfern« – eine der »Qualitätsregionen Wanderbares Deutschland«. Es gibt in Wahrheit eben nicht nur dunkle Wälder und wabernde Nebelschwaden im »Land der tausend Berge«, vielerorts wechseln sich liebliche Täler mit Wiesen und Bachläufen ab mit bewaldeten Höhen, nicht so dramatisch wie in Bayern, nicht so karg wie in der Eifel, aber beliebt bei Erholungsuchenden aus den Ballungsgebieten weiter westlich.

Rundherum um das »wanderbare« Brilon haben Stürme, Trockenheit und Borkenkäfer manch hässliche Schneise in die Landschaft gefräst. Sogar im städtischen Kurpark sind die Schäden zu besichtigen. Entlang der wäldlichen Silhouette strecken auch Windkrafträder ihre langen Hälse in die Höhe. Einige davon sollen sogar höher sein als der Kölner Dom, sorgt sich eine Anwohnerin. Wo kommen wir denn da hin?

Leben, wo andere Urlaub machen

Das Sauerland ist mehrheitlich katholisch geprägt. Auf den schwarzen Balken über den Türen der Fachwerkhäuser erinnern fast überall die in Kreide gemalten Jahreszahlen an den letzten Besuch der Heiligen Drei Könige. Jeden Sonntagmorgen wurden früher drei Messen gelesen. Jedenfalls bevor sich der Priestermangel auch im Sauerland bemerkbar machte. In Brilon gab es in den 1960er-Jahren je eine evangelische und eine katholische Volksschule. Auch die Geschlechter wurden aufgeteilt, Jungen und Mädchen mussten sich auf dem Schulhof getrennt voneinander aufstellen und separate Eingänge benutzen.

Diese Art der Geschlechtertrennung setzte sich bis in die Dorf- und Familienstrukturen fort, die auch heute noch patriarchalisch geprägt sind. Hoferben sind im Sauerland am besten männlich, auch damit dann an der Kneipentheke mit reichlich Alkohol »die Geburt des Stammhalters« begossen werden kann. Früher griff der Hausherr gern mal zur Waffe und feuerte Salven in die Luft, eine für ein Mädchen, zwei für einen Jungen.

Es ist eine Welt, in der die Arbeit schwer war – ob auf dem Feld, im Forst, in den Bergwerken oder Handwerksbetrieben. Heute ist diese Mittelgebirgsregion östlich des Ruhrgebiets geprägt durch prosperierenden Mittelstand, Handwerk, Familienunternehmen und Fremdenverkehr.

Ganz so männlich geht es dann auch nicht überall zu, denn das Sauerland hat mit 79 Prozent die höchste Frauenerwerbsquote in NRW. Die Arbeitslosenquote liegt traumhaft niedrig bei 2,5 Prozent. Umgekehrt allerdings fehlen Fachkräfte, auch Akademiker, vor allem Ingenieure, IT-Spezialisten. Dabei tun die Unternehmen das ihre, um das zu ändern: »Leben und Arbeiten, wo andere Urlaub machen«, wirbt die Firma Falke im benachbarten Schmallenberg um High-Potentials aus aller Welt. Immer wieder mit Erfolg, viele Rückkehrer gibt es hier, die es nach Ausbildung und ersten Jobs wieder in die Heimat zieht. So wie auch Friedrich Merz. Der hatte allerdings auch immer ein Standbein in der weiten Welt.

Anfang April 2022 begeht die Hochsauerlandkreis-CDU den Auftakt für die Landtagswahlen in NRW im Städtchen Schmallenberg, gut 40 Minuten von Arnsberg entfernt. Der CDU-Vorsitzende, der auch »unser Wahlkreisabgeordneter ist«, so wird Merz als Hauptredner unter Applaus eingeführt. Die Deutschlandhymne wird gespielt, alle erheben sich, eine Begrüßung, wie sie dem Ehrengast gefällt. Der bedankt sich bei der Stadtkapelle und hält eine gute Rede. Mal staatsmännisch, mal angriffslustig. Lokale Themen wird er auslassen, stattdessen viel über Ukraine und Zeitenwende reden.

Man hätte sich ein größeres Publikum gewünscht an diesem Abend, die Tischreihen sind nur zu einem Drittel besetzt, vor allem Männer mit grauen Haaren sind in die Stadthalle über dem Schwimmbad gekommen und klatschen eifrig. Nachdem der Ehrengast längst über die Berge ist, treffen sich dann viele in der Kneipe wieder. Beim Bierchen am Stammtisch hocken in diesem ländlich geprägten Teil Deutschland all jene, die im Ort das Sagen haben: der Fliesenleger, der Notar, der Fabrikbesitzer, der Arzt oder der Friseur. Gendersternchen: überflüssig.

Vereinsamen muss in dieser Gegend Deutschlands niemand, an jedem zweiten Haus im Hochsauerland hängt ein Wirtsschild. Der Ladenbesitzer in der dritten Generation gilt im sauerländischen Mikrokosmos nicht weniger als der Apotheker, schon gar nicht, wenn der zugezogen ist. Aber auch der italienische Gastarbeiter hat eine Chance, wenn er wie in einem Nachbarort von Brilon die erste Eisdiele weit und breit eröffnet und sich dann bei jeder Beerdigung einreiht in den Trauerzug, so dass es schnell vorbei ist mit der Fremdheit.

Das sind »Dönekes« – kleine Geschichten –, die zum Sauerland gehören wie Schützenkönige, Bier und Jägerlatein. »Bis heute«, so Ulrich Raulff in seinem Sauerland-Essay, »sind die Sauerländer einer der unbekanntesten und unverstandensten Stämme unter den Deutschen.« Und werden wohl deshalb immer wieder unterschätzt. Während zum Beispiel Bayern nicht nur im Fußball auftreten wie eine Supermacht, nach dem Motto »mia san mia«, punktet der Sauerländer eher durch ein verschmitztes Selbstbewusstsein und mit Hartnäckigkeit. Eine Eigenschaft, die man Friedrich Merz nicht absprechen kann.

Bullerbü in Brilon

Wenn man Erzählungen glauben darf, war der Vater von Friedrich Merz, Joachim Merz, nie einer, der in der sauerländischen Gemeinschaft Brilons ganz dazugehörte. Joachim Merz war in Breslau groß geworden. Als er nach langen Jahren von Krieg und Gefangenschaft zurückkehrte in ein geteiltes Deutschland, war seine Heimat nicht mehr da. Durch die Familienzusammenführung des Roten Kreuzes fand Joachim Merz schließlich seine Eltern wieder. Die ließen sich dann in Westfalen nieder.

Während seines Jurastudiums in Münster lernt Joachim Merz ein hübsches, intelligentes Mädchen aus dem sauerländischen Brilon kennen, das dort eine Gartenbaulehre macht: die vier Jahre jüngere Paula Sauvigny. Die beiden heiraten. Schließlich nimmt Joachim Merz eine Stelle als Amtsrichter in Paulas Heimat Brilon an. 1955 wird Friedrich geboren, es folgen noch drei weitere Kinder.

Joachim Merz wollte immer Richter werden, Richter und nichts anderes. »Kollegialorgane«, die zur engen Zusammenarbeit verpflichteten, waren seine Sache nicht. Wenn er morgens zu Fuß zum Gericht ging, grüßte er selten. Auch bei Schützenfesten gehörte »der Herr Richter«

nicht zu denen, die andere umarmt hätten, erinnert sich ein Briloner.

In der festgewebten kleinstädtischen Gemeinschaft, in der jeder jeden kennt, gilt Richter Merz als einer »der nicht von hier ist«. Er hatte, anders als später seine vier Kinder, eben nicht mit dem Sohn des Bäckermeisters oder mit dem »Anstreicher sein Jung« die Schulbank gedrückt. Außerdem war er nicht katholisch wie alle anderen, ging aber immer mit der Familie in den katholischen Gottesdienst. Nachdem seine streng protestantischen Eltern gestorben waren, konvertierte dann auch Joachim Merz zum katholischen Glauben.

Paula Merz stammte im Gegensatz zu ihrem Mann aus einer alteingesessenen, katholischen Familie. Als sie 1928 geboren wurde, ging ihr Vater Josef schon auf die 60 zu, fast 30 Jahre älter als seine Frau Thea. Auch Josef Paul Sauvigny war Jurist, zwischen 1917 bis 1937 Bürgermeister von Brilon. Die Sauvignys bewohnten das erste Haus am Platz, ein stattliches Patrizierhaus, in dem sogar Jérôme Bonaparte, der jüngste Bruder Napoleons und einst König von Westphalen, mal übernachtet hatte. Ursprünglich war es 1752 für die Kaufmannsfamilie Ulrich erbaut worden, »Gewerker«, denen Gruben und Bergwerke in der Gegend gehörten. In diese Familie hatte dann ein Steuerrat aus Jülich eingeheiratet, Karl Josef Sauvigny. Dessen Vorfahre war zu Napoleons Zeiten französischer Festungskommandant in Jülich gewesen.

Heute steht das spätbarocke »Haus Sauvigny« unter Denkmalschutz. Paulas jüngste Schwester hatte hier lange Jahre ihre Rechtsanwaltspraxis. Direkt am Haus geht übrigens die »Friedrichstraße« ab. Ein Überbleibsel aus preußischer Zeit, das natürlich auch als Vorzeichen gelesen werden kann für den berühmten Sohn der Stadt, der nun im Berliner Reichstagsgebäude die Heimat vertritt.

Während Friedrichs Großvater, Josef Sauvigny, seinerzeit das stattliche Patrizierhaus in Brilon geerbt hatte, war dessen Bruder mit einem großen Gehöft in der Nähe abgefunden worden: dem Osterhof. Dort wuchsen Paulas Cousinen auf. Beide lernten Anfang der 1960er-Jahre ihre späteren Ehemänner auf dem »Züchterball« kennen, einem rustikalen Tanzvergnügen, bei dem die Bauernsöhne der Gegend auf Brautschau gingen. Bei Sauvignys in Brilon dagegen ging es weniger derb zu, die Cousinen vom Bauernhof blickten immer auf zum »Hohen Haus«. Eine der Cousinen heiratete am 4. Juli 1967, just an dem Tag, als Großvater Sauvigny seinen letzten Atemzug tat. Dessen Tochter Paula Merz und ihre Familie konnten nicht zur Hochzeit gehen, bis auf Friedrichs Schwester Helene, die ein blütenweißes Kommunionskleid besaß und bei vielen Trauungen in der Verwandtschaft als »Engelchen« auftrat.

Merzens hatten in ihren ersten gemeinsamen Jahren noch im Haus Sauvigny gewohnt, Paulas Elternhaus, bevor sie sich Mitte der 1960er-Jahre ein geräumiges Eigenheim am Stadtrand bauten. Holzverkleidung am Giebel. Große Glasfronten zum weitläufigen Garten. In das Neubaugebiet im Grünen »In der Helle« waren in den 1950er- und 1960er-Jahren viele junge Familien gezogen.

Nachmittags nach der Schule trafen sich Friedrich und seine Freunde zum Spielen in der Nachbarschaft, stromerten über Wiesen und Felder. Oder saßen in der Weitsprungsandkiste in Nachbars Garten. Die Freiheit für die vier Kinder der Familie Merz war offenbar größer jenseits des elterlichen Gartenzauns: »Bei Merzens haben wir nicht so oft gespielt, da war immer jemand zu Hause«, erinnern sich Spielkameraden von früher. Der Richter kam immer mittags heim, machte sich kurz im Garten zu schaffen und verschwand wieder im Gericht.

Kurze Hosen, aufgeschlagene Knie, auf Bäume klettern, Brause trinken: das war Bullerbü in Brilon. Ein kleinstädtisches Idyll mit bildungsbürgerlichem Anspruch. Denn eine Nachbarin, die aus Berlin zugezogen war und als Ärztin arbeitete, organisierte Musikunterricht für die Kindergang aus der Nachbarschaft. Die »Kinder der Helle«, wie sie immer sagte. Dazu gehörten auch Friedrich und seine Geschwister.

Unfug am Petrinum

Als Friedrich zehn Jahre ist, wird er Sextaner am ehrwürdigen Gymnasium Petrinum. Die Erinnerung an diese Zeit, sagt er, gehöre nicht zu seinen schönsten. Seine ehemaligen Mitschüler mögen das ähnlich sehen. Denn wer in Brilon Fragen stellt zur Gymnasialzeit von Friedrich Merz, stößt auf eine Mauer des Schweigens oder erhält ein schroffes »Von mir erfahren Sie gar nichts« zur Antwort.

Zu viele Filmteams und Reporter waren in Brilon und Umgebung, um herauszufinden, wie brav oder wild Friedrichs Jugend wirklich war. In Telefonketten haben sie sich gegenseitig alarmiert: »Achtung, da ruft wieder jemand an zu Friedrich.«

Ausgelöst hatte Friedrich Merz diese Unruhe selbst. Vor 22 Jahren hatte er in einem *Tagesspiegel*-Gespräch in Erinnerungen an seine ungehemmte Jugendzeit geschwelgt. Ein früherer Klassenkamerad hatte dann seinerzeit in einem Leserbrief vieles relativiert. Eine Steilvorlage für den *Spiegel*, über Merz Kübel von Häme auszuschütten, nach dem Motto: Da versucht sich einer interessanter zu machen, als er war. Macht auf Easy Rider und war doch nur Messdiener. Es ging im Wesentlichen darum, wie lang die Haare des 15-jährigen Friedrich wirklich waren, wo genau die Imbissbude stand und wie oft er Mofa oder Moped fuhr. Und wie grob der Unfug wirklich war, den der spätere CDU-Star am Briloner Petrinum getrieben hatte.

Das Gymnasium Petrinum der 1960er-Jahre war kein Ponyhof. Eine berühmt-berüchtigte Bildungsanstalt, die auch schon Großvater Sauvigny besucht hatte, wie auch Heinrich Lübke aus Enkhausen, der spätere Bundespräsident. An der Schule hatte aber auch – ungewöhnlich für die damalige Zeit – Friedrichs Mutter Paula 1947 ihre Reifeprüfung abgelegt. Mädchen waren dort seit 1940 offiziell zugelassen. Schon drei Jahre später stellten sich nur männliche Abiturienten mit Stehkragen mit engen Bindern zum Abifoto auf. Der starre Gesichtsausdruck ließ die Schrecken der Schuljahre erahnen – und auch der Kriegsjahre, die kaum fünf Jahre zurücklagen.

»Unsere Lehrer«, erinnern sich dann solche Klassenkameraden, die sich von der Telefonkette zwischen Rüthen und Brilon nicht haben abschrecken lassen, »litten fast alle an unverarbeiteten Kriegstraumata«. Dem ein oder anderen rutschte die Hand aus, andere warfen mit Gegenständen nach den Jugendlichen. Eine Lehrerin schwelgte gar in bluttriefenden englischen War Poems. Kriegserfahrung ist nicht so leicht abgestreift wie ein altes Hemd, schon gar nicht in den 1960er-, 1970er-Jahren. Da war die Erinnerung noch sehr nah.

Auch bei Friedrichs Vater, Joachim Merz, der mit 17 den Kriegsdienst angetreten hatte und mit 20 noch viereinhalb Jahre in russischer Kriegsgefangenschaft verbringen musste. »Meinem Vater ist durch Krieg und Gefangenschaft die Jugend geraubt worden. Das merkt man ihm bis heute an.« In einem Gespräch mit der *NZZ* erwähnt Friedrich Merz die »traumatischen Erlebnisse« des Vaters. Hat der mit dem Sohn darüber gesprochen? Eher nicht. Merz gibt zu erkennen, dass sein Vater die schmerzhaften Kriegserlebnisse nie geteilt hat mit dem Sohn. Auch im weiteren Gespräch über Kindheit und Jugend verstärkt sich der Eindruck, dass sich die emotionale Nähe zwischen dem gestrengen Richter und dem heranwachsenden Friedrich in engen Grenzen hielt.

Bei den Eltern Merz herrschte die klassische Rollenverteilung, so wie sie in jenen Jahren üblich war. Er war zuständig für Beruf und Geldverdienen, sie für Kindererziehung und Haushalt. Das innigere Verhältnis hat er denn auch zur Mutter, ohne Frage. Bis heute ist Paula Merz die Seele der Familie. Vettern, Cousinen, Kinder und Kindeskinder kommen oft zu Besuch und lieben es, wenn sie Episoden und Anekdoten von früher zum Besten gibt oder auch Fragen zur Geschichte der Familie beantwortet. Vor etwa einem Jahr zog das hochbetagte Paar in ein Altenheim um.

Von Joachim Merz, sagen die Freunde aus der Schulzeit, habe Friedrich seine »Wortgewandtheit«, und meinen dabei in Wahrheit sein freches Mundwerk. Das brachte ihm als Schüler viel Ärger am Gymnasium Petrinum ein, den der Richter Merz, der dort auch Rechtskunde unterrichtete, wieder ausbügeln musste. Auf dessen Bitten gab die Lateinlehrerin dem Sohn Nachhilfestunden.

Im Gegensatz zum jungen Friedrich Merz aus Brilon galt der Schüler Olaf Scholz übrigens als wahres Ass in Latein. Der hat sogar die Lehrer noch belehrt, ließ Vater Scholz kürzlich Journalisten wissen. Doch auch die Leistungen von Merz Junior wurden mit der Nachhilfe besser, »Friedrich hatte vorher nicht gearbeitet«, lautet fast 50 Jahre später das wohlwollende Urteil der früheren Lehrerin.

»Friedrich ließ die Lehrer vorne machen und spielte hinten während des Unterrichts ungerührt weiter Doppelkopf«, erinnert sich Mitschülerin Gisela, die nicht mehr im Sauerland wohnt. Auch Yogi war damals mit dabei, der

Kumpel, der einst den berühmten Leserbrief geschrieben hatte. Das hat der, sagt dessen Frau jetzt 20 Jahre später, hundertmal bereut. Der Medienwirbel ging ihm auf die Nerven. Die beiden Jungen hatten ja nur eineinhalb Jahre miteinander zu tun. Was ist ihm nach all den Jahren im Gedächtnis geblieben? »Friedrich war frech und respektlos«, sagt Kumpel Yogi mit dem Abstand von fast 50 Jahren, »er war aber auch verschmitzt und witzig«.

Die Schulfreunde ließen nichts anbrennen damals; zu den groben Streichen mit frisierten Staubsaugern und explodierenden Daunenkissen gesellten sich weitere Missetaten, die dem Richtersohn Friedrich zugeschrieben wurden. So hatten sich die Pennäler an den Scharnieren der Klassenzimmertür derart zu schaffen gemacht, dass die Französischlehrerin, Frau Bouillon, beim Öffnen der Tür keine Chance hatte: Sie stürzte bäuchlings in die Klasse und schoss mit der Tür wie auf einem Surfbrett nach vorn. Die Geschichte von damals ist noch heute Legende am Petrinum.

Hau drauf, was kostet die Welt?

Zu den Missetaten gesellten sich schlechte Noten. Dann half irgendwann gar nichts mehr und Friedrich sollte eine Klasse wiederholen. Die Eltern stritten, ob der Junge nicht besser die Schule abbrechen sollte. Friedrich solle doch lieber eine Maurerlehre machen, befand der Vater, dessen Geduld am Ende war. Und in der Baubranche schien der missratene Sohn die vielversprechendere Karriere vor sich zu haben. Jede Ferien, seit er 15 Jahre war, schaffte Friedrich Merz in Brilon auf dem Bau. »Die neue Schule im Ort«, lacht Merz, »die hab' ich quasi mitgebaut«. Doch die Mutter setzte sich diesmal durch: Ihr Sohn sollte das

Abitur machen. Nur eben nicht am Petrinum – das war verbrannte Erde.

»Ich war ein Typ, der sich nicht hat leiten lassen«, hatte Merz dem *Tagesspiegel* einmal gesagt. Das ist wohl heute immer noch nicht anders. Nur, im Rückblick betrachtet, was hätte dem Sohn des Richters, der auch der Enkel des langjährigen Bürgermeisters war, schon Schlimmeres passieren können außer Ohrfeigen vom Vater, einen Rüffler aus der Schule oder ein Jahr zu wiederholen? Wie anders muss das gewesen sein in der DDR-Jugend der Angela Merkel, als bei jedem abweichenden Verhalten mit ernsten Konsequenzen zu rechnen war?

Anders als der junge Merz galt Angela Merkel in ihrer Kindheit als angepasst, wenig aufmüpfig, so dass ihre Eltern schon fürchteten, das Kind könne sich womöglich nicht behaupten im Leben, so wie es in dem Film «Angela Merkel im Lauf der Zeit« angedeutet wird. Merz wuchs als Richtersohn im freien Westen auf, Merkel als Pfarrerstochter in der sozialistischen Diktatur namens DDR. Dort herrschte das Gebot: am besten nicht auffallen.

Auch als junge Erwachsene haben sie wenig gemein: die junge Frau aus dem Osten, die ihre Zukunft in der Wissenschaft sieht und der Teenager aus dem Westen, der sich früh politisch engagiert. Ursula Weidenfeld beschreibt den Unterschied zwischen der gesellschaftlichen Sozialisation der Post-68er-Jahre in ihrer Merkel-Biographie so: »Während die Ostdeutschen nach 1968 politisch verstummen, fängt im Westen die große politische Kontroverse erst richtig an.« Hier: lieber nicht in die Karten schauen lassen, dort: hau drauf, was kostet die Welt! Das passt zusammen wie – ja, Merkel und Merz.

1971 wechselte Friedrich auf das Gymnasium im benachbarten Rüthen und holte dort die Klasse nach statt auf dem Petrinum. Friedrichs Missetaten hatten sich bis dort herumgesprochen, also hatte der Direktor der dortigen Schule auf einem Vieraugentermin bestanden. »Der kam eigens zu Merzens nach Hause«, erinnert sich Gisela, die wie ihr Klassenkamerad Friedrich auch bald aufs Gymnasium in Rüthen wechselte.

Der Schulwechsel sollte sich lohnen: Die Lehrer im Nachbarort waren zugewandt, jünger und moderner. Friedrichs Noten wurden besser. Jeden Morgen marschierte er mit der Nachbarstochter »im Sturmschritt« zum Bus, später nahmen sie die Ente ihrer Mutter. Mit der fuhren sie in einer Gruppe von Freunden nach dem Abi auch nach Paris.

Neben der Schule kam auch das Sozialleben in Rüthen nicht zu kurz. Partys dauerten bis in die frühen Morgenstunden, ebenso wie der Karneval in der Schützenhalle von Madfeld. Kino, Konzerte, Taubenschießen – das waren die anderen Vergnügen dieser Jugend auf dem Lande in der ersten Hälfte der 1970er-Jahre. An der »Spitzenwarte«, einem Gastbetrieb, aus dem Kumpel Heiner stammt, wurde oft gefeiert mit reichlich Bier. Der alte Turm der »Spitzenwarte« steht immer noch wie ein Ausrufezeichen in der Landschaft, muss sich den Platz an der Sonne inzwischen aber mit Windkrafträdern teilen. Auch heute noch finden hier Klassentreffen statt, zu der auch der Englischlehrer Geoffrey Crew immer kommt.

»Wir haben nichts ausgelassen damals«, erinnert sich Gisela. »Aber Friedrich war auch einer, der für andere da war, wenn es drauf ankam.« Als sie einmal nachts in der Ente von einer Party zurück nach Brilon fuhren, lag ein Auto im Straßengraben, Reifenpanne. Friedrich rief: »Anhalten!«. Dann schaute er nach, was los war, griff sich schließlich den Wagenheber und wechselte die Reifen.

Zu Abizeiten, wissen Klassenkameradinnen zu berichten, hatte Friedrich eine Freundin in Brilon. Mit der besuchte er auch den Abiball. Das Mädchen trug ein langes Kleid mit sehr feinen weiß-blauen Streifen. Heute lebt die Dame im Rentenalter immer noch im Sauerland, in einem Ort wenige Kilometer von Brilon entfernt. Am Telefon ist sie abweisend.

Friedrich Merz wird ein guter Schüler und sogar Schulsprecher. Sein ehemaliger Lehrer Geoffrey Crew freut sich auf nächste Klassentreffen: Beim 50. Abitreffen, 2025, da ist er sich sicher, wird Friedrich Bundeskanzler sein.

Politische Prägung

Politik hat den jungen Friedrich schon als Schüler fasziniert. Joachim Merz war Mitglied im CDU-Kreisvorstand und Vater und Sohn gingen oft gemeinsam zu Parteiveranstaltungen. Beim CDU-Bundesparteitag in Mainz 1986 zum Beispiel sitzen sie, beide die Arme vor der Brust verschränkt, überraschend einträchtig nebeneinander: das Gesicht von Joachim Merz voller, die Züge des Sohnes schmal und hager. «Der Friedrich kommt nach dem Großvater Sauvigny«, sagen sie in Brilon.

Brachte ihn sein Vater Joachim Merz in die CDU? Nein, sagt der Sohn. Zur CDU sei er eher trotz seines Vaters gegangen. Und im Gespräch verdichtet sich der Eindruck, dass der junge Merz nicht gerade an den Lippen seines Vaters gehangen hat.

Die politische Prägung des jungen Merz erfolgt anderswo. Zum einen in einem Gebäude, das, wie sich Weggefährten erinnern, »der alte Merz« nie betrat. Im Alfred-Delp-Haus der Kirche organisierte ein etwas älterer Kumpel aus der Nachbarschaft Diskussionsgruppen für Jugendliche. Anfang der 1970er-Jahre ging es da munter zu, man setzte sich mit den Befreiungsbewegungen in

Südamerika auseinander. Auch Jusos und das Kommunistische Bündnis waren mit von der Partie, erinnert sich Franz-Reinhard, der damals Vorsitzender der örtlichen Jungen Union war.

Eine reine Männersache war das nicht, auch Mädchen waren dabei. Bei einer Rhetorikschulung im Delp-Haus wurde den Jugendlichen die Aufgabe erteilt, eine Rede auf das »Streichholz« zu halten. Friedrich tat sich da besonders hervor, schmunzelt der Freund von damals. Etliche Jahre später sollte Merz dann auch einen Rednerwettbewerb im Bonner Bundestag, dem alten Wasserwerk, für sich entscheiden.

Schließlich beerbte Merz seinen Freund Franz-Reinhard als Vorsitzender der örtlichen JU. Mitglied dort war er seit 1970. »Friedrich war überhaupt nicht der typische Konservative, der nichts verändern wollte«, erinnert sich der Freund. Ein Wirtschaftsliberaler? »Auch nicht, bei unseren politischen Diskussionen ging es sehr grundsätzlich und thematisch bunt zu.« Beschäftigt haben sich die angehenden Politiker auch mit Themen wie der katholischen Soziallehre von Oswald von Nell-Breuning oder betrieblicher Mitbestimmung. Beides Stichworte, so ist dem Weggefährten aufgefallen, die der Freund von einst, der jetzt CDU-Vorsitzender ist, in letzter Zeit häufiger im Munde führt.

Skeptisch waren die jugendlichen Christdemokraten damals gegenüber Brandts Ostpolitik, sie glaubten nicht daran, dass Wandel durch Annäherung erfolgreich sein konnte. »Die 68er habe ich immer für Spinner gehalten. Und endgültig in die CDU hat mich die Ostpolitik von Willy Brandt gebracht«, sagte Merz dem *Tagesspiegel*. Dass seine eigene Partei, die CDU, 40 Jahre später selbst eine sich im Nachhinein als naiv erweisende »Ostpolitik« betreiben sollte, konnte er damals nicht wissen.

Die Junge Union traf sich immer freitags in der Kneipe »Zur Wolfsschlucht«. Doch bald nach der kommunalen Neugliederung des Kreises ging der Blick über Brilon hinaus. In der Zeit traf er Karl Schneider, heute Landrat, und Egbert Neuhaus, heute Chef des Arnsberger Unternehmens Wesco, der Friedrich Merz schon als 15-Jährigen kannte. Die drei waren damals vereint in der JU-Spitze des neugebildeten Hochsauerlandkreises und »hatten es nicht so mit dem sozialdemokratischen Zeitgeist«.

Mit beiden ist Merz noch heute eng verbunden. Und vor allem auch mit Franz-Josef Leikop, dem langjährigen Landrat der Region, der sein politischer Ziehvater war. Auch die politischen Diskussionen im Delp-Haus und in der Jungen Union waren fast wichtiger für seine politische Sozialisation als das Elternhaus.

Egbert Neuhaus, in dessen Firmenzentrale in Arnsberg-Neheim ein Pop-Art-Porträt von Trump in der Zwangsjacke hängt, schwelgt ein wenig in der Vergangenheit: »Wir waren eine fröhliche Truppe damals, das Funktionärsmäßige lag uns nicht so.« Während andere Funktionäre der Jungen Union gestriegelt mit Anzug und Aktenkoffer zu den Treffen kamen, packten sie ihre Akten in Aldi-Tüten.

Auch Neuhaus lobt die rhetorischen Fähigkeiten des Freundes. Bei Ortsversammlungen reden, das war sein Ding, die Gremienarbeit dagegen, erinnert der sich, war bei Friedrich überschaubar. Die Kandidatenaufstellung für das Europäische Parlament war Bezirkssache, erinnert sich der Freund, der schon in den 1980er-Jahren eine lokale Größe in der CDU war. An Friedrichs Bewerbung für Europa habe er, und da klingt der Unternehmer ziemlich sauerländisch, »dran gedrückt«, was heißt, Mehrheiten organisiert: »Friedrich hat da nicht viel dran gestrickt.«

Heimatverbunden und weltoffen

Das Sauerland ist und bleibt Fundament für alle weiteren Schritte, der Lebensweg führt Friedrich Merz immer wieder dahin zurück. Hier kommt seine Familie her, hier wuchsen seine Kinder auf. Hier begann er, Politik zu machen. Diese Verwurzelung im Wahlkreis, so sehen es auch lokale CDU-Granden, sei der Grund, warum Merz bei der Bundestagswahl 2021 überhaupt wieder antreten konnte für den Wahlkreis, den zwischenzeitlich ein anderer innehatte: Patrick Sensburg. Der Jurist und Professor an der Polizeihochschule in Münster hat das denkwürdige Schicksal, dass er sowohl der Nachfolger Friedrich Merz' im Sauerland wurde als auch dessen Vorgänger.

Ins Hochsauerland – HSK, wie das Sauerland auch auf KFZ-Nummernschildern firmiert – erreicht die CDU immer noch Traumergebnisse bei Wahlen. Doch der schwarze Teppich, der bei der Bundestagswahl und der NRW Landtagswahl mal wieder die politische Farbe des Sauerlands anzeigt, hat einen kleinen Schönheitsfehler: Merz' Geburtsstadt Brilon wird seit 1999 von SPD-Bürgermeistern regiert. Etwas, womit Friedrich Merz schon vor 20 Jahren haderte.

Als er einmal bei der Kommunalwahl 2004 dem CDU-Kandidaten Wahlkampfhilfe gab, ließ er sich, so berichtete die *taz* damals groß, zu markigen Sprüchen hinreißen. Es erfülle ihn mit tiefem Grausen, soll er gesagt haben, dass derzeit diese Stadt von der SPD regiert würde. Dann rief er angeblich auf zum »Sturm auf das rote Rathaus«, in dem von 1917 bis 1937 sein Großvater, ursprünglich ein Mitglied der Zentrums-Partei, die Amtsgeschäfte geführt hatte.

Die Nähe des Großvaters zum Hitlerregime ist allerdings bis heute immer wieder Gegenstand von Kontroversen. Die NSDAP, der der Großvater später beitrat, war bei der Reichstagswahl in Brilon auf 7,3 Prozent, 1938 dann auf 99,5 Prozent gekommen. In allen historischen Darstellungen wird deshalb auch darauf hingewiesen, dass es sich in der sauerländischen Kleinstadt Brilon im Schnitt leider so verhielt wie im Rest des Reiches: Die Widerstandskämpfer waren deutlich in der Minderheit. Auch wenn man manchmal den Eindruck hat, dass es mit wachsendem zeitlichen Abstand zu den Ereignissen immer mehr werden ...

Als Josef Sauvigny starb, war Friedrich erst elf Jahre, zu jung, um die Fragen zu stellen, die den Erwachsenen immer noch bewegen müssen. In seiner Heimatstadt war der Großvater, wie der Enkel stolz erzählt, immer hochangesehen. Den »alten Jimmy« nannten ihn die Briloner.

Genützt hat Friedrich dem Streitbaren die Aufregung damals – wie heute – nichts: Die SPD sitzt noch immer im Briloner Rathaus fest im Sattel. Nicht immer führt Eskalation auch zum Ziel, zumal gerade Sauerländer parteipolitische Differenzen gern unter sich ausmachen. Beim Bierchen in der Kneipe zählt nur, wer »nen netten Kärr is«. »Heimatverbunden und weltoffen, zuverlässig und lebensfroh«, nannte Merz einmal die Sauerländer. Und setzte hinzu: »Alle diese Eigenschaften braucht auch die CDU.«

Heimatverbunden und weltoffen: So gibt sich der CDU-Chef aus dem Sauerland auch bei einem besonderen Event, bei der Jubiläumsveranstaltung zum berühmten Neheimer Programm von 1946. Dieses historische Manifest stammt aus der Zeit, als Konrad Adenauer formell zum CDU-Vorsitzenden in der britischen Zone gewählt worden war.

Bei dem Festakt in der Stadthalle von Neheim, ganz in der Nähe seines Wahlkreisbüros, ist Friedrich Merz ganz ergriffen. Der zehnte Vorsitzende seit Adenauer hatte eigens vorher seinen alten Musiklehrer angerufen, der ihm geraten hatte, zu diesem festlichen Anlass den Marsch der Vereinten Nationen spielen zu lassen.

Charlotte Merz sitzt auch im Publikum in der Schützenhalle und hört zu, wie ihr Mann an diesem Tag eine Grundsatzrede hält. Sein Blick geht von der Lage in Deutschland hinaus zur großen Weltpolitik. Hier und heute bei der Gedenkfeier der Bundes-CDU in seiner sauerländischen Heimat kommt alles zusammen, was Merz wichtig ist, wenn »wir nicht nur an die Gegenwart denken und die Vergangenheit«, sondern auch, wie er sagt, »aus Zukunft Herkunft und aus Herkunft Zukunft werden lassen wollen«.

Das klingt wie eine politische-geistige Standortbeschreibung dessen, was ihm wichtig ist, dem Erben Adenauers aus dem Sauerland.

3.

Der Lockruf des Geldes

Seit seinem Ausscheiden aus dem Bundestag 2009 bis zu seinem politischen Comeback 2020 konzentrierte sich Friedrich Merz ganz aufs Geldverdienen. Das kam nicht unvermittelt: Schon 2005, als er noch im Bundestag saß, war der Abgeordnete Partner bei der amerikanischen Anwaltskanzlei Mayer Brown geworden. Zum Kennenlernen war er extra nach Chicago geflogen. »25 Grad minus, zwei Meter Schnee – das werde ich nie vergessen«, berichtete er von seinem Vorstellungsgespräch. Die Temperatur bei dem Termin selbst war jedoch so angenehm, dass er beim Rückflug dachte: »Du wärst bescheuert, wenn du das nicht machen würdest.«

Zunächst arbeitete er von Berlin aus, wo das Büro seit den 1990er-Jahren eine Niederlassung hatte. Er wurde bald Partner und dann auch in den europäischen Büros als »Asset« herumgereicht.

Der Amerikaner John Schmitz hatte ihn dorthin geholt, er hatte Merz kennengelernt, als beide auf dem Board der Bayer-Stiftung für deutsches und internationales Arbeits- und Wirtschaftsrecht zusammenkamen.

Die Zusammenarbeit zwischen dem CDU-Abgeordneten Merz und den amerikanischen Anwälten verlief denn auch sehr fruchtbar; es wurden viele große und lukrative Mandate abgewickelt. So begleitete die Sozietät 2006 unter anderem die RAG-AG bei ihrem geplanten Börsengang, was allerdings als Verquickung von Interessen kritisiert wurde, weil die öffentliche Hand, vor allem das Land Nordrhein-Westfalen, bei der Neuformierung des Essener Steinkohlenkonzerns mit seinen Tochtergesellschaften Degussa und Steag involviert war.

Die anderen europäischen Partner waren angetan. Ein Erlebnis mag das belegen. Der Chef des französischen Offices, Jean Philippe Lambert, war in einem früheren Leben Mitglied der Légion étrangère und kümmerte sich seitdem um die Ehemaligen. Ende September 2005 lud er zwei Deutsche und einen Amerikaner zu einem Treffen der Fremdenlegionäre nach Korsika: Tom Enders, damals Airbus-Chef, Friedrich Merz und John Schmitz. Die drei reisten nach Korsika, marschierten durchs Gebirge bei Calvi, tranken Wein aus Pappbechern und waren ziemlich verblüfft, als die Legionäre alte deutsche Kriegslieder anstimmten.

Es gab auch einen Spezialauftrag für die ausländischen Ehrengäste: »We were parachuting down«, erzählt Schmitz, »wir drei sprangen mit Fallschirmen aus einer Transall über den versammelten Legionären ab.« Tandemflüge mit Copilot waren das, die bei der schwierigen Landung in unwegsamem Terrain halfen. Enders, selbst Fallschirmjäger, hätte keine Hilfe gebraucht, die anderen schon. »Für so einen großen Typen wie Friedrich war die Landung besonders schwierig«, erinnern sich die anderen. Doch der ehrgeizige Sauerländer bewältigte auch diese Herausforderung. So ist er, ohne Angst. Sprung ins Unbekannte, ohne Netz und doppelten Boden.

Schnittstelle zwischen Wirtschaft und Politik

In der Öffentlichkeit aufgefallen war Merz zu dieser Zeit aber vor allem deshalb, weil er sich weigerte, den Veröffentlichungspflichten von Bundestagsabgeordneten für ihre nebenberuflichen Tätigkeiten nachzukommen – was auch die Höhe der Nebenverdienste umfasste. Merz argumentierte mit der Verschwiegenheitspflicht von Anwälten, beschwor die Gefahr eines »Parlaments von Studienabbrechern« herauf – unterlag aber 2007 mit einer entsprechenden Klage vor dem Bundesverfassungsgericht.

Neben seiner Anwaltstätigkeit war Merz noch in zahlreichen Ämtern und Funktionen als Multi-Aufsichtsrat aktiv. Er übte 19 Mandate in Aufsichtsgremien aus, unter anderem bei namhaften Firmen wie Alba, Axa, BASF Antwerpen, Commerzbank, DBV-Winterthur Holding, Deutsche Börse, HSBC Trinkaus & Burkhardt, Stadler Rail und anderen. Doch es war nicht nur das Geld, das ihn lockte. Durch seine zahlreichen Mandate erhielt er, der ehemalige Wirtschafts- und Finanzpolitiker, einen tiefen und ganz neuen Einblick in das Wirtschaftsgeschehen und in die Denkweise der Führungskräfte großer Unternehmen. Hatte er bislang immer von der politischen Seite aus auf die Wirtschaft geschaut, so konnte er nun sein Bild abrunden und mit der Perspektive von der anderen Seite aus ergänzen.

Obwohl Merz sich zu dieser Zeit nicht mehr in Interviews zum politischen Tagesgeschehen äußerte und auch der Versuchung widerstand, die Arbeit von Angela Merkel und ihren verschiedenen Bundesregierungen öffentlich zu kommentieren, blieb er der Politik gedanklich eng verbunden. Zum einen als aufmerksamer Beobachter und interessierter Gesprächspartner, zum anderen durch einige Mandate, die er als Anwalt und Berater auf der Schnittstelle zwischen Wirtschaft und Politik wahrnahm.

Eines davon betraf die Sanierung der WestLB. Die NRW-Landesbank war im Zuge der Finanzmarktkrise in eine Schieflage geraten und der Staat hatte sich entschieden, das Institut zu stützen und nach erfolgter Sanierung zum Verkauf zu stellen. Gesucht wurden deshalb private Investoren – finden sollte sie der bestens verdrahtete Rechtsanwalt Merz. Deshalb wurde er 2010 vom staatlichen Bankenrettungsfonds SoFFin zum »Veräußerungsbevollmächtigten« bestellt; Merz sollte diskret die Anteile der Landesbank verkaufen, die damals beim Bund, dem Land NRW und den dortigen Sparkassen lagen.

In die Schlagzeilen geriet er dann allerdings gleich mehrfach. Zum einen scheiterte der vollständige Verkauf der WestLB kläglich; die einst große und stolze Landesbank wurde zerschlagen und das Mandat von Merz war nach rund einem Jahr ohne den erhofften Erfolg beendet. Zum anderen wurden die Umstände des Niedergangs der WestLB in einem parlamentarischen Untersuchungsausschuss des Landtags von NRW näher beleuchtet; ein hochpolitscher Vorgang, bei dem die beteiligten Landesregierungen nicht immer gut aussahen und bei dem auch Merz als Zeuge geladen wurde.

Bei dieser Gelegenheit kam dann heraus, was Merz mit dem WestLB-Mandat verdient hatte. Pro Kalendertag waren 5000 Euro Honorar vereinbart worden, ein »nicht gerade billiges Angebot«, wie der frühere NRW-Finanzminister und spätere SPD-Vorsitzende Norbert Walter-Borjans als Zeuge vor dem Untersuchungsausschuss meinte. Merz selbst sagte als Zeuge aus, das Honorar habe »Standardstundensätzen« entsprochen. Am Ende kassierten er und die beauftragten Berater mehrere Millionen Euro – für einen letztlich gescheiterten Verkauf.

Ein weiterer Fall, der Merz und seine wirtschaftlichen Tätigkeiten in die Schlagzeilen brachte, betraf die Privatbank HSBC Deutschland, in deren Aufsichtsrat er saß. Nachdem die Staatsanwaltschaft 2016 Ermittlungen wegen Cum-Ex-Geschäften aufgenommen hatte, habe sich das Kontrollgremium mehrfach mit dem Thema beschäftigt, wurde ein Sprecher zitiert. Die Bank habe sich aber »nicht bewusst an solchen Geschäften beteiligt«. Insgesamt ginge es bei HSBC Deutschland um einen kleinen, zweistelligen Millionenbetrag an fraglichen Steuergutschriften aus den Jahren 2005 bis 2011.

Merz, der in dieser Periode zeitweise Aufsichtsrat war, hatte jede Beteiligung daran immer strikt zurückgewiesen und die Steuertricks zulasten der Staatskasse klar verurteilt. »Aktiengeschäfte wie Cum-Ex und Cum-Cum dienen letztlich dazu, die Steuerzahler auszunehmen«, sagte er. Diese Geschäfte seien »vollkommen unmoralisch, unabhängig von der juristischen Bewertung«. Dennoch wurde er von Organisationen wie Transparency kritisch angegangen. Deren Vorsitzende Edda Müller sagte der *Wirtschaftswoche:* »Friedrich Merz wird den Mitgliedern der CDU erklären müssen, wie er sich in seinen diversen Funktionen in der Finanzwirtschaft für ein gesellschaftlich verantwortliches Handeln eingesetzt hat – etwa als Aufsichtsrat der Privatbank HSBC Deutschland, die in Cum-Ex-Geschäfte verwickelt war.«

Die größte Aufmerksamkeit in der Öffentlichkeit aber erfuhr eine andere Tätigkeit von Merz.

Keine Heuschrecke

Der größte Vermögensverwalter der Welt hat seinen Sitz nicht im New Yorker Finanzviertel rund um die berühmte und erstaunlich kleine Wall Street, sondern ein ganzes Stück weiter nördlich in Midtown Manhattan. Beim Betreten der Lobby von BlackRock fällt einem gleich eine Wand ins Auge, aus der ein künstlicher Wasserfall strömt. Mehr Extravaganz gibt es in dieser Kathedrale der Hochfinanz allerdings nicht zu bestaunen. Im Gegenteil: Wer mit einem der Hochgeschwindigkeitsaufzüge in das Herz des Imperiums vorstößt, betritt eine Welt mit niedrigen Decken, kleinen Büros und dunklem Holzmobiliar. Die Angestellten, die hier in ihren großen Computerbildschirmen förmlich versinken, sind erstaunlich leger gekleidet; den edlen Zwirn mit Nadelstreifen und Seidenkrawatten tragen heutzutage nur noch Banker und Broker in Kinofilmen.

Womit wir beim Klischee wären. Ja, BlackRock verwaltet ein Vermögen von kaum vorstellbaren zehn Billionen US-Dollar und ist seinen Wettbewerbern Vanguard und State Street damit weit enteilt. Ja, BlackRock hat ungeheuren Einfluss, ist an nahezu jedem DAX-Konzern beteiligt und hat Zugang zu jedem Firmenchef und Finanzminister dieser Welt. Aber: BlackRock ist keine Heuschrecke, versichert Friedrich Merz seinen Gesprächspartnern immer und immer wieder, keine Investmentbank, die Firmen aufkauft und zerteilt, ja sie förmlich ausweidet, um sie dann an Meistbietende weiter zu veräußern.

Dennoch: Wer hier arbeitet, muss sich oft verteidigen und gegen Vorurteile angehen. Finanzgeschäfte und Aktiendeals haben in Deutschland nicht nur seit der Finanzkrise 2009 ein schlechtes Image; der ganze Sektor ist in Verruf geraten, seit aktivistische Aktionäre und Firmenjäger hierzulande die Schattenseiten des Shareholder Value durch rücksichtslose Aufspaltung und Verwertung von Unternehmensteilen demonstrierten. Franz Müntefering, der frühere SPD-Vorsitzende, hatte nach dem Vorbild der biblischen Plage den Begriff der »Heuschrecken« erfunden, um Private-Equity-Gesellschaften zu geißeln.

Doch davon ist BlackRock weit entfernt. Der »schwarze Felsen« stellt sich als mächtiges, aber grundsolides Unternehmen dar, als eine Fondsgesellschaft, die ihren Kunden unterschiedlichste Möglichkeiten anbietet, ihr Geld zu mehren. Die gebräuchlichsten sind Aktienfonds, Anleihefonds und Mischfonds, die sowohl in Aktien als auch in Anleihen investieren können. Die erfolgreichste und beliebteste Anlageform bei BlackRock sind die ETF, also die »exchange traded funds«, auf Deutsch börsengehandelte Indexfonds. Rund zwei Drittel des von BlackRock verwalteten Vermögens stecken in solchen Fonds, die nach einem einfachen Prinzip funktionieren: Ein Dax-ETF kauft mit dem Geld der Anleger Aktien von allen im DAX vertretenen Unternehmen, und zwar entsprechend ihrer Gewichtung im Index.

Damit sind Risiken breit gestreut und man nimmt an der wirtschaftlichen Entwicklung dieser Konzerne teil. Aus diesem Grund hält der Vermögensverwalter erhebliche Anteile an den führenden deutschen Unternehmen; oft ist BlackRock sogar der größte Einzelaktionär. Da die Gebühren für die Anleger im Vergleich zu anderen Anbietern dieser Art recht günstig sind und sich die Gesamtheit der DAX-Werte im Laufe der vergangenen Jahre ziemlich gut entwickelt hat, erfreuen sich die ETF in Deutschland großer Beliebtheit.

Als Friedrich Merz 2016 als Aufsichtsratsvorsitzender beim deutschen Ableger von BlackRock beginnt, nimmt die breite Öffentlichkeit davon allerdings nur wenig Notiz. Der ehemalige CDU-Politiker ist zu dieser Zeit ein »has been«, wie die Amerikaner sagen, also ein Ehemaliger, der sich bereits seit einigen Jahren als Anwalt, Berater, Aufsichtsrat und Lobbyist bei den verschiedensten Unternehmen tummelt.

Weiter gefasste Beraterrolle

2018, als Merz wieder die politische Bühne betrat, galt die größte Aufmerksamkeit der Medien jedoch seinem damaligen Arbeitgeber BlackRock und dessen legendärem Gründer Larry Fink. Allein die schiere Größe des Finanzgiganten weckte Mistrauen – vor allem bei den kapitalismuskritischen Medien in Deutschland. Große Investigationsteams wurden losgeschickt, um nach dunklen Flecken auf der Weste des Politikrückkehrers zu suchen. Die *Zeit*-Journalistin Heike Buchter schrieb sogar ein Buch mit dem vielversprechenden Titel »BlackRock – eine heimliche Weltmacht greift nach unserem Geld«. Aber trotz der intensiven Beschäftigung mit der Firma und der Tätigkeit von Merz in ihr kam nach monatelangen Recherchen nichts heraus, was man dem CDU-Politiker zum Vorwurf hätte machen können.

Bei Merz' Antritt 2016 als Aufsichtsratschef der BlackRock Asset Management Deutschland AG teilte die Firma erkennbar stolz mit, dass er nicht etwa als Frühstücksdirektor mit dickem Adressbuch oder als stiller Kontrolleur im Hintergrund arbeiten werde. Vielmehr solle er »eine weiter gefasste Beraterrolle einnehmen, in der er die Beziehungen mit wesentlichen Kunden, Regulierern und Regulierungsbehörden in Deutschland für BlackRock fördern wird«.

Merz selbst versteht seine Rolle damals ebenfalls als proaktive Tätigkeit. Zu Wochenbeginn gebe es Montagsmorgens um neun Uhr eine Telefonkonferenz mit dem Deutschland-Chef von BlackRock. Dabei stünden sowohl Strategiefragen als auch konkrete Termine der Woche im Vordergrund. Er begleite die Firmenleitung zu Kundenterminen, werbe auf Investorenkonferenzen für BlackRock oder organisiere Gespräche und Treffen mit Bundestagsabgeordneten und anderen politischen Entscheidungsträgern.

Dabei geht es nur selten um rein atmosphärische Fragen. Merz kommt in diesen Jahren auf ein jährliches Einkommen von über einer Million Euro; solche Summen zahlt eine US-Firma nicht für nette Plaudereien. Er sagt auch heute nicht ohne Stolz, dass er in das operative Geschäft eingebunden war, direkt mit Kunden in Form von Unternehmen, Behörden oder Kreditinstituten gesprochen habe. Merz beschreibt sich als »aktiver Aufsichtsratschef«, als jemand, der ganz vorne an der Verkaufsfront mitmischte und in Vorträgen und bei Konferenzen für die Vorzüge von Fondsanlagen warb.

Als beispielsweise die Entscheidung der Briten feststand, die EU verlassen zu wollen, wurde Merz eingesetzt, um in großen Telefonkonferenzen quer über den Kontinent die aufgeschreckten Anleger zu beraten und Fragen zu beantworten. Das kann er, auch dafür hatte man ihn geholt: Fast aus dem Stegreif politische und wirtschaftliche Zusammenhänge anschaulich und kompetent erklären und dabei allen noch das Gefühl vermitteln, sie seien mit ihm auf oberster Flughöhe unterwegs.

Von solchen Runden hängt sehr viel ab; die großen Pensionsfonds, Versicherungen und andere institutionelle Anleger entscheiden über hunderte Milliarden Euro, Pfund oder Dollar. Wenn diese Leute in unruhigen Zeiten das Gefühl beschleicht, dass das Geld ihrer Kunden bei BlackRock nicht mehr optimal aufgehoben ist, dann ziehen sie mit einem Federstrich unvorstellbare Summen ab. Da so etwas selten geheim bleibt, folgen oft andere – und die Wirkung kann dann ziemlich einschneidend sein.

Merz sitzt in diesen Jahren viel im Flugzeug und in den First-Class-Lounges der internationalen Airlines. Mit dem oft kleinlichen Parteiengezänk hat seine neue Welt nicht mehr viel zu tun. Er hält anders als früher zwar keine Reden vor großem Publikum, aber regelmäßig lauscht ihm die Wirtschaftselite hinter verschlossenen Türen in exquisiten Hotels und Tagungsstätten. Es gibt keine Fotos mehr, wenn er mit den Mächtigen zusammentrifft, das lässt der diskrete Business Code der Hochfinanz nicht zu. Aber er trifft noch regelmäßig Entscheider, Topmanager, Parlamentarier und Minister.

BlackRock mit seinem weit gespannten Beteiligungsnetz macht zwar im Gegensatz zu anderen Aktionärsvertretern bei Hauptversammlungen keinen Rabatz; das bedeutet aber nicht, dass man den Unternehmen keine Fragen stellt oder keine Wünsche an sie heranträgt. Nur passiert das eben vorher in kleiner Runde und nicht in aller Öffentlichkeit bei Hauptversammlungen. Das hat BlackRock auch schon lange nicht mehr nötig. Wenn der größte Vermögensverwalter der Welt mit dem Finanzvorstand oder dem CEO eines Konzerns reden will, an dem er beteiligt ist, gibt es immer einen Termin.

Auch die damalige Landesregierung von Armin Laschet in Düsseldorf nutzt seine internationalen Kontakte. Laschet macht Merz, der in diesen Jahren auch dem renommierten Netzwerk Atlantik-Brücke vorsitzt, zum offiziellen Brexitbeauftragten, genauer gesagt zum »Beauftragten für die Folgen des Brexit und die transatlantischen Beziehungen« des Landes NRW. Die Strategie hinter dem etwas eckig klingenden Titel: Die Regierung in Düsseldorf hofft, dass Industrie- und Dienstleistungsfirmen aus aller Welt ihre Europa-Niederlassungen von Großbritannien auf den Kontinent verlagern, am besten an Rhein und Ruhr. Da Merz von Kunden entsprechende Anfragen erhielt, lag es nahe, das zugunsten seines Heimatlandes auszunutzen.

Aktiv im politischen Umfeld war Merz auch immer dann, wenn es um die Zukunft der Rentenversicherung in Deutschland ging. Dass er dem Umlagesystem im jetzigen Zustand angesichts ungünstiger Demographie und steigender Lebenserwartung keine großen Überlebenschancen einräumt, hat er nie verschwiegen. Umso häufiger ist er dann in den Diensten von BlackRock zur Stelle, wenn es um Alternativen beziehungsweise Ergänzungen des Systems geht. Über die Vorzüge einer zusätzlichen privaten Altersversorgung kann er auf Knopfdruck Vorträge halten.

Es ist deshalb auch kein Zufall, dass er jetzt als aktiver Politiker für Modelle wirbt, die das Problem der in absehbarer Zeit unzureichenden Altersvorsorge in Deutschland lösen können. Mal sprach er sich für eine verpflichtende private Altersvorsorge aus, am besten in Form eines steuerfreien Aktiensparens. Mal sollte der Staat jedem Neugeborenen einen festen Betrag überlassen. Das Geld solle in einem Staatsfonds mündelsicher, aber ohne Zugriff des Staats angelegt werden und dann den jungen Erwachsenen zur Verfügung gestellt werden, sei es für eine Ausbildung, für den Aufbau einer Firma oder andere Dinge.

Dass die Kritiker Merz bei solchen Vorschlägen unterstellen, er bereite mit Hilfe der deutschen Steuer- und Beitragszahler eine Art private »BlackRock-Rente« vor, löst bei ihm nur ein Schulterzucken aus. Ihm kommt es vor allen Dingen darauf an, dass ein großer Teil der Bevölkerung später einmal über eine sichere Altersversorgung verfügt. Die Lösung dieses Problems, in seinen Augen die »drängendste soziale Frage«, stellt er in den Mittelpunkt seiner wirtschafts- und sozialpolitischen Agenda.

Dass dabei auch die Arbeitgeber eine Rolle spielen sollen, wird deutlich, wenn er über das »noch immer nicht eingelöste Versprechen der sozialen Marktwirtschaft« spricht, nämlich über die »Beteiligung der Arbeitnehmer am Produktivkapital«. Wegen der niedrigen Zahl an Aktionären in Deutschland »arbeiten Millionen deutscher Beschäftigter in börsennotierten Aktiengesellschaften, deren Erfolg von Millionen ausländischer Aktionäre vereinnahmt wird«, sagt Merz. Die Förderung der Aktienkultur in Deutschland ist der wohl sichtbarste Effekt seiner Tätigkeit für den Vermögensverwalter BlackRock.

Allerdings ist der Ex-Politiker nicht nur als Türöffner bei Abgeordneten gefragt, sondern auch als Experte für Gesellschaftsrecht bei großen Konzernen. Eine Reihe von Transaktionen und Fusionen wurden von ihm mit angestoßen. Es gibt jedoch beteiligte Anwälte, die nicht gut auf ihn zu sprechen sind. Merz habe sich erkennbar nicht für Details interessiert, sondern sei eher als Akquisiteur in Erscheinung getreten.

»Die eigentliche Arbeit mussten immer andere machen«, erinnert sich ein Anwalt aus einer deutschen Topkanzlei, der öfter mit Merz zu tun hatte, aber seinen Namen nicht lesen möchte. Auch die Rechtskenntnisse von Merz hätten sich für den Vertreter einer Topkanzlei »in engen Grenzen gehalten«, sagt der Jurist. Dafür sei Merz aber immer »äußerst selbstbewusst bis hin zur Arroganz aufgetreten«. Ein früherer Kollege von BlackRock Deutschland sagt, dass Merz ein guter Ratgeber und kluger Analytiker gewesen sei, sich mit Entscheidungen aber schwergetan habe. Andere wiederum loben die Fähigkeit von Merz, in komplizierten, teilweise verfahrenen Situationen einen Ausweg zu finden.

Begrenzte Risiken

Zur Tätigkeitsbeschreibung von Merz gehört es, das Eintreten von schwierigen Situationen schon im Vorfeld so gut wie möglich zu verhindern. Risikominimierung ist Teil der DNA von BlackRock; der Konzern tut alles, um schwierige Lagen zu vermeiden. Schließlich wurde die Firma erst richtig groß, als viele Anleger nach der Finanzmarktkrise 2008/2009 die Nase voll hatten von Fondsmanagern, die sich wie gierige Zocker am Roulettetisch verhielten und im globalen Börsenkasino viel Geld verspielt hatten. Immer weniger Leute wollten aktiven Fondsmanagern hohe Gebühren für eine Arbeit zahlen, die am Ende doch in Verlusten endete. So wuchs vor allem bei Einzelanlegern die Bereitschaft, sich auf vermeintlich langweilige, aber dennoch erstaunlich attraktive ETF einzulassen.

Natürlich lassen sich damit schon per Definition keine besseren Ergebnisse als am Aktienmarkt insgesamt erzielen. Aber das Risiko ist beherrschbar und vor allen Dingen kosten ETF wesentlich weniger Gebühren. Das Auflegen solcher Indexfonds ist grundsätzlich keine aufwändige Sache; man braucht eine gute Buchhaltung, ein paar Experten und intelligente Computerprogramme. Wenn der Fonds eine bestimmte Größe erreicht, verursachen neue Anleger so gut wie keine zusätzlichen Kosten mehr – Skaleneffekte nennen das die Betriebswirte. Je mehr dann so ein Fonds wächst, desto stärker kann man die Gebühren senken. Damit hält man die Konkurrenz auf Abstand und erzielt dennoch größere Gewinne, weil immer mehr Neukunden kommen, je niedriger die Gebühren ausfallen.

Mark Wiedman, der Leiter der boomenden ETF-Sparte bei BlackRock und möglicher Kronprinz von Larry Fink, kann gut erklären, warum er den Banken ihr schönes Geschäft mit Anlagefonds immer mehr streitig macht. »ETF sind einfache, gut verständliche Investmentprodukte«, sagte er in Frankfurt bei einem seiner seltenen Auftritte in Deutschland. »Wir hebeln sie nicht und wir investieren nicht mit ihnen auf eigene Rechnung. Das heißt: Die Risiken sind begrenzt.« Eigentlich seien die ETF fast schon langweilig, sagte Wiedman, aber genau das ist ihr Erfolgsgeheimnis, gerade bei den risikoscheuen Deutschen. Als der Fondsmanager bei seinem Auftritt Ende 2018 das Ziel nannte, die Anlagesumme in den kommenden fünf Jahren zu verdoppeln, schüttelten viele ungläubig den Kopf. Damals verwaltete BlackRock gut sechs Billionen US-Dollar – heute, in der Jahresmitte 2022 – sind es deutlich über zehn Billionen. Das Ziel liegt also in Reichweite.

Merz mag die Dynamik dieses Geschäfts, er, der Amerikafreund, schätzt die Energie und die Leidenschaft der Amerikaner, immer weiter an immer höhere Ziele zu glauben.

Aladins Wunderlampe

Dennoch hat BlackRock in Fachkreisen ein Imageproblem – und das hängt weniger mit der Solidität des Vermögensmanagements zusammen als vielmehr mit einem zweiten Geschäftszweig, der den Insidern ob seiner Größe allmählich unheimlich wird. Die Rede ist von »Aladdin«, dem Supercomputer von Larry Fink. In der Finanzwelt wurde »Aladdin« bekannt, als BlackRock im Gegensatz zu vielen Investmentbanken und Anlagegesellschaften 2008/2009 unbeschadet durch die Krise kam. Warum? Im Gegensatz zu den Investmentbanken hatten sich Fink und seine Leute nicht auf die Ratingagenturen verlassen, sondern mithilfe eigener Analysen rechtzeitig erkannt, dass die im Umlauf befindlichen »strukturierten Wertpapiere« wertlos waren und im Kreislauf des Geldes wie giftiger Sondermüll wirkten.

Folgerichtig stieg das Interesse an dem Wundercomputer nach der Finanzkrise steil an – alle wollten ihr Portfolio von »Aladdin« durchleuchten lassen, um das darin steckende Risiko besser zu erkennen. Sogar Tim Geithner meldete sich, damals noch Chef der New Yorker Notenbank, später US-Finanzminister. Geithner ließ von »Aladdin« die Bilanz von Bear Stearns durchleuchten, die er mit einem Zwischenkredit vor der Pleite bewahrt hatte, bevor die Bank dann von JP Morgan Chase übernommen wurde.

Die wertvollen Analysen von »Aladdin« kosten natürlich ordentlich Geld – aber das Geschäft brummte. BlackRock bewertete nach dem Crash die Risiken nahezu aller wichtigen Banken und Versicherungsgesellschaften in den USA und später auch in Europa. Fink und seine Leute berieten erst die irische Zentralbank, als sich das Land in der Finanzkrise brutal verzockt hatte, und anschließend die Notenbank der Griechen. Als während der Griechenlandkrise aus 18 griechischen Banken nur noch 4 wurden, hatte BlackRock den Plan dazu entworfen.

Inzwischen nutzen zehntausende Banker weltweit die hauseigene Analysesoftware von »Aladdin«, um die Risiken von Vermögenswerten zu kalkulieren. Während der Griechenland- und Eurokrise glaubte auch der damalige EZB-Chef Mario Draghi, dass »Aladdin« die Wirkung einer Wunderlampe habe; jedenfalls vertraute er der BlackRock-Analyse mehr als seinen eigenen Leuten, denn er ließ den Bankenstresstest in der EU nicht mehr intern durchlaufen, sondern bei BlackRock. Auch das EZB-Ankaufprogramm für Kreditverbriefungen hatte BlackRock schon von der EZB übernommen.

Viele Kritiker sehen das mit Sorge. Wegen der Dominanz des Vermögensverwalters würden sich weder die Regierungen noch die Zentralbanken trauen, BlackRock zu regulieren, so der Vorwurf. Einer der Kritiker ist Hans-Peter Burghof. Der Professor für Bankwirtschaft sieht einen Interessenkonflikt, weil BlackRock über seine Analyseabteilung »Aladdin« in jede Bank und jede Bilanz hineinschauen könne – gleichzeitig sei die Firma über ihre Fonds an allen diesen Banken beteiligt. Auch das EZB-Mandat gewährte so tiefe Einblicke in das Innere der Banken, die selbst Aufsichtsräte kaum vorweisen können.

BlackRock bestreitet diese Interessenkonflikte und auch Merz will diese Gefahr nicht sehen. Die Anlageabteilungen und die Analyseeinrichtungen seien strikt voneinander getrennt, sagt er, zwischen beiden Bereichen würden keine Informationen fließen. Die Lebenswirklichkeit spricht zwar dagegen, aber bislang hat niemand BlackRock eine Verletzung des Trennungsgebots nachweisen können.

Zunehmend kritisch wird inzwischen auch die Dominanz des Finanzdienstleisters gesehen. Die Indexfonds könnten wegen ihrer schieren Größe zu einer Gleichsteuerung des Marktes führen, die im Extremfall eine Herdenentwicklung und damit einen neuen Crash auslösen könnten, fürchten Wissenschaftler wie Burghof. Hintergrund ist die Mechanik des Marktes: Wenn der DAX fällt, verkauft der Fonds Aktien, was zu einer weiteren Abwertung des Marktes führt. Je mehr passive Anleger auf dem Markt dieser Mechanik folgen, desto größer wird die Sogwirkung. Wissenschaftliche Untersuchungen stützen diese These, auch der Internationale Währungsfonds, die OECD und die EU meldeten Bedenken an. Sogar die Monopolkommission in Deutschland setzte eine eigene Untersuchung an, die 2017 mit einem kritischen Gutachten endete.

Daraufhin beschwerte sich ein Abgesandter von BlackRock an höchster Stelle beim Bundeswirtschaftsministerium, das wenig später eine Stellungnahme an den Bundestag verschickte. Darin wurde die Wissenschaftlichkeit des kritischen Gutachtens der Monopolkommission angezweifelt und ihr Ergebnis als rein »theoretische Vermutung« abgewertet. Es ist nicht bekannt, ob Merz sich persönlich beim Bundeswirtschaftsminister verwendet hat, um für seinen Arbeitgeber ein gutes Wort einzulegen und die Sache wieder geradezubiegen. Aber es ist kaum vorstellbar, dass diese für BlackRock so brenzlige Angelegenheit völlig an ihm vorbeigegangen ist. Larry Fink jedenfalls hat den Weggang von Merz Anfang 2020 sehr bedauert. Falls sein Comeback in der Politik nicht gelinge, so Fink, könne Merz bei BlackRock gerne wieder einsteigen.

4.

Merz & Merkel

Als Friedrich Merz am Nachmittag des 22. September 2002 das Konrad-Adenauer-Haus in Berlin betrat, war er in Hochstimmung. Die Bundestagswahl an diesem Tag lief noch, aber die Exit-Polls sahen die Union bereits als Gewinner. Bei jeder Wahl werden die Wählerinnen und Wähler in repräsentativ ausgesuchten Stimmbezirken nach ihrem Abstimmungsverhalten befragt. Daraus ergibt sich schon vor der Schließung der Wahllokale ein erstes Stimmungsbild.

Für Merz, damals Vorsitzender der CDU/CSU-Bundestagsfraktion, sah es am Nachmittag der Bundestagswahl so aus, als ob die Union mit ihrem Kanzlerkandidaten Edmund Stoiber gewinnen und die rot-grüne Koalition von Gerhard Schröder und Joschka Fischer ablösen könnte. Wenn Stoiber Kanzler würde, so die Hoffnungen, sollte Wolfgang Schäuble Außenminister und Merz Finanzminister werden. Fest verabredet war das naturgemäß noch nicht, aber Merz hatte entsprechende Signale empfangen. Allerdings gab es noch einige Unwägbarkeiten. So fragte sich Merz bereits seit Monaten, was Merkel als CDU-Vorsitzende wohl von Stoiber für die Überlassung der Kanzlerkandidatur im Januar 2002 beim Frühstück in Wolfratshausen gefordert hatte. Als er Merkel am Wahlsonntag um 17 Uhr in der CDU-Zentrale sah, dauerte die

Begegnung nur wenige Minuten. Die Parteichefin wirkte trotz der günstigen Exit-Polls angespannt. »Wir haben kein Wort über den Fraktionsvorsitz verloren«, erinnerte sich Merz später. Als die Prognose um 18 Uhr im Fernsehen verkündet wurde, lag die Union immer noch knapp vorne. Jubelstimmung machte sich breit und der asketische Stoiber rief euphorisch, er wolle, wenn sich der Trend bestätige, »ein Glas Champagner öffnen«. Merkel lächelte, als sie ebenfalls vor die Kameras trat, kehrte aber direkt danach wieder mit ernster Miene in das Innere des Konrad-Adenauer-Hauses zurück.

Nagender Frust

Als wenig später klar wurde, dass der ohnehin geringe Vorsprung der Union mit jeder weiteren Auszählung zusammenschmolz und der erhoffte Sieg sich in eine Niederlage verwandelte, machten wilde Gerüchte die Runde. Merkel und Stoiber, so hieß es, hätten sich auf einen Verzicht von Merz geeinigt. Als ihm das zu Ohren kam, sah er seine schlimmsten Ahnungen bestätigt. »Meine Ablösung«, so sagte Merz später, »war von langer Hand vorbereitet.« Die Bestätigung dafür erfolgte um 21.30 Uhr, als er zu einem weiteren Gespräch mit Merkel gebeten wurde. Stoiber war ebenfalls im Raum und gemeinsam machten sie ihm – zu einem Zeitpunkt, als es noch danach aussah, als würden CDU/CSU zumindest die stärkste Fraktion stellen können – das Angebot, Präsident des Deutschen Bundestags zu werden.

Merz war wütend, lehnte das Angebot sofort ab. »Völlig indiskutabel«, schleuderte er der CDU-Vorsitzenden und dem CSU-Chef entgegen. »Da braucht ihr mit mir keine Minute länger zu reden. Das ist verlorene Zeit.« In Merz kochte es, er fühlte sich von Merkel, vor allem aber von Stoiber betrogen. Das hatten sich die beiden ja schön ausgedacht! Ihm als Trostpflaster den protokollarisch hochstehenden, im Alltag aber eher repräsentativen Posten an der Spitze des Bundestages anzubieten und ihn damit aus dem operativen Entscheidungszentrum der Bundespolitik und der Union hinauszudrängen. Nein, nicht mit ihm! Über das Amt des Parlamentspräsidenten würde er, wenn überhaupt, frühestens in zehn Jahren nachdenken, rief er, mühsam um Fassung ringend, Merkel und Stoiber zu. »Heute will ich Politik machen und nicht ankündigen.«

Mit diesem Gespräch war das Tischtuch zwischen Merz und Merkel durchschnitten. Er trug schwer an dieser Niederlage, sah sich zu Unrecht ausgebootet und von einem Amt verdrängt, das er sich redlich erarbeitet und dank seiner Anerkennung und Erfolge auch verdient hatte. Und das alles war hinter seinem Rücken eingefädelt worden!

Noch im Mai hatte er mit Merkel die Verabredung getroffen, dass sie beide nach der Wahl in Kenntnis des Ergebnisses einen gemeinsamen Vorschlag machen würden, wie die Fraktion in Zukunft geführt werden sollte. Allerdings ahnte Merz da schon, dass Merkel selbst bei einem Sieg der Union niemals in das Kabinett Stoiber eingetreten wäre, sondern Fraktion und Partei in einer Hand führen wollte. Merkels Verhältnis zu Stoiber war ambivalent; sie arbeiteten geschäftsmäßig korrekt zusammen, aber es gab keine persönliche Verbindung.

Der Grund dafür lag offen zutage; schließlich war Merkel als Vorsitzende der CDU von der Männerriege der im »Andenpakt« zusammengeschlossenen Parteigranden gezwungen worden, auf die Kanzlerkandidatur zu verzichten und sie Stoiber zu überlassen. Roland Koch, damals einflussreicher Ministerpräsident von Hessen, hatte Merkel in einem Telefongespräch klipp und klar gesagt, dass die großen Landesverbände der CDU sie, die Vorsitzende, nicht unterstützen würden. Merkel wollte sich zuerst nicht fügen, sie fühlte sich als CDU-Chefin von einer Männerriege angegriffen, die sich seit gemeinsamen Zeiten in der Jungen Union kannten und für die »die Frau aus dem Osten« nur ein »Betriebsunfall der Geschichte« war, den man so schnell wie möglich beheben wollte. Es war ein stundenlanges, höchst kontroverses Gespräch mit Koch, das in Merkels Umfeld später den bezeichnenden Namen »Schrei-Telefonat« erhielt. Doch Koch blieb hart. »Entschuldigen Sie bitte, wir werden das nicht machen«, sagte er zu Merkel und warnte sie: »Lassen Sie es nicht darauf ankommen.«

Merz wusste von dem Gespräch, er war mit Koch und anderen Mitgliedern des Andenpakts befreundet. Dass Merkel also nach Stoibers Niederlage auch den Fraktionsvorsitz und damit die Position der Oppositionsführerin wollte, konnte ihn nicht überraschen. Er habe der Verabredung mit Merkel »nie ein übermäßiges Gewicht beigemessen«, sagte er später, ihr Vorgehen in solchen Situationen sei ihm bekannt gewesen. »Insofern hat mich ihr Verhalten am Wahlabend auch nicht wirklich überrascht.« Die Sache wäre wohl gut gegangen, wenn Schwarz-Gelb nicht 0,01 Prozent hinter Rot-Grün gelegen, sondern die Wahl gewonnen hätte. Merz und Merkel wären dann zwar auch keine Freunde mehr geworden. Aber als Bundesfinanzminister in einem Kabinett Stoiber hätte Merz glänzen und in der Politik bleiben können.

So aber nagte der Frust in ihm. Er redete mit Kollegen und Journalisten sehr offen über Merkel, machte ordentlich Stimmung gegen sie und sprach ihr sowohl die fachliche als auch die charakterliche Eignung für eine Führungsposition ab.

Es gab auch persönliche Unstimmigkeiten, die in der gänzlich unterschiedlichen Lebenssituation der beiden begründet lagen. Merkel war kinderlos und in zweiter Ehe mit dem Wissenschaftler Joachim Sauer verheiratet, der seinen Forschungsgebieten ähnlich stark verbunden war wie Merkel der Politik. Das Ehepaar wohnte auch damals schon im Kupfergraben 6 in Berlin-Mitte, gegenüber dem Pergamon-Museum. Merkels Weg zu politischen Terminen in Berlin war dadurch immer kurz – im Gegensatz zu den Kolleginnen und Kollegen, die aus dem westlichen Bundesgebiet kamen.

Merz hatte zu dieser Zeit mit seiner Frau Charlotte noch drei kleine Kinder im sauerländischen Städtchen Brilon. Seine Zeit mit der Familie war extrem knapp bemessen. Umso mehr ärgerte es ihn, dass Merkel als CDU-Vorsitzende mehr und mehr dazu überging, wichtige Parteisitzungen schon für die frühen Sonntagabende einzuberufen. Ihre Fahrt ins Konrad-Adenauer-Haus dauerte mit dem Auto gut zehn Minuten. Für Merz hingegen bedeuteten die zunehmenden Sonntagssitzungen, dass er schon nach dem Sonntagsfrühstück in Richtung Berlin aufbrechen musste, was zu Lasten seiner Familienzeit ging. Mehrfach hatte er Merkel gebeten, diese Sitzungen auf das absolut notwendige Minimum zu reduzieren, aber sie scherte sich nicht darum. Daraus entwickelte sich eine der ersten größeren Auseinandersetzungen und Merz erzählt noch heute davon.

Vertreibung aus dem Paradies

Schon vorher in Bonn war Merz als brillanter und schlagfertiger Redner aufgefallen; ihm flossen bereits nach kurzer Zeit im Bundestag Lob und eine wohlwollende Resonanz in den Medien zu. Entsprechend steil war seine Karriere verlaufen: Fünf Jahre im Parlament und schon Fraktionsvorsitzender! Er galt als der Aufsteiger schlechthin in der CDU und sein ohnehin nicht kleines Selbstbewusstsein war beständig mitgewachsen. Womöglich überschätzte er vor dem Hintergrund dieser Erfahrungen seine Position gegenüber Merkel und ihre Autorität als Parteivorsitzende. Kurzfristig hatte er sogar erwogen, es in der Unionsfraktion auf eine Kampfkandidatur ankommen zu lassen; er ist heute noch davon überzeugt, zumindest eine gute Chance gehabt zu haben. Aber Wolfgang Schäuble, der ihn immer gefördert hatte, riet dringend ab. Die Bundestagsfraktion von CDU und CSU könne, so Schäuble, nach der Wahlniederlage keinen Machtkampf an der Spitze mehr verkraften.

Merz fügte sich, schaffte es aber nicht, seinen Frieden mit der von ihm so empfundenen Vertreibung aus dem Paradies zu machen. Er liebte die Arbeit und den Einfluss als Fraktionsvorsitzender und sah mit wachsendem Grimm, dass Merkel als Oppositionsführerin gegen Schröder und Fischer rhetorisch weitaus weniger glänzte als er es seiner Meinung nach vermocht hätte.

Stoiber, der inzwischen zurück nach München gegangen war, bemerkte den schwelenden Konflikt und versuchte in einem persönlichen Gespräch, die offene Wunde von Merz zu schließen. Er habe gar nicht anders gekonnt, erklärte er Merz, weil Merkel ihn in seinem Wahlkampf mit ganzer Kraft unterstützt und auch die CDU für ihn mobilisiert hatte. Stoiber war als Kanzlerkandidat der CSU auf die volle Unterstützung der großen Schwesterpartei angewiesen und Merkel habe im Wahlkampf vollständig geliefert, obwohl sie es ihm leicht hätte verderben können. Wenn er aber dann trotzdem die CSU-Abgeordneten in der Bundestagsfraktion gegen sie ins Feld geführt hätte, wäre ein Streit ausgebrochen, der die Einheit der Union auf die Probe gestellt hätte.

Die Begründung von Stoiber war plausibel und politisch nachvollziehbar. Dennoch mochte Merz als stellvertretender Fraktionsvorsitzender nicht mehr mit der gleichen Begeisterung weitermachen wie zuvor als Vorsitzender. Seine anhaltende Kritik an Merkel und seine offenkundige Unfähigkeit, sich mit der Niederlage abzufinden und wieder einzugliedern, stießen im Laufe der Zeit auch bei denjenigen auf Missfallen, die ihn eigentlich immer unterstützt hatten. Michael Spreng, Ex-Journalist, Berater von Edmund Stoiber und Jürgen Rüttgers, Wahlkampfmanager und Spindoktor, fällte ein hartes Urteil über Merz. Mit ihm verbinde sich die »exemplarische Geschichte eines talentierten, aber überheblichen und eitlen Mannes, der eine listige, zielstrebige und uneitle Frau unterschätzte«.

Während Merz in den folgenden Jahren schmollte, nahmen Merkels Ansehen und Popularität rasch zu. Als Schröder, der gegen wachsende Widerstände in der SPD kämpfen musste, 2005 eine vorgezogene Bundestagswahl herbeiführte und Merkel gewann, war das Duell der beiden ungleichen CDU-Politiker längst entschieden. Merz hatte nach 2002 neben seinem Bundestagsmandat zunehmend mehr in seinem Beruf als Rechtsanwalt in der Kölner Kanzlei Cornelius, Bartenbach, Haesemann und Partner gearbeitet. Im Dezember 2004 trat er dann von seinem Amt als stellvertretender Fraktionsvorsitzender zurück – und gab damit den Machtkampf gegen Merkel auf. Sie stieg auf, er stieg aus – »Kohls Mädchen« hatte gegen Kohls begabten Raufbold gewonnen. Für die Wahl 2009 ließ Merz sich nicht mehr für den Bundestag aufstellen, sondern schlug ein neues Kapitel in seinem Leben auf.

»Bitte kommen Sie zurück!«

Es sollte 13 Jahre dauern, bis er sich wieder in der Politik zurückmeldete – und zwar genau in dem Augenblick, als Merkel im Oktober 2018 verkündete, nicht wieder als Parteivorsitzende kandidieren zu wollen.

Es war der Moment, auf den Merz so lange gewartet hatte. Dieses Mal waren die Vorzeichen umgekehrt – jetzt war sie, seine ärgste Widersacherin, auf dem Weg nach draußen und er, der einst Unterlegene, machte sich auf den Weg zurück. Wie groß sein Wunsch, ja seine Sehnsucht war, lässt sich auch daran ablesen, dass er für sein politisches Comeback alle Jobs in der Wirtschaft aufgab – immerhin Tätigkeiten, die ihm rund eine Million Euro Jahreseinkommen eingebracht hatten. Was aber war Geld, von dem er inzwischen genug hatte, gegen seine wahre Leidenschaft: die Politik?

Genau darin liegt auch das wahre Motiv für die Rückkehr: Merz ist – wie viele Spitzenpolitiker – ein Politik-Junkie. Schon als Gymnasiast trat er in die Schüler-Union ein, diskutierte, stritt, kandidierte – und hatte Erfolg. Das politische Gen liegt in der Familie, schon sein Großvater mütterlicherseits, Josef Paul Sauvigny, war Bürgermeister in Brilon. Merz studierte Jura als Stipendiat der Konrad-Adenauer-Stiftung, war auch an der Uni politisch aktiv. Seine erste Stelle als Richter auf Probe am Amtsgericht Saarbrücken wurde ihm schnell zu langweilig, weshalb er nach nur einem Jahr im öffentlichen Dienst als Syndikus zum Verband der Chemischen Industrie wechselte. In dieser politiknahen Tätigkeit als Wirtschaftslobbyist konnte er fulltime politisch denken, arbeiten – und außerdem seine Kandidatur für das Europa-Parlament vorbereiten, in das er 1989 nach erfolgreichem Wahlkampf einzog.

Ab dann war Merz Berufspolitiker, wechselte 1994 in den Bundestag, gewann seinen Wahlkreis regelmäßig mit absoluten Mehrheiten und tauchte immer tiefer in die CDU ein, die neben seiner wachsenden Familie fortan sein Leben bestimmte. Die Partei sei ein »wichtiger Bestandteil« seiner Biographie, sagt er selbst, und wer ihm zuhört, der spürt, dass da bei ihm, dem nüchtern denkenden Juristen, auch echte Emotionen mitschwingen.

Es ist also die Leidenschaft, die ihn in die Politik zurücktrieb, nicht der Rachedurst gegen Merkel, wie so oft behauptet wird. Dass die Entscheidung für sein Comeback allerdings mit Merkels schrittweisem Rückzug zusammenhängt, ja durch diesen ausgelöst wird, streitet er nicht ab. Solange sie in der CDU und im Kanzleramt die Richtlinien der Politik bestimmte, hatte er für sich und seine Ideen keinen Raum gesehen. Denn klar ist ja auch, dass Merz nicht auf regionaler Ebene wiedereinsteigen wollte – Angebote aus der Landespolitik hat er immer abgelehnt. Wenn schon Rückkehr, dann nur in die oberste Etage. Und weil der Platz dort lange besetzt war, musste er halt auch lange warten.

Die Sache mit einem Putsch zu beschleunigen, hat er zwar zusammen mit anderen immer mal wieder erwogen, aber nie in die Tat umgesetzt oder es auch nur ansatzweise versucht. Es gab zahlreiche Gerüchte dieser Art, aber er hat sie immer als »Unsinn« zurückgewiesen. In einem Gespräch mit dem *Handelsblatt* Ende 2019 sagte Merz: »Ich nehme übrigens auch keine Rache an Frau Merkel, auch wenn viele Journalisten das wieder gerne schreiben, weil es so schön ins Narrativ passt.« Er sei »nicht verbittert oder teamunfähig«, das würden nur Leute behaupten, »die mich zum Teil noch nie getroffen haben«.

Aber er hat der Kanzlerin viele Jahre von außen zugeschaut und dabei immer wieder gedacht, dass man konsequenter handeln, besser entscheiden, einen anderen Kurs einschlagen müsse als sie es tat. Und immer wieder hörte er bei Vorträgen und Diskussionen Beifall, ja fast Huldigungen. Das geht nicht spurlos an einem vorbei, wenn man mit Leib und Seele Politiker ist und immer wieder hört: »Bitte kommen Sie zurück, Sie können es besser!«

Merz musste keine Umfragen lesen, um zu merken, dass erhebliche Teile der Wirtschaft mit Merkels Entscheidungen unzufrieden waren. Er spürte auch, dass ein wachsender Teil der CDU und der CSU mit der Vorsitzenden fremdelte. Im Zuge der Asylkrise 2015/16 sank Merkels Stern, auch wenn die Pandemie der bewährten Krisenkanzlerin noch einmal ein kurzfristiges Zwischenhoch in der Popularität einbrachte. Doch als im Herbst 2018 die Wahl in Hessen für die CDU fast verloren ging, war der Wendepunkt erreicht.

Hinderliche Personalrochaden

Er ist also nicht zurückgekommen, um sich zu rächen. Aber klar war, dass es für ihn kein Halten mehr gab, als sie sich auf den Ausgang der Macht zubewegte. Doch auch dann verhielt es sich nicht so, dass Merkel ihm einfach das Feld überlassen hätte. Im Gegenteil. Sie wusste, dass Merz wieder am Spielfeldrand stand und sich bereithielt. Eigentlich konnte es ihr nach 20 Jahren Parteivorsitz und 16 Jahren Kanzlerschaft egal sein. Doch auch als sie vom Platz ging, verhinderte sie durch ihre Personalrochaden noch, dass er als Einwechselspieler an ihre Stelle treten konnte.

Zunächst hatte Merkel Annegret Kramp-Karrenbauer als Ersatz vorgesehen, auch wenn sie der Saarländerin das Leben alles andere als leicht machte. Doch mit AKK sah Merkel noch die größte Chance, dass ihr Kurs der liberalen

Mitte fortgesetzt und ihre Modernisierungspolitik nicht rückabgewickelt werden würde. Als Kramp-Karrenbauer aber nach gut einem Jahr als Parteivorsitzende scheiterte und die Bundestagswahl immer näher rückte, unterstützte Merkel Armin Laschet – auch er ein treuer »Merkelianer«.

Als Ministerpräsident von Nordrhein-Westfalen verfügte der Aachener über großen Einfluss – sowohl in der CDU als auch in der Bundespolitik. Laschet, der nicht nur im Landtag in Düsseldorf, sondern auch im Bundestag und im EU-Parlament gesessen hatte, vertrat in vielen Punkten den gleichen Kurs wie Merkel. Der im Dreiländereck von Deutschland, Holland und Belgien aufgewachsene Katholik stand bedingungslos für ein offenes Europa und verfolgte auch gesellschaftspolitisch die gleichen Ziele wie die Kanzlerin. Selbst als sie im Zuge der Asylkrise unter Druck innerparteilicher Kritiker geriet, stand Laschet als Befürworter einer offenen und modernen Einwanderungspolitik fest an ihrer Seite.

Das Bild vom treuen Armin wandelte sich erst, als Laschet im Zuge der Pandemie ihre Politik strikter Kontaktreduzierung nicht mehr mittrug und mit Rücksicht auf die Wirtschaft mehr Öffnungen verlangte. Merkel kritisierte daraufhin die Debatte um »Öffnungsorgien« und distanzierte sich von Laschet und seiner als leichtsinnig empfundenen Strategie. Dafür gesellte sich dann der bayerische Ministerpräsident als selbst ernannter Anführer des »Teams Vorsicht« an Merkels Seite. Je öfter Söder neben Merkel im Fernsehen die neuesten Beschlüsse der Ministerpräsidentenkonferenz erklärte, umso mehr wuchs das Verständnis der beiden Politiker. Auch Söders Geschick, sich als gelernter Fernsehjournalist in Szene zu setzen, blieb von Merkel nicht unbemerkt. Auch wenn sie sich selbst nie öffentlich zu ihrem Favoriten geäußert hat, so galt Söder im Frühjahr 2021 als Merkels Mann im Rennen um die Kanzlerkandidatur. Den nachfolgenden Machtkampf zwischen Laschet und Söder und dessen unionsschädigendes Verhalten im Wahlkampf hat sie dann nicht mehr verhindern können – oder wollen.

Als Laschet nach der Wahlniederlage vom CDU-Vorsitz zurücktreten musste, versuchte Merkel ein allerletztes Mal, Merz zu verhindern, indem sie ihren treuen Kanzleramtsminister Helge Braun als letztes Aufgebot des Ancien Regime in das Rennen schickte. Doch weder Braun noch Norbert Röttgen, der ebenso wie Merz nicht aufgeben wollte, hatten eine Chance. Die CDU-Mitglieder wählten Merz im Dezember 2021 gleich im ersten Durchgang mit 62,1 Prozent zum designierten Vorsitzenden. Die offizielle Bestätigung des Basisvotums erfolgte dann am 22. Januar 2022 durch die Delegierten eines Bundesparteitags; er wurde mit triumphalen 94,6 Prozent zum neuen CDU-Vorsitzenden gewählt – und war endlich am Ziel. Danach machte Merz es allerdings wie Merkel 20 Jahre zuvor: Er beanspruchte neben dem Parteivorsitz auch die Führung der Bundestagsfraktion für sich und verdrängte den bisherigen Amtsinhaber Ralph Brinkhaus.

Anständiger Umgang

Ob diese Parallelität heute dazu führt, dass er Merkels Entscheidung gegen ihn akzeptiert und auch verarbeitet hat? Jedenfalls versteht er sie sicher besser als früher. Und Merz bemüht sich darum, die Nachwirkungen dieser Fehde abzustreifen, er will sich frei machen von diesem alten Zerwürfnis, das ihm heute noch schaden kann, wenn er es nicht schaffen sollte, seinen Frieden damit zu machen. Denn es geht ihm ja längst nicht mehr um seinen verletzten Stolz, sondern 20 Jahre später um die Frage, wie

wie er als neuer CDU-Vorsitzende in einer schweren Zeit für die Partei mit der Frau umgeht, deren Name eine ganze Ära geprägt und die der Union eine lange Regierungszeit ermöglicht hat.

Über viele Jahre hat Merz sich als Antipode verstanden, als Gegenpol zu Merkel, weil er dachte, die Partei und auch die Bundesrepublik brauche einen dominanten, führungsstarken Mann mit klassisch konservativen Reflexen. Das war, wie er heute verstanden hat, eine Fehleinschätzung. Die hohe Popularität der Kanzlerin war ein Faktor, gegen den er weder als Person noch als Politiker mit seinem ökonomisch geprägten Gegenprogramm erfolgreich sein konnte.

»Ich habe großen Respekt vor der Leistung Angela Merkels«, versicherte er denn auch in einem Interview vor dem Parteitag 2018, »und selbstverständlich waren das in Summe viele gute Jahre«. Diese Einschätzung äußert Merz seitdem regelmäßig. Bloß keinen Konflikt mehr mit Merkel – Merz weiß, dass er als CDU-Vorsitzender jetzt pfleglich mit ihr umgehen muss.

Es gibt zwar viele in der Partei, die der Ex-Kanzlerin äußerst reserviert, ja ablehnend gegenüberstehen. Aber jetzt eine Art Abrechnung mit ihrer Politik durchzuführen, gar ihr Lebenswerk kleinzureden, wäre das Dümmste, was Merz tun könnte.

Es ist ja auch nicht so, dass die beiden überhaupt keinen Kontakt zueinander haben. Sie duzen sich noch, kennen ihre Handynummern und haben 2020 auch einmal zu Abend gegessen; bei dem Gespräch im Kanzleramt ging es um das Ausmaß des globalen Kapitalismus, den Einfluss der USA und um die Rolle Chinas. Allerdings macht Merkel es ihm auch heute noch nicht einfach, wenn er Zeichen der Versöhnungsbereitschaft aussendet. Zu seinem Wahlparteitag war sie trotz persönlicher Einladung nicht erschienen und auch den Ehrenvorsitz der CDU wies sie recht schnöde zurück. Als Merz nach seiner Wahl sie und alle noch lebenden CDU-Vorsitzenden zu einem gemeinsamen Abendessen einladen wollte, lehnte Merkel ab – angeblich aus Termingründen.

Dennoch bleibt Merz dabei, künftig guten Willen zu demonstrieren. »Ich würde mich freuen, wenn Angela Merkel und die CDU auch in Zukunft beieinanderbleiben«, versicherte er gegenüber dem *Spiegel,* »an mir wird es jedenfalls nicht scheitern«.

Es sollten dann noch zwei Jahre vergehen, bis es zu einer wirklichen Annäherung kam: Im September 2024 begeht die CDU den 70. Geburtstag der früheren Kanzlerin in der Berlin-Brandenburgischen Akademie der Wissenschaften. Friedrich Merz vermeidet in seiner Laudatio persönliche Bemerkungen, ergeht sich dafür in allgemeinen Betrachtungen über das Thema »Freiheit«, was übrigens auch der Titel von Merkels Memoiren ist. Schließlich Auftritt Merkel. Die Jubilarin spricht an diesem Tag offen aus, dass sie und Friedrich »Höhen und Tiefen in ihrem politischen Leben« hatten – um ihm dann aber als Kanzlerkandidat viel Erfolg zu wünschen. Merz bedankt sich, die Stimme holpert leicht. Er ist sichtlich gerührt. Es ist ja auch ein denkwürdiger Moment: Nach so vielen Jahren der angespannten Funkstille reichen die beiden Kontrahenten einander die Hand.

Zwar ist nicht zu erwarten, dass aus den einstigen Rivalen plötzlich Best Buddies werden. Ein Parteifreund aus dem Sauerland bringt es auf den Punkt: »Das Blei ist aus der Luft.« Und mehr noch: Die wechselseitigen Glückwünsche und Gesten des Respekts zwischen Altkanzlerin und Neu-Kandidat seien »Balsam auf der Seele der Partei«. Dies sei das, »auf was viele bei uns lange gewartet haben«. Friedrich Merz, diesmal in der Rolle des Friedensbotschafters – so hat man den stets kampfbereiten Sauerländer eher selten erlebt. Doch alles hat seine Zeit. Schon Monate vor der Merkel-Feierstunde bekannte der CDU-Chef bei Kaffee und Plätzchen in seinem Büro: »Mein Verhältnis zu Angela Merkel war nie so schlecht wie behauptet wurde.«

5.

Aller guten Dinge sind drei

Es ist ein kühler Samstagmorgen, als Friedrich Merz mit Wollschal und Pullover unter dem maßgeschneiderten Jackett das kleine Fußballstadion »Große Wiese« in Arnsberg betritt. Anders als sonst zu den Spielen der örtlichen Freizeitkicker haben sich diesmal Dutzende Fotografen und Kameraleute auf der roten Tartanbahn vor der überdachten Tribüne eingefunden.

Das Duell, das hier ausgetragen wird, ist nicht nur für die versammelten CDU-Mitglieder des Wahlkreises Hochsauerland spannender als jedes Elfmeterschießen. Es hat auch bundespolitische Bedeutung, denn es geht um das Comeback von Friedrich Merz, der nach zwölf Jahren an der Seitenauslinie der Politik wieder zurück ins Spiel will, und zwar als Kapitän.

Für die Rückkehr in den Bundestag, den er 2009 verließ, muss er allerdings in einer Kampfabstimmung gegen den bisherigen Wahlkreiskandidaten Patrick Sensburg antreten; coronabedingt haben sich die 460 Delegierten dazu im Stadion versammelt. Die Stimmung ist so kühl wie die Temperaturen, man blickt in ernste Gesichter; heute fällt eine Entscheidung und es wird auf jeden Fall einen Verlierer geben.

Die Kampfabstimmung

Es hätte andere Möglichkeiten für Merz gegeben als diese Konfrontation. In einem Nachbarwahlkreis war schon geraume Zeit bekannt, dass sich der langjährige CDU-Kandidat zurückziehen würde, Merz hätte es dort leichter gehabt. Aber er will keinen Ausweichstandort, keine B-Lösung oder irgendeinen Kompromiss, das ist nicht seine Art. Er beharrt stur auf »seinem« Heimatwahlkreis 147, den er in den 1990er-Jahren in jeder Wahl immer direkt gewinnen konnte. Das ist nach ihm allerdings auch Patrick Sensburg gelungen; die CDU ist in dieser ländlichen Gegend einfach die traditionell stärkste Kraft.

Der im Sauerland gut verdrahtete Juraprofessor begann nach Merz als Hinterbänkler in der Berliner Politik, entwickelte sich rasch zum anerkannten Experten für Innen- und Verteidigungspolitik und brachte es schließlich bis zum Vorsitzenden des NSU-Untersuchungsausschusses. Es war also ein Wagnis für Merz, einen so gut verwurzelten und anerkannten Parteifreund in aller Öffentlichkeit aus dem Weg räumen zu wollen.

Der Vorgang zeigt die Entschlossenheit und auch die menschliche Härte, zu der Merz im politischen Kampf fähig sein kann. Er und Sensburg kennen sich lange, auch die Familien sind untereinander bekannt. Aber das hält ihn trotzdem nicht davon ab, den Parteifreund zu verdrängen. Im direkten rhetorischen Kräftemessen vor den örtlichen Delegierten zieht Sensburg überraschend deutlich den Kürzeren – als Redner ist Merz immer noch einer der Besten, den die Union aufbieten kann. Während Sensburg versucht, sich der Basis als heimattreuer und erdverbundener Sauerländer anzudienen, spielt Merz gleich die Trümpfe der großen Themen aus.

In Amerika nennen sie Weltenerklärer wie ihn einen »big picture guy«. Merz, der USA-Kenner und langjährige Vorsitzende der Atlantik-Brücke, beherrscht dieses Fach wie wenige andere. Mal spricht er, der internationale Wirtschaftsanwalt, in gedämpfter Tonlage über globale Risiken und »die tektonischen Verschiebungen in Politik und Wirtschaft, von denen wir uns heute noch überhaupt keine Vorstellung machen können«. Und wenige Sätze später kann er im gut einstudierten Gestus rechtschaffener Empörung die Frage aufwerfen, woher die Befürworter des Genderns eigentlich »das Recht nehmen, unsere Sprache zu verformen«. Wenn Merz richtig in Fahrt ist, geißelt er noch die Verbotskultur der Grünen und rechnet dann in aller Regel mit der von Angela Merkel geführten CDU ab; die Klage über den Verlust des inneren Kompasses der Partei dient dann als Schlussouvertüre. Spätestens an diesem Punkt ist ihm der Jubel der Zuhörer sicher.

So auch bei der Kampfabstimmung gegen Sensburg, die er mit dem eindeutigen Ergebnis von 327 zu 126 Stimmen für sich entscheiden kann. Selbst nach zwölf Jahren Politikpause kennt Merz noch alle Knöpfe, auf die er bei seinen Reden drücken muss. Instinktiv erfasst er die Stimmungen tief im Inneren der CDU und kann sie sogleich in Worte fassen. Seine Zuhörer klatschen nicht nur häufig, sie nicken auch ständig. Wer sich bei den Auftritten von Merz unter die Menge mischt, hört immer wieder, wie zumeist ältere Männer ein herzhaft-zustimmendes »jawoll« oder ein »so ist es« ausstoßen. Da spricht endlich mal wieder einer offen jene Dinge aus, die lange im Bauch der Partei rumort haben, aber in 16 Jahren Merkel kein Ventil mehr fanden.

Mandat aus eigener Kraft

Merz hatte seit seinem Entschluss zum Comeback im Oktober 2018 zwei Niederlagen auf dem Weg an die Spitze einstecken müssen: Die Delegierten des Hamburger Parteitags hatten sich im Dezember 2018 nach einer überraschend schwachen Rede von ihm knapp für Annegret Kramp-Karrenbauer als neue CDU-Vorsitzende entschieden. Und auch gegen Armin Laschet, den Ministerpräsidenten von Nordrhein-Westfalen, hatte er beim ersten digitalen Parteitag der CDU im Januar 2021 den Kürzeren gezogen.

Obwohl Merz als Redner eigentlich immer souveräne Auftritte hinlegt, gelang es ihm bei diesen beiden entscheidenden Wettbewerben nicht, den Nerv der Delegierten zu treffen. In Hamburg gab er im Kern eine Art Regierungserklärung ab, als ob er schon Kanzler wäre – das kam bei den Funktionären nicht gut an. Außerdem gelang es sowohl Kramp-Karrenbauer als später auch Laschet, mit sehr persönlichen Worten im entscheidenden Moment die Reden ihres Lebens zu halten, während Merz seine rhetorische Alltagsroutine präsentierte – gelungen und glatt, aber nicht warm genug für die Parteiseele.

Doch Merz ließ sich davon nicht entmutigen. Sein Ziel, in die vordersten Ränge der Politik zurückzukehren, stand immer noch fest. Er wollte irgendwann CDU-Chef sein und im nächsten Bundeskabinett mindestens Minister werden. Dazu brauchte er ein Mandat aus eigener Kraft. Jemand wie er würde niemals den bequemen Weg gehen und sich auf einer Liste zur Bundestagswahl absichern lassen; das verbietet ihm sein Stolz ebenso wie sein Anspruchsdenken, auch sich selbst gegenüber. Für ihn zählen vor allem direkt gewählte Abgeordnete; Listenkandidaten sieht er eine Stufe darunter.

Dieser Leistungsgedanke findet sich später in der Auswahl seines engeren Teams wieder. Auf seinen damaligen Generalsekretär Mario Czaja ist Merz nur aufmerksam geworden, weil dem früheren Berliner Sozialsenator das Kunststück gelang, im Osten der Hauptstadt nach 20 Jahren den Wahlkreis Marzahn-Hellersdorf der langjährigen Linken-Politikerin Petra Pau zu entreißen. Der CDU-Sieg im tiefroten Plattenbaubezirk – das flößte Merz Respekt ein.

Das Gleiche gilt für Christina Stumpp, die junge stellvertretende Generalsekretärin, die in ihrer ersten Bundestagswahlkampagne auf Anhieb den Wahlkreis Waiblingen in Baden-Württemberg holte. Ein Listenplatz oder ein anderer Wahlkreis kamen also für Merz nicht in Frage, auch wenn der offene Kampf gegen den verdienstvollen CDU-Mann Sensburg Kritik hervorrief. In den regionalen Medien wurden mahnende Stimmen aus der sauerländischen Heimat zitiert, die ihr Unbehagen über die Kampfkandidatur in eindeutige Worte kleideten: »Unnötig« sei das, sagten sie, gar »rücksichtslos« und auf jeden Fall »kein guter Stil«. Er, der Rückkehrer, solle es nicht übertreiben mit seinem Ehrgeiz, hieß es raunend, schließlich sei er viele Jahre weg gewesen, habe eine Menge Geld verdient – und in dieser Zeit hätten sich eben andere engagiert um die Partei gekümmert, das könne man jetzt nicht einfach ignorieren.

Vergiftete Ratschläge

Merz kennt diese Melodie der vergifteten Ratschläge; es sind in der Regel nicht seine Unterstützer, die ihn mit freundschaftlicher Geste und in angeblich bester Absicht auffordern, seinen Vorwärtsdrang zu zügeln. Er hat einen spöttischen Spitznamen für diese Gruppe innerparteilicher Gegner gefunden, er nennt sie das »ABM-Lager«, die Abkürzung steht für »Anyone but Merz«. Vor allem in den Führungsetagen der Union und auf der mittleren Funktionärsebene finden sich viele, denen jeder andere lieber gewesen wäre als der forsche Sauerländer.

Dieses Gefühl, von den führenden Leuten der Partei abgelehnt zu werden, ist ihm schon zu Beginn seines Comebacks zur Gewissheit geworden. Wenn sich ihm ein Hindernis in den Weg stellte, hat er dahinter oft seine alte Widersacherin Angela Merkel und ihre Anhängerinnen und Gefolgsleute gesehen. Das Kanzleramt und das gewaltige Netzwerk von Merkel, das weit über die Frauen-Union hinausreicht, werfen ihm bei jeder Gelegenheit Sand ins Getriebe – das zumindest war der ständige Eindruck, den er während seiner langen Rückkehrkampagne gewonnen hatte. »Die Dame«, wie er Merkel im kleinen Kreis mit despektierlicher Distanz nennt, habe ihn, wo immer es ging, verhindern wollen und stets dafür gesorgt, dass seine Rückkehr auf die politische Bühne misslang.

In der Tat war es während der Regierungszeit von Merkel lange so, dass die Skepsis, ja Ablehnung gegen Merz zunahm, je höher man die Treppen im Konrad-Adenauer-Haus hinaufstieg. Auf den obersten Etagen der CDU-Zentrale hatten die Urteile über ihn eine zuweilen schneidende Schärfe angenommen. Er halte sich für »etwas Besseres«, hieß es, er sei »arrogant bis zur Schmerzgrenze« und schwinge gerne anklagende Reden auf Kosten der Union. Zudem werfe er zwar viele gewichtige Fragen auf, gebe selbst aber keine oder nur luftige Antworten. Schließlich habe er selbst nie in Regierungsverantwortung gestanden, sondern nur für kurze Zeit die Opposition angeführt. Wer aber niemals selbst ein Ministerium oder auch nur eine Behörde geleitet habe, könne von außen leicht reden, sagten seine Kritiker. Merz kenne weder die Komplexität des Regierens noch die Schwierigkeit der täglich notwendigen Kompromisse, die er der Union so gerne als Profillosigkeit und Mangel an Orientierung vorwerfe.

Diese im Führungsapparat der CDU weit verbreiteten Vorbehalte gegen Merz waren stellenweise zwar übertrieben, aber auch nicht völlig aus der Luft gegriffen. Merz präsentierte sich lange als besserwissender Außenstehender und gab sich auch bei seiner Rückkehr wenig Mühe, Streit zu vermeiden oder Spannungen zu glätten. Im Gegenteil. Wenn es eine Gelegenheit gibt, profilschärfend die Klingen zu kreuzen, nimmt er sie auch heute noch gerne an. Merz liebt politische Debatten und streitige Diskussionen, das Ringen mit dem politischen Gegner ist sein Lebenselixier. Auch die eigene Partei und das Vaterland werden dabei nicht geschont. Seine Klagen vom »chronischen Reformstau« in Deutschland, vom »Aufbrechen alter Verkrustungen« und vom »Renovierungsbedarf auf allen Etagen« sind ein fester Bestandteil seiner Reden, seit er 1994 zum ersten Mal in den Bundestag einzog. Mit der teils heftigen Kritik am Zustand der CDU traf er allerdings so oft ins Schwarze, dass es den führenden Leuten dort weh tun musste. Über ihre Reaktionen durfte er sich also nicht wundern.

Aber er überzog auch. So gibt es gute Gründe für die Annahme, dass sein harsches Urteil über das »grottenschlechte« Erscheinungsbild der von Merkel geführten Bundesregierung ihn den Sieg in der extrem knappen Abstimmung auf dem Hamburger CDU-Parteitag Ende 2018 gekostet hat. So mancher Delegierte, der eigentlich zu ihm tendierte, habe sich über diese Form der Nestbeschmutzung geärgert, lautete später eine häufig gehörte Erklärung. Viele in der CDU wollten nach 16 Jahren Merkel zwar keine Kontinuität mehr, sondern wie von Merz versprochen »Aufbruch und Erneuerung«. Das alles sollte aber bitte ohne großen Bruch geschehen und möglichst, ohne die Kanzlerin zu beschädigen – diese Ambivalenz hat Merz zu spät begriffen. Seine Angriffe, seine Unversöhnlichkeit und die Selbstbeschreibung als »Outlaw« im christdemokratischen Kosmos haben ihn am Ende wohl die wenigen Stimmen gekostet, die er zum Sieg gleich im ersten Anlauf gebraucht hätte.

Aktion »Merz verhindern«

So musste er weiterkämpfen. Die Spitze der Auseinandersetzung mit der Merkel-CDU war dann erreicht, als er der Parteiführung im Oktober 2020 in einem Interview mit Robin Alexander und Ulf Poschardt in der *Welt* vorwarf, gegen ihn zu intrigieren, um ihn auch im zweiten Anlauf als CDU-Chef auszubremsen. »Ich habe ganz klare, eindeutige Hinweise darauf, dass Armin Laschet die Devise ausgegeben hat: Er brauche mehr Zeit, um seine Performance zu verbessern«, sagte Merz den beiden Journalisten. »Es läuft seit Sonntag der letzte Teil der Aktion ›Merz verhindern‹ in der CDU. Und das läuft mit der vollen Breitseite des Establishments hier in Berlin.«

Das waren harte Vorwürfe und das Interview schlug im Politikbetrieb der Hauptstadt ein wie eine Bombe. Merz nutzte die Veröffentlichung als Kampfansage an das verhasste »Establishment« der Partei. »Ich war von Anfang an davon ausgegangen, dass der Kampf um die Neuausrichtung der CDU ein harter Machtkampf wird«, sagte er. In diese letzte Phase des Ringens sei man nun eingetreten. »Aber ich habe eine Nachricht an alle meine Freunde und weniger guten Freunde in und außerhalb der Partei: Ich halte durch! Ihr zermürbt mich nicht!«

Das saß, die Botschaft war eindeutig und wurde von allen verstanden. Hier war ein Kämpfer und ein Unbeugsamer zurückgekehrt und kein kompromissbereiter Politikveteran mit altersmilder Gelassenheit, kein Versöhner, sondern ein engagierter, ja fast schon wütender Reformer, der nach Merkels angekündigtem Abschied nicht mehr weiter von außen zuschauen wollte, sondern seine Zeit für gekommen hielt. Und diesmal wollte er sich auch nicht wieder austricksen lassen von den Parteigranden, nicht wieder demütigen und zur Seite schieben lassen wie 2002. Er hatte den Kampf aufgenommen, mit allen Konsequenzen, und er setzte unbeirrbar auf Sieg.

Auslöser seines Unmutsausbruchs gegen das »Establishment« war ein taktisches Gezerre im CDU-Bundesvorstand um den richtigen Zeitpunkt des Bundesparteitags 2020. Annegret Kramp-Karrenbauer war da – nach nur einem Jahr als CDU-Chefin – schon am Beharrungswillen der Frau gescheitert, die sie eigentlich hatte beerben wollen. AKK hatte ihr Amt als Ministerpräsidentin des Saarlands aufgegeben, um CDU-Generalsekretärin und schließlich CDU-Vorsitzende zu werden. Doch schon nach wenigen Monaten traute Merkel ihr nicht mehr jene Härte und Entschlossenheit zu, die man in ihren Augen brauchte, um sich als Kanzlerin durchsetzen zu können. Als dann noch Gerüchte auftauchten, AKK habe gemeinsam mit Merz einen Putsch gegen Merkel erwogen, war das Maß voll. »Ich höre, du willst mich stürzen«, soll Merkel Kramp-Karrenbauer in einem persönlichen Gespräch entgegengeschleudert haben – »du kannst es ja mal versuchen!«.

Das war zu viel. Im Februar 2020 kündigte die Saarländerin entnervt an, im Laufe des Jahres den Parteivorsitz niederlegen zu wollen.

Das Rennen um Merkels Erbe war damit wieder eröffnet – und dieses Mal wollte Merz alles richtig machen.

Aber er war nicht der Einzige, denn der damalige Ministerpräsident von Nordrhein-Westfalen, Armin Laschet, ließ sich nicht mehr überrumpeln wie eineinhalb Jahre zuvor, als er nach Merkels überraschender Ankündigung, nicht mehr für den Parteivorsitz zu kandieren, das Momentum verlor und Merz, Jens Spahn und AKK den Vortritt lassen musste. Rasch verkündete Laschet deshalb die Bereitschaft zur Kandidatur und versuchte dann wochenlang, seinen größten Konkurrenten Merz in ein Team einzubinden. Laschet, der als großer Integrator galt, sprach zwar ständig von »Mannschaftslösung« und einem »Zukunftsteam«, doch in Wahrheit gab es eine klare Rangfolge: Er, Laschet, sollte vorne stehen, und die Mannschaftskameraden hinter ihm.

Darauf hatte Merz keine Lust. Er kannte Laschet aus dem gemeinsamen Landesverband NRW zwar seit vielen Jahren, aber er war nicht erneut in den politischen Nahkampf gezogen, um am Ende nur einer von fünf stellvertretenden CDU-Chefs zu werden. Mehrfach saßen die beiden Männer zusammen, immer wieder rief Laschet an und versuchte, sein Gegenüber zu locken. Denn natürlich ging es 2020 nicht mehr nur um den CDU-Vorsitz, sondern vor allem um die Kanzlerkandidatur. Und damit untrennbar verbunden war die Neuaufstellung des Kabinetts in der kommenden Bundesregierung, die – so die feste Annahme damals – zwar ohne Merkel, aber weiterhin von der Union geführt werden würde. Laschet versprach Merz in der künftigen Regierung ein Ministerium seiner Wahl, sei es Wirtschaft, Arbeit und Soziales oder Finanzen – egal, Merz könne sich auf seine Zusage verlassen. Auch über ein »Superministerium« als Kombination verschiedener Ressorts wurde gesprochen, doch Merz ließ sich nicht erweichen.

Ein letzter Versuch, ihn doch noch einzubinden, wurde schließlich von Kramp-Karrenbauer unternommen, aber von Merkel abgelehnt. Die Noch-Vorsitzende AKK hatte angeblich einen Gedanken von Wolfgang Schäuble aufgegriffen und bei Merkel angefragt, ob sie sich nicht vorstellen könne, Merz für den kurzen Rest der Legislaturperiode in ihr Kabinett aufzunehmen. Dafür wäre jedoch nur das Bundeswirtschaftsministerium in Betracht gekommen, das vom Merkel-Vertrauten Peter Altmaier geführt wurde. Erwartungsgemäß lehnte Merkel ab. Sie wollte weder ihren loyalen Weggefährten Altmaier entlassen noch einen Minister Merz um sich haben – und das alles nur um des lieben Friedens willen, weil die um ihre Nachfolge rangelnden Männer sich nicht einigen konnten? Nein, danke! Das nun wirklich nicht.

Allerdings hatte Merz diese Variante niemals in Betracht gezogen, wie er später versichert. In das Kabinett wäre er nur gegangen, wenn Kramp-Karrenbauer als CDU-Vorsitzende damals Merkel gestürzt und die Regierung übernommen hätte. Mehrfach hatte er mit AKK über diesen »Machtwechsel mit der Brechstange« gesprochen, sie aufgefordert, das Wagnis einzugehen und ihr für diesen Fall seine Loyalität und Unterstützung versprochen. Doch AKK lehnte ab, ihr ging es damals zu schnell – und sie traute es sich wohl auch nicht zu, Merkel herauszufordern.

»Ich spiele auf Sieg!«

Da keine einvernehmliche Lösung im Machtkampf um den CDU-Vorsitz erkennbar war und nun auch noch der CDU-Außenpolitiker Norbert Röttgen ohne vorherige Absprache seinen Hut in den Ring geworfen hatte, musste Kramp-Karrenbauer Ende Februar 2020 vor den Parteigremien das Scheitern ihrer Bemühungen um die angestrebte Teamlösung eingestehen. Kurz entschlossen kündigte Merz daraufhin für den nächsten Tag einen Auftritt in der Bundespressekonferenz an, den er dann für seine offizielle Kandidatur nutzte. Keine Teamlösung mehr, so sein Signal, kein Konsens um jeden Preis, Ende der Zusammenarbeit.

Was Merz da noch nicht ahnte, war die überraschende Verbrüderung seiner beiden Rivalen Laschet und Spahn. Der liberale Rheinländer und der konservative Münsterländer stellten zur allgemeinen Verblüffung ihre gegenseitigen Animositäten zurück, um sich als starkes Tandem zu präsentieren – und das auch noch bewusst vor Merz.

Der hatte sich um elf Uhr in der Bundespressekonferenz angesagt, Laschet und Spahn traten schon um neun Uhr vor die Hauptstadtjournalisten und waren damit die Ersten, die die Nachrichten des Tages beherrschten. Kurz vor ihrem Auftritt schickte Spahn noch SMS an Freunde und Unterstützer. Er gehe gleich »mit Armin« vor die Presse, simste Spahn. »Er Parteivorsitzender und Kanzlerkandidat, ich stellvertretender Parteivorsitzender und ›zweiter starker Mann‹«. Die Begründung für diesen bemerkenswerten Sinneswandel folgte wenig später vor laufenden Kameras. Es sei »wenig hilfreich, wenn alle ihre persönlichen Ambitionen zum Maßstab ihres Handelns machen«, sagte Spahn mit einem kritischen Blick auf Merz. »Die CDU ist größer als jeder Einzelne von uns.«

Das klang selbstlos, war aber nur die halbe Wahrheit. Der ehrgeizige Bundesgesundheitsminister hatte mit dem Verzicht zugunsten seines »Freundes Armin« nämlich die eigenen Karrierepläne nicht aufgegeben, sondern nur klug zurückgestellt. Im Gegensatz zu Merz glaubte Spahn damals noch, genug Zeit für einen Aufstieg ganz nach oben zu haben. Sein Plan war, sich mit seinen damals gerade 39 Jahren einen herausgehobenen Platz als Kronprinz zu sichern und dann auf einen günstigen Moment zu warten.

Merz wurde von der Verbrüderung seiner Rivalen kalt erwischt, für ihn war das wieder einmal die Bestätigung, dass sich das alte Partei-Establishment erneut zusammengerauft und gegen ihn verschworen hatte. »Im richtigen Leben würde man vielleicht von einer Kartellbildung zur Schwächung des Wettbewerbs sprechen«, lästerte er sichtlich ratlos.

Spahn befeuerte die angespannte Situation noch mit der bewusst demütig ausgesprochenen Erkenntnis, dass es »nur einen Parteichef geben kann«. Und das bedeute eben auch, so Spahn, »dass jemand zurückstecken muss«. Die Botschaft war klar: Hier steht ein Team, dort eine Ich-AG. Merz reagierte schroff. Er stehe für »Aufbruch und Erneuerung«, versicherte er, wohingegen Laschet vor allem »Kontinuität« verkörpere, also ein bloßes »Weiter so!«. Selbstbewusst gab der Sauerländer vor der Bundespressekonferenz seine Parole aus: »Ich spiele nicht auf Platz, ich spiele auf Sieg.«

Dass an diesem Tag die Verbindung zwischen den drei höchst unterschiedlichen CDU-Männern zerbrochen war, ließ sich schon an äußeren Umständen wie dem Abgang von Spahn und Laschet beobachten.

Beide verließen nach ihrem Auftritt rasch den Saal der Bundespressekonferenz und hasteten eilig zu ihren Wagen. Kein Blick zur Seite, bloß nicht mit Merz zusammentreffen – diese Bilder wollte jetzt keiner von den dreien mehr. Merz, der mit dem Taxi gekommen war und um die Ecke nahe der Bundespressekonferenz gut versteckt auf seinen Auftritt gewartet hatte, erschien exakt in dem Augenblick, als Laschets Wagen davonfuhr.

Ein heftiger Machtkampf

Der Machtkampf in der CDU war nicht nur in vollem Gange, er begann auch, erste zerstörerische Züge anzunehmen. Genau das hatte Merkel befürchtet, aber nicht verhindern können – oder verhindern wollen.

Als die Kanzlerin Jahre vor der Ankündigung ihres Rückzugs in einer kleinen Runde einmal gefragt wurde, wie sie denn ihre Nachfolge regeln wolle, reagierte sie ernst und spöttisch zugleich. Sie wolle nach Möglichkeit zu einem selbst gewählten Zeitpunkt aufhören und aus freien Stücken gehen, ohne dass die Union darüber die Macht verliere, sagte sie. Das Beispiel von Helmut Kohl, der sich zu lange an das Kanzleramt geklammert hatte und dann die CDU nach der Wahlniederlage 1998 in eine tiefe Krise riss, war ihr Warnung genug. Merkel räumte bei diesem Gespräch auch mit der Vorstellung auf, dass sie einen »Erben« einsetzen könne. In einer Demokratie sei es fast unmöglich, den Amtsnachfolger auszuwählen – dafür gebe es schließlich Wahlen, so die Kanzlerin. Auf die Nachfrage, wen sie sich denn an der Spitze vorstellen könne und ob es in der Union überhaupt jemanden gebe, dem sie den Kanzlerjob zutraue, reagierte sie mit ihrem berüchtigten, spöttischen Humor: »Wissen Sie, wenn es um wichtige Ämter geht, hat sich am Ende immer noch einer gefunden.«

Heute wissen wir, dass Merkels Wünsche nur zum Teil Wirklichkeit wurden. Als sie im Herbst 2018 ihren Rückzug vom CDU-Parteivorsitz bekanntgab und das mit der Ankündigung verknüpfte, bei der nächsten Bundestagswahl nicht wieder antreten zu wollen, geschah das bestenfalls halb freiwillig. Davon wich sie auch nicht mehr ab, als unter dem Eindruck der Coronakrise wieder alle Augen auf die bewährte Krisenkanzlerin gerichtet wurden und ihre Zustimmungswerte erneut in die Höhe schossen.

An ihrer Entscheidung zum Rückzug änderte die neue Popularität nichts mehr. Merkel hatte genau registriert, dass die Zahl der Unionswähler bei jeder Wahl kontinuierlich zurückgegangen war. Auch die Unzufriedenheit der Konservativen und des Wirtschaftsflügels der Union bekam sie hautnah zu spüren. Und sie fühlte, dass sie das wachsende Bedürfnis der Partei nach Identität, Erkennbarkeit und Eigenständigkeit immer weniger erfüllen konnte. Die Vorwürfe, sie regiere nach Umfragen und ohne einen politischen Kompass, fand sie angesichts der enormen tagespolitischen Herausforderungen zwar ungerecht. Aber sie spürte selbst, dass ihr die Macht über die CDU allmählich zu entgleiten drohte.

Der langsame Niedergang setzte nach 2015 mit ihren Entscheidungen in der Asylpolitik ein. Diese hatten einen großen Anteil am Wiedererstarken der AfD, die nach dem beigelegten Streit um ihr Gründungsthema Euro-Rettungspolitik eigentlich schon im Niedergang begriffen war. Die Flüchtlingsströme, die Überforderung der staatlichen Stellen und der Eindruck eines politischen Kontrollverlustes bescherten der AfD aber ein neues Thema und wachsende Wählerschichten. Obwohl die Partei sich zunehmend radikalisierte und sich im rechtsextremen Spektrum neu positionierte, gelang ihr der Einzug in alle Parlamente.

Damit war unter Merkels Führung genau das eingetreten, was schon Franz Josef Strauß als größte Gefahr für das bürgerliche Lager definiert hatte: Die Union dürfe niemals zulassen, dass sich rechts von ihr eine andere Partei festsetze, hatte die CSU-Ikone immer gewarnt. Sein Satz »Rechts von uns ist nur die Wand« war Mahnung und Programm zugleich. Doch Merkel hatte mit ihrem Modernisierungskurs und ihrer Öffnung zur Mitte hin zwar neue

Wählerschichten erschlossen, aber ein Vakuum im konservativen Bereich entstehen lassen – eine Leerstelle, die von der AfD schon bei der Eurokrise gefüllt und im Zuge der Flüchtlingskrise gezielt vergrößert wurde.

Die Folgen bekam die Kanzlerin nicht nur politisch, sondern auch persönlich zu spüren. Vor allem im Osten Deutschlands schlugen der früheren DDR-Bürgerin bei ihren Auftritten immer häufiger blanker Hass, Wut und Verachtung entgegen; eine Eskalation, die sie tiefer berührte, als sie nach außen zu erkennen gab. Auch das Verhältnis zur Schwesterpartei CSU hatte sich drastisch eingetrübt. Immer mehr Unionspolitiker fürchteten um den Fortbestand der gemeinsamen Bundestagsfraktion.

Das heranziehende Gewitter blieb Merkel nicht verborgen. Aus allen Gliederungen der Union berichteten ihr Vertraute von zunehmendem Unmut und Unverständnis. Außerdem erreichten sie immer wieder Hinweise, dass ein Kreis einflussreicher konservativer Politiker um den damaligen Bundestagspräsidenten Wolfgang Schäuble ihren Sturz planen oder zumindest erwägen würde; in diesem Zusammenhang fiel auch immer wieder der Name Friedrich Merz. Merkel war also gewarnt. Ihr Rückzug erfolgte deshalb wohl nicht ganz so freiwillig, wie es erscheinen sollte. Allerdings zog sie noch so rechtzeitig die Konsequenzen, dass sie von einem selbstgewählten Zeitpunkt ihres Ausscheidens sprechen kann. Ihr zweiter Wunsch jedoch, dass ihr Nachfolger die Union in der Regierung halten würde, ging dann nicht mehr in Erfüllung. Dafür bewahrheitete sich ihre Befürchtung, dass nach 16 Regierungsjahren ein heftiger Machtkampf um ihr Erbe entbrennen würde – mit allen Folgen.

Zunächst setzte sich Armin Laschet durch, gegen Merz als CDU-Vorsitzenden und gegen den CSU-Chef und bayerischen Ministerpräsidenten Markus Söder als Kanzlerkandidat. Die Duelle wurden mit allen Mitteln und zunehmender Dramaturgie in der Öffentlichkeit geführt; der Verschleiß an politischen Persönlichkeiten und Sympathie beim Publikum war entsprechend hoch – zu hoch, um noch eine Wahl gewinnen zu können. Vor allem das Agieren von Söder, der sich mit seiner Niederlage gegen Laschet nie abgefunden hatte und der in der Folge dem CDU-Chef während des gesamten Wahlkampfes Knüppel zwischen die Beine warf, trug neben den persönlichen Fehlern von Laschet zu dessen Niederlage bei.

Die Spuren dieser Zerstörungen im Verhältnis der beiden Schwesterparteien sind bis heute nicht ausgiebig untersucht. Die Frage, wer die Hauptschuld an der Niederlage trägt, birgt enorme Sprengkraft. Sie belastet das Verhältnis von CDU und CSU schwer und soll in Kapitel 9 »Die CSU: Schwesterpartei und Störenfried« zur Sprache kommen.

Für Friedrich Merz eröffnete die Niederlage Laschets bei der Bundestagswahl und dessen anschließender Rückzug von allen Ämtern jedoch eine neue Perspektive: Sieg durch Niederlage sozusagen. Denn der verwaiste CDU-Vorsitz stand erneut zur Verfügung. Merz, der Laschet während des gesamten Wahlkampfs loyal, aber mit wachsender Verzweiflung unterstützt hatte, ergriff die neue Chance und zog, ohne zu zögern, ein drittes Mal in den Kampf.

Von Zermürbung oder nachlassendem Interesse keine Spur. Nachdem die 1001 Delegierten der Bundesparteitage in kurzer Zeit zweimal vergeblich über den Vorsitz entschieden hatten, setzte sich Merz Ende 2021 endlich mit seiner Forderung durch, die Basis zu befragen. Zwar bäumte sich das CDU-Establishment ein letztes Mal gegen den drohenden Durchmarsch von Merz auf, indem es den ehemaligen Kanzleramtsminister Helge Braun ins Rennen schickte. Doch die Annahme, ausgerechnet der treue Statthalter der alten Chefin könne die nach Veränderung lechzende Partei in eine neue Ära führen, war so absurd wie der trotzige Versuch von Norbert Röttgen, ohne Rückhalt in der Partei erneut anzutreten. Das Letzte, was der CDU fehlte, war ein Narkosearzt oder ein intellektueller Solotänzer.

Das Ergebnis war ein Triumph für Merz und die Bestätigung für die lange gehegte, aber nie bewiesene These, dass Merz der Mann der Basis und nicht der Funktionäre ist. Gleich im ersten Wahlgang siegte er mit 62,1 Prozent der abgegebenen Stimmen – bei einer Wahlbeteiligung von zwei Dritteln der rund 400 000 CDU-Mitglieder. An diesem eindeutigen Votum kamen dann auch die Delegierten des danach stattfindenden digitalen Parteitags im Januar 2022 nicht vorbei, die ihn mit 94,6 Prozent offiziell zum neuen Vorsitzenden kürten.

Kraftprobe in der Fraktion

Ein Erfolg, sicher, aber er war noch nicht am Ziel. Denn nicht nur Parteifreund Sensburg im sauerländischen Heimatwahlkreis hatte die Entschlossenheit und Risikobereitschaft von Merz zu spüren bekommen; auch der Vorsitzende der CDU/CSU-Bundestagsfraktion Ralph Brinkhaus sollte dem Machtanspruch des Rückkehrers weichen. Dabei hatte Merz – entgegen seiner Gewohnheit – anfangs noch gezögert, ob er die Kraftprobe wagen sollte. Zum einen war der Rückhalt von Brinkhaus in der CDU/CSU-Bundestagsfraktion schwer abzuschätzen. Zum anderen wusste Merz, dass man ihm vorhalten würde, genau das Gleiche zu tun, was er damals Angela Merkel vorgeworfen hatte: nämlich als Parteivorsitzender in der Rolle der Opposition auch die Führung der Bundestagsfraktion für sich zu beanspruchen – und zwar mit dem gleichen Argument, das Merkel 2002 gebraucht hatte. Auch sie erklärte die Verdrängung von Merz damals mit der Notwendigkeit, dass Partei- und Fraktionsvorsitz in einer Hand liegen müssten, wenn man in der Opposition überhaupt wahrgenommen werden wollte. Merz hatte diese Begründung von Merkel nie akzeptiert, versuchte aber jetzt – 20 Jahre später – mit den gleichen Worten, Ralph Brinkhaus zum Verzicht zu bewegen.

Doch das erwies sich als schwierig, denn der gab erst einmal nicht nach. Brinkhaus, der 2018 selbst durch eine putschartige Kampfkandidatur gegen Merkels langjährigen Vertrauten Volker Kauder den Fraktionsvorsitz errungen hatte, genoss bei den Abgeordneten Respekt und großen Rückhalt. Er wollte das Amt gerne behalten und hatte nach der verlorenen Bundestagswahl schon Ambitionen von Armin Laschet, aber auch von Jens Spahn und Norbert Röttgen erfolgreich abgewehrt. In einer stundenlangen Diskussion mit seinen Konkurrenten setzte sich der ostwestfälische Finanzexperte schließlich mit dem Vorschlag durch, dass er nicht wie üblich für ein ganzes Jahr antrete, sondern dass die Wahl nur für ein halbes Jahr gelten solle und danach neu entschieden werde.

Es war ein klassischer Kompromiss. Brinkhaus hatte wohl darauf gehofft, dass er – einmal im Amt – die Parlamentarier weiterhin überzeugen konnte. Zumal er viel unternommen hatte, um seine Beliebtheit zu steigern. Während des Wahlkampfs besuchte er mehr als einhundert CDU-Abgeordnete in ihren Wahlkreisen. Und er sammelte Unterstützer bei den einflussreichen Vorsitzenden der Landesgruppen, den sogenannten »Teppichhändlern«, die bei der Verteilung von Posten für eine regionale Ausgewogenheit sorgen sollten. Brinkhaus ließ sie gewähren – in der Hoffnung, dass sich seine Großzügigkeit bei der nächsten Fraktionswahl auszahlen würde. Besonders entgegenkommend zeigte er sich gegenüber den Parlamentariern der CSU. Für die bayerische Schwesterpartei gab es plötzlich drei statt wie bislang nur zwei Posten als stellvertretende Fraktionsvorsitzende. Auch der Vorsitz wichtiger Ausschüsse wurde an CSU-Politiker vergeben. Dahinter steckte eine nüchterne Rechnung: Die CSU-Leute machten rund 25 Prozent der gesamten Unionsfraktion aus. Wenn Brinkhaus diesen Block für sich gewinnen konnte, hatte er schon einmal die Hälfte der erforderlichen Mehrheit sicher.

Doch trotz aller sorgfältigen Vorbereitungen und Charmeoffensiven bei den Unionsabgeordneten holte Brinkhaus das Zugeständnis ein, nur für ein halbes Jahr gewählt worden zu sein. Im April 2022 hätte die Fraktionswahl erneut stattgefunden. Wenn er nicht nachgeben würde, müsste es dann zu einem Duell zwischen ihm und Merz kommen – ein innerparteilicher Kampf wenige Wochen vor den entscheidenden Landtagswahlen in Schleswig-Holstein und Nordrhein-Westfalen. Ein solches Signal der Zwietracht im Unionslager sollte, nein musste unbedingt vermieden werden, bedrängten ihn zahlreiche Kollegen. Und im Übrigen müsse er anerkennen, dass Merz mit 94 Prozent Zustimmung in der Partei auch die Fraktionsführung für sich beanspruchen könne. Nach tagelangen Diskussionen und Überlegungen gab Brinkhaus schließlich nach. In einem Brief an die Fraktion teilte er seine Entscheidung mit, zugunsten von Merz verzichten zu wollen. »Es ist kein Geheimnis, dass bezüglich des Fraktionsvorsitzes zwischen Friedrich Merz und mir unterschiedliche Auffassungen bestehen, die wir auch nicht ausräumen konnten. Ich denke, wir beide haben gute Gründe für unsere Positionen«, schrieb er.

Mit dieser ungewöhnlichen Formulierung machte er klar, dass er sich weiterhin für den besseren Vorsitzenden hält, aber der Union nicht schaden wolle. Wer mit solchen Worten verzichtet, tut es nur äußerst widerwillig. Das erhöhte den Druck auf Merz, bei den Unionsabgeordneten um

Anerkennung zu kämpfen. In einer Oppositionsfraktion, der viele ehemalige Minister und Staatssekretäre angehören, mithin erfahrene und selbstbewusste Politiker, ist das naturgemäß äußerst schwer. Merz wird sich anstrengen müssen, den Respekt der Unionsfraktion zu erringen und vor allem zu erhalten.

Mann der Vergangenheit?

Es stimmt, der Rückkehrer muss sich in viele Themen neu einarbeiten, aber ist er deshalb ein Mann der Vergangenheit, wie seine Kritiker behaupten? Sicher nicht, auch wenn er bei seinem Comeback einige inhaltliche Positionen räumen und manches Wording aus den 1990er-Jahren anpassen musste. Merz hat nach Beobachtung der meisten CDU-Spitzenpolitiker in Berlin bereits einen enormen Lernprozess durchlaufen, ohne sich untreu zu werden. Ein Großteil der Kritik, vor allem in den linksliberalen Medien, wird allerdings auch an Äußerlichkeiten festgemacht. Er trägt Maßanzüge und Krawatten, lebt bürgerlich und hält konservative Werte hoch, er findet eine deutsche Leitkultur in Deutschland selbstverständlich und begegnet den Moden des Zeitgeists mit spöttischer Skepsis.

Das stört viele, vor allem in den Medien, die sich gerne an ihm abarbeiten. Aber in der CDU, wo der Großteil der Mitglieder männlich und über 60 Jahre alt ist, findet er gerade dafür Anerkennung und Unterstützung. Selbst der gelegentlich noch durchscheinende Retro-Charme von Merz weckt hier eher Vertrauen als Spott. Und er schafft es zunehmend, durch seine geschliffenen Auftritte in den Bundestagsdebatten, die Selbstzufriedenheit des Kanzlers zu erschüttern und einen identitätsstiftenden Gegenpol für das bürgerliche Lager zu bilden. Zur Wahrheit gehört aber auch, dass kaum ein Politiker in Deutschland so polarisiert wie der 1,98-Meter-Mann aus Brilon. Er hat glühende Fans und entschiedene Gegner – dazwischen gibt es kaum etwas. Man ist für oder gegen ihn, gleichgültig lässt er nur wenige. Das können nicht viele von sich behaupten.

II
DIE VERORTUNG DER PARTEI

6.

Auf der Suche nach dem Markenkern

Irgendwann in den letzten Wochen war es ihm einfach zu viel geworden, weshalb er sich fest vorgenommen hatte, bei der nächsten Gelegenheit endlich etwas zu sagen – und zwar so laut, dass alle es hören würden. Und so stand Frederik Paul aus Alpen am Niederrhein am 18. Oktober 2021 am Saalmikrophon der voll besetzten Messehalle Münster und las mit bebender Stimme ein paar Sätze ab, die er sich auf einem Zettel notiert hatte. »Chinesische Anbieter sollen von der Telekommunikationsinfrastruktur in Deutschland ausgeschlossen werden. Die Union? Hat hier keine Position!« Das Gemurmel im Saal wurde leiser, Paul redete weiter. »Die ökologische Landwirtschaft soll stärker gefördert werden als konventionelle Landwirtschaft. Die Union? Keine Position.« Leichter Beifall setzte ein.

»Der gesetzliche Mindestlohn soll im Jahr 2022 erhöht werden. Die Union? Keine Position.« Der Beifall wurde stärker.

»Paritätische Besetzung bei Listen. Die Union? Keine Position!« Der Beifall verwandelte sich in Jubel. »Sorry Leute«, schrie Paul gegen den donnernden Applaus an, »das geht doch so nicht!«

Paul hatte den Nagel auf den Kopf getroffen. Die Sätze, die er den Delegierten des »Deutschlandtags« der Jungen

Union vorgelesen hatten, stammten aus dem Wahl-O-Mat zur letzten Bundestagswahl. Sein Auftritt ging in den sozialen Netzwerken viral. Es war ihm, dem einfachen Parteimitglied Frederik Paul, innerhalb von drei Minuten gelungen, die inhaltliche Leere der CDU ebenso zu verdeutlichen wie die Ratlosigkeit der Parteiführung zu Beginn des Bundestagswahlkampfs.

Ein Jahr später, die Wahl war gerade verloren, wurde Paul vom damaligen CDU-Generalsekretär auf bedrückende Weise bestätigt. Paul Ziemiak hatte, als eine seiner letzten Amtshandlungen im Konrad-Adenauer-Haus, eine Wahlanalyse in Auftrag gegeben, um der Niederlage und ihren Ursachen auf den Grund zu gehen. Auf 64 Seiten wurden die Schwachpunkte der Kampagne aufgeführt und schonungslos seziert: programmatische Leere, Kommunikationsfehler, fehlende Erkennbarkeit und mangelndes Profil bei den großen Zukunftsfragen. Besonderes Augenmerk legten die Autoren der Wahlanalyse auf das desaströse Ergebnis der CDU bei den jüngeren Wählern. Die hatten ihr Kreuz vor allem bei der FDP und den Grünen gemacht; für die CDU mochten sich gerade einmal 11 Prozent begeistern. 11 Prozent! Was für eine Perspektive hat eine Partei ohne Jugend?

Der Soziologe Klaus Hurrelmann, bekannt geworden als Autor der Shell-Jugendstudie, kann erklären, warum die CDU auf so wenig Resonanz bei den unteren Altersgruppen stößt. Seiner Beobachtung nach wählen viele der Jungen entlang einzelner Themen. Diese Gruppe sei »inhaltlich und programmatisch nicht festgelegt«, sagt Hurrelmann, »sie unterstützt keine Partei grundsätzlich, sondern entscheidet sich von Wahl zu Wahl neu«. Es gibt in der jüngeren Generation also keine feste Bindung mehr, sie ist eher so eine Art parteipolitische Laufkundschaft.

Wahlanalysen im Jahr 2024 kommen zu ähnlichen Ergebnissen wie seinerzeit Hurrelmann. Die Rede ist von »politischem Cherrypicking«. Bei den Jungwählern haben zudem die Grünen deutlich an Attraktivität verloren, wie die Ergebnisse der Europawahl 2024 zeigen.

Die Grünen werden zwar mit den Themen Klima- und Umweltschutz verbunden, nur stehen diese nicht mehr ganz oben auf der Prioritätenliste der jüngeren Wähler. Gerade nach dem Attentat von Solingen ist das Thema Migration hier nach oben gerückt. Entsprechend hoch sind die Stimmgewinne auch in dieser Gruppe bei der AfD.

Für den Kanzlerkandidaten der Union, Friedrich Merz, gibt es also jede Menge zu tun. Die Rückgewinnung der Jugend gilt dabei als zentrale Aufgabe und Voraussetzung für den Erfolg bei der nächsten Bundestagswahl.

Programmatische Leere

Dazu wäre es dringend erforderlich, zentrale Zukunftsfragen wie den Klimawandel und die Digitalisierung, Bildung und Zuwanderung glaubwürdig zu besetzen. Merz weiß das natürlich, aber die große Herausforderung besteht darin, diese Fragen auch kompetent zu beantworten – und dabei auf eine nicht-populistische Sprache zu achten. Kann der 69-Jährige ein glaubwürdiges Angebot für die Welt von morgen machen?

Der Versuch von Armin Laschet, 2021 eine Wahlentscheidung als Vertrauensvorschuss im Stil von Angela Merkel herbeizuführen, »mit mir gibt es keine zu großen Veränderungen« war gescheitert. Tatsächlich war der damalige Vizekanzler Olaf Scholz zum wirklichen Profiteuer der Merkelschen »Sie kennen mich«-Melodie geworden. Die SPD hatte zur Bundestagswahl unmissverständlich klar gemacht, in welche Richtung es gehen sollte: weg von der Agenda 2010, weg von Hartz IV und hin zu einer entschieden sozialeren Politik. Bezahlbare Mieten, 12 Euro Mindestlohn, sichere Renten – »Olaf macht das«. Heute will man einen noch höheren Mindestlohn, aus Hartz IV wurde das Bürgergeld und aus Olaf Scholz ein »Friedenskanzler«. Mit diesen Eckpunkten versucht die SPD drei Jahre später die Stimmung im Land noch einmal herumzureißen.

Wofür genau steht nun der Herausforderer Friedrich Merz, der sich bislang vor allem im »Dagegen sein« profilierte?

Die Union 2024 knüpft unverkennbar an das Leistungsethos der Ära Kohl an, lässt sich aber daraus wirklich eine mitreißende Wahlbotschaft schmieden? Die Inhalte der CDU prägnant zu beschreiben, ist ein eher komplexes Unterfangen. Friedrich Merz hat es unmittelbar nach seiner Wahl zum Parteivorsitzenden mit »liberal und offen, sozial und bewahrend zugleich« und »im besten Sinne konservativ« versucht, die Grundwertekommission hatte dann noch »im besten Sinne bürgerlich« hinzugefügt, ein Begriff, der offenbar das in Ungnade gefallene »rechts« als Standortbeschreibung ablösen soll.

Das mag alles seine Berechtigung haben, verdeutlicht jedoch das Problem der Partei als eine Art Gemischtwarenladen. Lässt sich das Wesen der CDU mit einem Wort beschreiben? Bei den Wettbewerbern funktionierte das mal ganz gut: Die SPD stand für Soziales, die FDP für Freiheit und die Grünen für Umwelt. Doch das Image aller drei Ampelparteien ist inzwischen stark beschädigt.

Die CDU trägt immer noch das »C« im Namen. Ist das noch glaubwürdig, ja überhaupt noch relevant in der gegenwärtigen Positionsbeschreibung? In den Anfängen mag das »Christliche« große Bindewirkung entfaltet haben, heute ist die Bedeutung des Religiösen als Wesenskern einer politischen Partei verblasst, ja manche meinen sogar verschwunden. Jedenfalls wurde nach der verlorenen Bundestagswahl schon sehr kritisch auf das »C« geschaut. In einer internen Analyse hieß es sogar, es gebe »gute Gründe für eine Flurbereinigung«, weil der Bezug auf das Christentum im Parteinamen als Barriere wirken und andere Religionsgemeinschaften ausschließen könnte. Als Vorbild könnte die Schweiz gegolten haben. Dort heißt die »Christlich-demokratische Volkspartei« CVP neuerdings »Die Mitte«.

Bei der Diskussion um das »C« mag auch die Krise der katholischen Kirche im Zusammenhang mit den vertuschten Missbrauchsskandalen eine Rolle gespielt haben. Der Verzicht auf das »C« wäre dann der naheliegende Versuch, sich als Partei von diesem unerfreulichen Kapitel der Kirchengeschichte zu lösen, um nicht damit in Verbindung gebracht zu werden. Eine solche Distanzierung wäre jedoch kurzsichtig und würde auch den anderen Kirchen in Deutschland, allen voran der Evangelischen Kirche, nicht gerecht.

Die Skeptiker argumentieren, dass im Gegensatz zu früher mit dem »C« heute keine Nachwuchsgewinnung mehr verbunden sei. In den Gründerjahren der alten Bundesrepublik hatte der ausdrückliche Bezug zum Christentum der Union noch die Möglichkeit eröffnet, über lange Zeit ihren Nachwuchs aus dem Umfeld der Kirchengemeinschaften zu rekrutieren. Dieser Nachwuchs definierte sich nicht über eine Zugehörigkeit zu einer bestimmten sozialen, wirtschaftlichen oder ethnischen Gruppe oder Klasse, sondern über einen festen Bezug zu gemeinsamen Werten. Aus diesem überkonfessionellen und übergeordneten Gemeinschaftssinn bezog die CDU schließlich ihre zahlenmäßige wie identitätsstiftende Stärke, nämlich als Zusammenschluss verschiedener Kräfte im Wortsinn einer »Union« auftreten zu können.

Betrachtet man heute jedoch den in der »Jungen Union« versammelten Nachwuchs, dann ist dort vom Christentum als verbindendem Element so gut wie nichts mehr zu spüren. Trotzdem will Merz nicht vom »C« im Namen der CDU lassen. Natürlich müsse sich in der heutigen Zeit auch die CDU fragen, was ihr der christliche Bezug in der Zukunft noch bedeute, räumte Merz ein. Aber auch wenn er nach der verlorenen Bundestagswahl vieles auf den Prüfstand stelle, so sei für ihn klar: »Das C in unserem Namen wird nicht gestrichen, unser christliches Menschenbild bleibt.«

Damit hatte er nicht nur eine wenig Gewinn versprechende Diskussion beendet, sondern auch die Tür zu Atheisten oder Menschen anderer Religionsgemeinschaften offengehalten. Denn das »christliche Menschenbild« als Leitmotiv kann auch jemand teilen, der sich als Kulturchrist versteht, gar nichts glaubt oder als Moslem, Jude oder Andersgläubiger hier eine Überschneidung mit dem eigenen Glauben sieht. Die Formel vom »christlichen Menschenbild« mag vage klingen, hat aber den großen Vorteil, dass sie niemandem ein religiöses Bekenntnis abverlangt und ein breites Publikum auch außerhalb der Kirchen ansprechen kann. Die Prinzipien Freiheit, Menschenwürde, Gerechtigkeit und Solidarität (die ja auch Kernbestandteil bei der SPD sind) ziehen sich durch alle Grundsatz- und Wahlprogramme. Doch wenn sie nur versatzstückartig interpretiert und gebetsmühlenartig wiederholt werden – ähnlich wie Bekenntnisse zur transatlantischen Wertegemeinschaft oder zur Einheit Europas – verstärkt das den Eindruck von Kraft- und Ideenlosigkeit.

Funktionspartei und Machtmaschine

Bei der Suche oder besser gesagt bei der Nachschärfung des bestehenden Markenkerns der CDU hätten es sich Merz und die neue Parteiführung einfach machen und die Verantwortung für die inhaltliche Konturenverwischung der letzten Jahre einzig Angela Merkel anlasten können. Schließlich war sie 20 Jahre CDU-Vorsitzende und 16 Jahre Bundeskanzlerin. Wer, wenn nicht sie, trägt die Verantwortung? Doch das wäre wohl zu durchsichtig und auch inhaltlich zu kurz gesprungen. Inzwischen ist Merkel schon seit mehr als drei Jahren nicht mehr im Kanzleramt. Neues Spiel, neues Glück oder neue Wahlen, neuer Kandidat: Gelingt es Merz im Jahr 2025 zu definieren, wozu die Partei, die sich in 16 Regierungsjahren und einer 3 Jahre anhaltenden Führungskrise arg zerschlissen hat, in Zukunft noch gebraucht wird.

Ralf Fücks, der ehemalige Chef der Grünen-nahen Heinrich-Böll-Stiftung, warnt die Union denn auch davor, es sich zu einfach zu machen und die Schuld allein bei der früheren Kanzlerin abzuladen. In einem Beitrag für die Wahlanalyse des Konrad-Adenauer-Hauses schreibt er: Die »programmatische Metamorphose« der CDU in Sachen Wehrpflicht, Ehe für alle, Flüchtlingspolitik, europäische Schuldenregeln und Mindestlohn möge zwar in der Sache richtig und angesichts der Entwicklung der Gesellschaft auch unausweichlich gewesen sein. Die Partei habe aber diese vielen Kurswechsel und teilweise abrupten Wendemanöver nie programmatisch unterfüttert.

Es rächt sich, dass in der Union immer mit Spott und Belustigung auf die SPD und die Grünen herabgesehen wurde, auf diese »Debattierclubs« und »Programmparteien«, die mit Feuereifer stundenlang über jeden Spiegelstrich streiten können. Der CDU ebenso wie ihrer Schwesterpartei CSU geht diese Neigung für leidenschaftliche Programmdebatten ab; sie verstehen sich ihren Traditionen gemäß als Regierungsparteien und damit auch als Scharniere zur Regierung. Dennoch war nach 16-jähriger Regierungszeit eine Neupositionierung fällig.

Es bleibt nur zu hoffen, dass nach einem eventuellen Wahlsieg und möglicherweise schwierigen Koalitionsgesprächen nicht wichtige CDU-Markenzeichen allzu schnell über Bord geworfen werden.

Unter Kohl wurde der CDU einmal der Vorwurf gemacht, sie sei eine reine »Machtmaschine«; was der Kanzler wiederum höchst belustigt als Bestätigung und Kompliment gleichermaßen verstand.

Auch Merkel hat die CDU auf diese Weise genutzt. Als Generalsekretärin und ab 2000 als Vorsitzende leitete sie, noch unter dem Einfluss von Merz, eine wirtschaftspolitische Wende ein und trieb ihr Konzept einer »neuen sozialen Marktwirtschaft« voran. Als ihr damit aber 2005 der sicher geglaubte Sieg bei der Bundestagswahl zu entgleiten drohte, stellte Merkel ihre Reformanstrengungen zumindest im wirtschaftspolitischen Bereich weitgehend ein.

Zwar trieb sie die Modernisierung der CDU vor allem in der Frauen- und Familienpolitik energisch voran. Doch mit jedem Jahr ihrer Kanzlerschaft rutschte die CDU wieder in ihre schon unter Kohl eingeübte Rolle als »Funktionspartei« und »Machtmaschine« hinein. Die Partei machte, was die Regierung wollte, trug alle Entscheidungen und Wendungen ohne große Debatten mit und murrte auch nicht, als nach Merkels kurzfristigem »Ausstieg aus dem rot-grünen Atomausstieg« eine erneute Kehrtwende infolge der Reaktorkatastrophe von Fukushima erfolgte. Das Grummeln im Untergrund wurde zwar vernehmlich stärker. Aber solange Merkel eine Wahl nach der anderen gewann und der CDU, ihrer engeren Führung und dem Funktionärskörper Macht, Einfluss und Pfründe sicherte, blieb an der Oberfläche alles ruhig.

Mario Czaja, der Generalsekretär der CDU, erklärt das mit der besonderen Situation. »Parteien in Regierungsverantwortung neigen dazu, sich eher auf den Regierungsapparat zu verlassen als auf das eigene strategische Denken«, sagt er. Vor allem wenn der Prozess über viele Jahre geht. Hinzu kommt, dass Merkel in ihren vier Legislaturperioden eine Reihe schwerer Krisen meistern musste. Die Weltfinanzkrise, die Euroschuldenkrise, die Asylkrise und zuletzt die Pandemie, um nur die wichtigsten zu nennen, forderten ihre ganze Aufmerksamkeit. Für die Partei und ihre Bedürfnisse nach Debatten und einem politisch emanzipierten Eigenleben neben der Regierung war immer weniger Platz übrig. Merkel, die im Gegensatz zu Kohl und Merz nie mit der CDU von Jugendbeinen an verwachsen war, verlor nach und nach auch die Lust, sich mit der CDU auseinanderzusetzen. Die Partei hatte zu funktionieren – und das tat sie.

Die Nebenwirkungen, nämlich das programmatische Ausdörren im immer längeren Schatten des Kanzleramts, waren spätestens seit der Asylkrise und dem Streit mit der CSU nicht mehr zu übersehen. Nicht ohne Grund hatte Annegret Kramp-Karrenbauer als präsumtive Nachfolgerin von Merkel zunächst versucht, ihren Weg an die Spitze über die Parteiarbeit zu gehen und nicht über einen Regierungsposten. Zwar wunderten sich damals nicht wenige, dass AKK ihr Amt als Ministerpräsidentin des Saarlands gegen den vergleichsweise untergeordneten Job als Generalsekretärin der CDU aufgab. Aber aus ihrer Sicht machte es durchaus Sinn, sich zunächst der vernachlässigten Partei zuzuwenden, bevor sie den nächsten Schritt in Richtung Kanzleramt gehen würde. Mit ihrer »Zuhörtour« an der CDU-Basis in ganz Deutschland unternahm sie einen vielversprechenden Anfang, um der Partei wieder Leben einzuhauchen.

Doch je mehr es AKK gelang, in der Hinwendung zur Basis eigene Projekte zu entwickeln und neue Ideen, wie etwa ein freiwilliges soziales Jahr anstelle der Wehrpflicht, vorzuschlagen, desto mehr wuchs das Misstrauen im Kanzleramt. Begleitete Merkel anfangs die Zuhörtour noch mit Wohlwollen aus der Ferne, so schlug die Stimmung um, als AKK versuchte, die Asylkrise und die Entfremdung von der CSU und dem konservativen Teil der CDU in einem »Werkstattgespräch Asyl« aufzuarbeiten. Merkel war dagegen, konnte AKK aber nicht daran hindern. Die Kanzlerin blieb, trotz Einladung und persönlicher Bitte von AKK, der Veranstaltung fern. Nicht etwa, weil sie einen anderen Termin hatte – nein, sie ließ sich zur gleichen Zeit mit Freundinnen bei einem Cocktail in einer Hotelbar schräg gegenüber dem Tagungsort fotografieren. Die Botschaft war klar: Ich mach da nicht mit, und das Werkstattgespräch von AKK findet auch nicht meine Billigung. Ab da ging es im Verhältnis der beiden Frauen steil bergab. Leidtragende war wieder die Partei, die nach wenigen Monaten erneut ihre Vorsitzende verlor und danach einen zähen, zwei Jahre anhaltenden Machtkampf um die Führung erdulden musste.

Die Welt hat sich weitergedreht

Friedrich Merz ist es in fast drei Jahren an der Spitze der Partei gelungen, Ruhe und Vertrauen in die CDU zu bringen und sie nach den vielen Ränkespielen der Führung und ihrer Niederlage bei der Bundestagswahl 2021 wieder aufzurichten. In den nächsten Wochen bis zur Wahl wird sich zeigen, wie kampagnenfähig die Merz-Partei ist, vor allem im Osten, wo die populistischen Parteien so großen Zulauf haben. Und es geht wie immer in Wahlkämpfen nicht nur um die Partei, sondern um die Person, die sie führt. Die persönlichen Beliebtheitswerte des 69-Jährigen sind zwar Ende 2024 gestiegen, doch ist noch Luft nach oben.

Merz ist seit 50 Jahren Parteimitglied, er kennt die CDU gut, aber er räumt ein, dass er manche Entwicklungen während seiner jahrelangen Abwesenheit in der Wirtschaft nur von Ferne verfolgt hat. Deutschland sei »vielfältiger und bunter« geworden, sagt er heute und meint es ausdrücklich positiv. Er ist lange nicht mehr der konservative Provokateur, der kühle Finanzexperte ohne sozialen Wärmestrom. Die Welt hat sich verändert und er mit ihr. Mit seinem Image als kalter Konservativer, das ihm die Medien lange Zeit angedichtet haben, war er nie glücklich. »Natürlich versuchen meine Gegner, auch in der eigenen Partei, seit Jahren ein bestimmtes Bild von mir zu zeichnen. Das stimmt aber nicht mit der Wirklichkeit überein«, versichert er. »Alle Leute, die mich kennen, fragen immer wieder: Wie kommt das eigentlich, dass du so beschrieben wirst?« Hat er sich in den Jahren seiner politischen Abwesenheit verändert? Das Wort »Veränderung« gefällt ihm nicht, aber klar, die Welt hat sich weitergedreht und er ist auch nicht einfach stehengeblieben.

Im Gespräch mit seiner Familie und mit Vertrauten hat Merz vieles neu durchdacht, abgewogen und entschieden. Er ist ein wertegebundener, moderner Konservativer, aber kein Ideologe, das war er bei aller Lust an der Provokation noch nie. »Ich bin nicht der konservative Knochen, den mir meine Gegner gerne andichten«, betont er. Er möchte auch nicht mehr als Projektionsfläche dienen für jene Anhänger, die sich mit ihm eine Rückkehr in die gute, alte Zeit erhofft haben, in eine Welt, wo man die Kirche noch im Dorf lässt.

Er kennt diese Welt, rund um den Tegernsee und bei manchen Mittelständlern begegnet sie ihm noch häufig. Aber er will, nein er muss zurück in die Mitte, da wo die Wahlen gewonnen werden und wo er die CDU dauerhaft verorten will.

Die Merkel-Jahre will Merz dabei keinesfalls als Phase einer christlich-demokratischen Ketzerei darstellen. Aber er will in der Tat inhaltlich eine Reihe von Korrekturen vornehmen. Die Bereitschaft der Ampelkoalition beispielsweise, jedes neue Problem mit dem alten Reflex steigender Schulden zu beantworten, hat er in Frage gestellt. Vor allem die FDP und ihren Bundesfinanzminister Christian Lindner, der jahrelang für Haushaltsdisziplin und Schuldenbremse stand, hatte Merz ins Visier genommen. Dessen »Sondervermögen« und Aufbaufonds sind krachend gescheitert. Davon hat sich die Ampel nie wieder erholt.

Auch die Inflation, eine absehbare Folge der Schuldenpolitik und der wundersamen Geldvermehrung der Europäischen Zentralbank, bietet Merz als Oppositionsführer eine gute Gelegenheit, sich in seinem Spezialgebiet, der Wirtschafts- und Finanzpolitik, zu profilieren. Das galt nicht zuletzt für die Bereitschaft der Ampelkoalition, der EU weitere finanzielle Zugeständnisse auf Kosten der deutschen Steuerzahler zu machen.

Ob er sich in gesellschaftspolitischen Fragen von Merkel absetzen und den demonstrativen Streit mit den Merkelianern in der Partei suchen wird, ist eher zweifelhaft. Merz ist vorsichtiger geworden, sein allzu forsches Auftreten mit überholten Satzbausteinen aus der Bonner Zeit hat im Laufe seiner Bewerbungsphase schon zu manchen Pannen geführt.

Reichlich Negativschlagzeilen gab es beispielsweise, als er im September 2020 auf die Frage, ob er sich einen homosexuellen Bundeskanzler vorstellen könnte, eine ungeschickte, aber auch tiefblickende Antwort gab. »Solange sich das im Rahmen der Gesetze bewegt und solange es nicht Kinder betrifft«, sei das kein Thema für öffentliche Diskussionen, sagte Merz. Viele sahen seine direkte gedankliche Verbindung von Homosexualität und Straftaten als Beweis für sein rückständiges Gesellschaftsbild an, geradezu als klassisches Beispiel für einen konservativen, homophoben, alten, weißen Mann. Merz hat das rasch verstanden und auch akzeptiert. In der Folgezeit bemühte er sich mehrfach darum, diesen Eindruck zu verwischen.

Längst hat Merz die »Ehe für alle« und das Adoptionsrecht für Homosexuelle akzeptiert. Kinder, die bei homosexuellen Paaren aufwachsen, die sich sehnlich ein Kind gewünscht haben, würden wohl mindestens ebenso liebevoll erzogen wie von heterosexuellen Eltern, sagt er heute. Er sprach sich dafür aus, der LSU, also der Vereinigung der Lesben und Schwulen in der Union, einen festen Platz in der Parteistruktur zu geben. Er besuchte Veranstaltungen der Queer-Community in Berlin und erntete am Ende Beifall. Die Gräben der alten, gesellschaftlichen Kulturkämpfe will er zuschaufeln, bloß keine Schlachten der Vergangenheit mehr schlagen. Nicht aus Scheu oder Taktik, sondern weil er sich seit seiner Rückkehr in die aktive Politik Stück für Stück vorgetastet hat in eine andere Welt, die Merkel 16 Jahre lang mitgeprägt hat und der man – das hat er inzwischen akzeptiert – nicht einfach den Rücken kehren kann.

Anrennen aber gegen einen breiten gesellschaftspolitischen Konsens will er nicht mehr, er ist versöhnt mit den neuen Gegebenheiten des bundesdeutschen Alltags. Er weiß auch, wie schnell Parteien sterben können, wenn sich das Land und die Menschen verändern, aber die Partei stehen bleibt, wenn ihre Kompassnadel den Wandel in der Gesellschaft nicht mehr anzeigt. Merz, der aus seinen

Jahren im EU-Parlament immer noch gute Drähte in die europäischen Nachbarstaaten hat, spricht immer wieder über die warnenden Beispiele der Christdemokraten und Konservativen, die von der Bildfläche verschwunden sind, ob in Italien, den Niederlanden oder in Frankreich.

Der Niedergang droht, wenn eine Partei der Mitte ihre Brückenfunktion zwischen den zahlreicher werdenden Gruppen in den europäischen Gesellschaften verliert. Bald wird kein einziges großes Land mehr von christlichen Demokraten geführt. Damit verliert die bislang führende Fraktion der Europäischen Volkspartei (EVP) weiter an Gewicht, während die Rechtspopulisten in Europa Erfolge feiern. Dieser Verlust an Macht und Einfluss wirkt bis in die kommunalen Parlamente, er demotiviert und hat Konsequenzen. Es gibt kaum noch ein bürgerliches Lager, das den radikalen Blöcken Paroli bieten könnte. In diesem Niedergang war Merkel ein Fels, nicht nur als eine der letzten christdemokratischen Regierungschefinnen, sondern auch wegen ihres Ansehens, das auf die EVP und deren Fraktionsvorsitzenden Manfred Weber abstrahlte.

Ein neuer Friedrich Merz?

Erlebt die CDU jetzt einen »neuen Friedrich Merz«? Es sei klar, sagt er, dass er nicht nur Wirtschafts- und Finanzthemen in den Vordergrund stellen könne. Die CDU als Volkspartei müsse Antworten auf alle relevanten Fragen geben. Immer wieder betont er die Notwendigkeit, die »soziale Frage« neu zu stellen und auch zu beantworten. Die Versöhnung von Wirtschafts- und Sozialflügel innerhalb der Union ist ihm ein echtes Anliegen, auch die Verständigung mit der Frauen-Union, die ihn lange versucht hat zu verhindern. Für ihn, versichert Merz, sei die gleichberechtigte Aufteilung und die Vereinbarkeit der Erwerbs- und Familienarbeit zwischen Männern und Frauen inzwischen Standard, ebenso die Forderung, dass Frauen gleichen Zugang zu Führungsaufgaben haben sollen – bei gleicher Bezahlung natürlich.

Sogar für die Frauenquote konnte er sich zwischenzeitlich erwärmen, auch wenn er sie nur für die »zweitbeste Lösung« hält. Weil Merz aber gerade in der Männerpartei CDU mit wachsendem Missfallen beobachtet, dass der Frauenanteil weder bei den Mitgliedern noch bei den Mandatsträgerinnen auch nur in die Nähe einer Parität kommt, hat er sich am Ende dazu durchgerungen, den Frauen in der CDU mit einer Quote den Weg zu gleicher Teilhabe und Mitsprache zu ebnen. Die Zahlen sind eindeutig: Im Jahr 2000 war jedes vierte der damals 384 000 Mitglieder weiblich, heute sind es nur wenig mehr. Genau gesagt gibt es bei der CDU 73,4 Prozent Männer und 26,6 Prozent Frauen. Das Durchschnittsalter beträgt 60,8 Jahre, das der Neumitglieder stattliche 43 Jahre. Auch in dieser Gruppe sieht es trotz geringfügiger Verbesserung noch ziemlich mau aus bei der Geschlechterverteilung: Gerade einmal 28 Prozent der neuen Mitglieder sind Frauen.

War die Emanzipation bei CDU-Parteitagen in der Ära Kohl eher ein Randthema, so will Merz sie jetzt in den Markenkern der CDU integrieren. Es ist ein Vorhaben, das ihm nicht in den Schoß gefallen ist. Bei der Suche nach prominenten CDU-Frauen für sein Führungsteam musste er zu Beginn manche Absagen verkraften; selbstbewusste Frauen wie die schleswig-holsteinische Bildungsministerin Karin Prien wollten sich nicht in eine von ihm ausgewählte Mannschaft einordnen, sondern sich aus eigener Kraft als Stellvertreterin in die Parteiführung vorkämpfen.

Auch als Merz nach seiner Wahl zum Parteichef Christina Stumpp das Amt der Generalsekretärin antrug, fing er sich zunächst eine Absage ein; die schwäbische CDU-Bundestagsabgeordnete wollte ihren kleinen Sohn nicht vernachlässigen. Aber er konnte sie schließlich doch überzeugen, zumindest das neu zu schaffende Amt einer stellvertretenden Generalsekretärin zusätzlich zu ihrem Parlamentsmandat zu übernehmen – mit ausdrücklicher Rücksichtnahme auf ihre Familie.

In der Diskussion mit Stumpp, wie man das organisatorisch bewerkstelligen könnte, reifte sein Entschluss, die Parteiarbeit insgesamt familienfreundlicher auszurichten. Er fühle für eine familienfreundliche Gestaltung der CDU-Zentrale und ihrer Beschäftigten »eine große Verantwortung«, versichert Merz. »Ich möchte nicht, dass mir unsere Mitarbeiter irgendwann sagen, wegen Ihnen habe ich meine Familie zu wenig gesehen. Wir werden die Abläufe anders organisieren.« Keine Sitzungen mehr am Sonntag, so die Forderung, denn »in einer christlichen Partei den Sonntag zum regelmäßigen Arbeitstag zu erklären, ist mit mir nicht zu machen«. Außerdem soll es mehr Homeoffice und mehr virtuelle Formate geben sowie familienfreundliche Sitzungszeiten. Und natürlich soll es auch akzeptiert werden, Kinder mit zu Konferenzen und Parteiveranstaltungen zu nehmen. Mit dem Bild des Altherrenclubs, der abends im Zigarrenqualm am CDU-Stammtisch sitzt, will Merz aufräumen (mehr dazu im folgenden Kapitel 7 »Merz und die Frauen«).

Neue Antworten

Im Laufe seines dreijährigen Comebacks hat er die Partei neu kennengelernt, ihre gewandelten Bedürfnisse, ihre Veränderungen, aber auch ihre Defizite in der Sacharbeit. Die CDU müsse »wieder etwas lernen, was sie sich in den letzten Jahren abgewöhnt hat«, sagte er, »sie muss wieder lernen, politisch-inhaltlich zu arbeiten« und ihre »Denkfaulheit« abzulegen. Das ist ziemlich starker Tobak, aber Merz lässt sich nicht beirren. Es sei sein »ernsthaftes Bemühen, einer breiteren Öffentlichkeit zugänglich zu machen, was und wie ich denke«, verspricht er, »auch zu Themenbereichen außerhalb der reinen Wirtschaftspolitik«. Die CDU sei »bei einigen Themen nicht auf der Höhe der Zeit« und er trete an, »um darauf neue Antworten zu entwickeln«. Dazu gehört vor allem das Thema Migration mitsamt seinen Begleiterscheinungen wie überforderte Kommunen, fehlgeschlagene Abschiebungen, das Erstarken rechts- und links-populistischer Bewegungen. Hier musste mit der eher laxen Linie Angela Merkels gebrochen werden.

Das klare Mandat als Partei- und Fraktionsvorsitzender hat er dazu genutzt. Die langfristigen Strategien einer zukunftsfähigen, modernen CDU wurden fortan von der aufgerüsteten Parteizentrale aus gesteuert.

Die anderen wichtigen Themen rund um den Markenkern der CDU liegen nach Ansicht von Friedrich Merz offen zutage:

Erstens die Zukunft der sozialen Marktwirtschaft in Zeiten des Klimawandels möglichst ohne Wohlstandsverlust für Deutschland. Als Weg dahin sieht er vor allem marktwirtschaftliche Anreize zur Emissionsreduzierung und nicht primär staatlichen Zwang, wie die Grünen das bevorzugen. Der Kampf gegen den Klimawandel, so Merz, lasse sich nur mit einer Neudefinition der sozialen Marktwirtschaft führen. Zentral seien darin Preismechanismen, die Ressourcenverbrauch sanktionieren, und ein Wettbewerb, der Innovationen belohnt. Die strauchelnde Wirtschaft, das ist Merz ganz wichtig, müsse wieder wettbewerbsfähig werden.

Zweitens nennt er die innere und äußere Sicherheit Deutschlands und Europas in Zeiten von Krieg und wachsender Bedrohung. Die bereits eingesetzte Konfrontation zwischen China und den USA bereitet ihm Sorge, ebenso wie die wachsende Bedrohung des Friedens in Europa durch die russische Aggressionspolitik.

Drittens ist für ihn die fortschreitende Geldentwertung die Folge der von ihm schon immer kritisierten Schuldenpolitik der EU-Staaten und der Strategie des billigen Geldes der Europäischen Zentralbank. Merz sieht Deutschland in wachsender Gefahr, von den anderen EU-Staaten zu einer Art europäischen Schuldenunion gedrängt zu werden, in der dann der deutsche Steuerzahler für die Schulden der EU-Nachbarn mithaftet. Die Bereitschaft von Kanzler Scholz, gemeinsam mit Frankreich der EU-Kommission mehr Schuldenaufnahme zu gestatten, sieht er deshalb äußerst kritisch.

Viertens schließlich sorgt er sich um die soziale Sicherheit in Zeiten des demografischen Wandels, ein Thema, das der Wirtschaftsexperte Merz früher kaum angerührt hat, das ihm aber heute von ganz zentraler Bedeutung ist. »Wir werden einen neuen Generationenvertrag erarbeiten, mit dem sowohl die Älteren als auch die Jüngeren gefordert, aber auch sozial abgesichert werden«, sagt er. Nachhaltigkeit soll nicht nur für die Umweltpolitik gelten, sondern umfassend auch für die Wirtschafts-, Finanz- und Sozialpolitik.

Die wichtigste Aufgabe der Sozialpolitik im Sinne der CDU sieht er im Bereich der Renten. Ab 2025 gehen verstärkt die geburtenstarken Jahrgänge in den Ruhestand. Die Altersversorgung im umlagefinanzierten Rentensystem ist dann nach Einschätzung von Merz nicht mehr gesichert. Um das System zukunftsfest zu machen, müssen seiner Analyse nach alle einen Beitrag leisten. Die Älteren mit längeren Lebensarbeitszeiten, die Jungen durch den Aufbau einer zusätzlichen Absicherung – mit Hilfe des Staates. Er sieht darin eine Frage der Generationengerechtigkeit, die für ihn »die neue soziale Frage schlechthin« ist. Solange diese Frage nicht beantwortet werde, habe die soziale Marktwirtschaft als Grundpfeiler der CDU eine »offene Flanke«. Wenn er es in seiner Lebensspanne noch schaffen würde, das Rentensystem und damit die Zukunft der jungen Generation zu sichern, habe sich sein Comeback in die Politik schon gelohnt, sagt der dreifache Vater und fünffache Großvater.

Deshalb spricht er davon, dass neben der gesetzlichen Rentenversicherung neue, zusätzliche Säulen aufgebaut werden sollen. Dabei prüft er, ob sich eine Pflicht der Unternehmen zur betrieblichen Altersversorgung sinnvoll begründen und durchsetzen lässt – verbunden mit dem alten, aber nie eingelösten Versprechen, die Arbeitnehmer in Deutschland stärker am Produktivkapital zu beteiligen. Im Wahlkampf schlug er eine Art Aktiensparen vor; mit Hilfe des Staates sollte für jeden Neugeborenen ein Grundstock an Vermögen gebildet werden, der mündelsicher und ohne staatliche Zugriffsmöglichkeit angelegt wird und den der Heranwachsende dann im Alter von 21 Jahren als Startguthaben für den Aufbau einer zusätzlichen »Altersvorsorge von Geburt an« erhalten soll, wie Merz sein Modell nennt.

Emanzipation von den Ultras

Damit die CDU im politischen Wettbewerb wieder überzeugende, eigene Konzepte auf der Höhe der Zeit präsentieren konnte, hatte Merz eine Kommission berufen, die unter Leitung des früheren Vorsitzenden der Mittelstandsunion, Carsten Linnemann, inzwischen CDU-Vize und einer der engsten Vertrauten von Merz, stand. Den Vizevorsitz der Kommission führte der Chef der Thüringer Landtagsfraktion Mario Voigt, der »Professor«, wie der Historiker und Digitalexperte parteiintern genannt wird. Unter ihrer Führung sollte ein neues Grundsatzprogramm ausgearbeitet werden. Die Erkenntnisse, die Kramp-Karrenbauer bei ihren Vorarbeiten zum neuen Programm und während der »Zuhörtour« gesammelt hat, sollten einfließen. Grundsätzlich war aber ein ganz neuer Prozess vorgesehen – Merz wollte bei der Neugestaltung des Markenkerns der CDU erkennbar seine Handschrift hinterlassen.

Für die konkrete Umsetzung wurden elf Fachgruppen gebildet. Jeder Gruppe stand ein Präsidiumsmitglied vor, hinzu kamen zehn Parteimitglieder und fünf Experten für das jeweilige Themenfeld sowie zwei Interessierte, die nicht CDU-Mitglieder sind – Sachverstand von außen und eine Sichtweise ohne Parteibrille waren ausdrücklich erwünscht. Für den wichtigen Bereich Klimawandel und soziale Marktwirtschaft hat Merz den stellvertretenden Vorsitzenden der CDU/CSU-Bundestagsfraktion Andreas Jung berufen. Mit ihm verband sich die Hoffnung, dass die CDU in diesem zentralen Bereich der Wirtschaftspolitik wieder sprechfähig wird.

Die anfängliche Kritik der Sozialpolitiker an der Personalie Linnemann war schnell verstummt. CDA-Vize Dennis Radtke hatte Merz gewarnt: Wenn die Union wieder das soziale Gewissen im Land werden solle, dann werde das »nicht gelingen, wenn die engere Parteiführung fast ausschließlich aus Mitgliedern von Mittelstandsunion und Wirtschaftsrat besteht«. Merz müsse sich »ein Stück weit von den Ultras in seiner Fankurve emanzipieren, wenn er die CDU wieder auf Erfolgskurs bringen will«.

Merz weiß, dass er die CDU nur dann wieder zur erfolgreichen Volkspartei macht, wenn er den Wirtschafts- und

Sozialflügel versöhnen kann. Auch deshalb hat er zunächst Mario Czaja, einen ausgewiesenen Sozialpolitiker, zum Generalsekretär gemacht. Auch sein Bekenntnis, er wolle die gesellschaftlichen Ungleichheiten nicht weiter anwachsen lassen, ist ein Angebot an den Sozialflügel. Die Partei müsse »intensiv über Chancen und Gerechtigkeit nachdenken«, fordert Merz. Das gelte zum Beispiel für Kinder aus bildungsfernen Schichten, die der Unterstützung eines aktivierenden Staats bedürfen.

Es ist ein ganzes Bündel von Ideen, Konzepten und Vorschlägen, mit denen die CDU auf der Basis alter Wertvorstellungen neue Lösungen finden will. Bei der Ausarbeitung des Grundsatzprogramms ging es um die Neuausrichtung und Anpassung des inneren Markenkerns, um wieder als dialogfähig und kompetent zu erscheinen. Als junges Parteimitglied hat Merz miterlebt, wie die CDU 1978 unter Kohl ihr erstes Grundsatzprogramm beschloss. Damit war es Kohl gelungen, mit Hilfe seines Generalsekretärs Heiner Geißler aus der damals erstarrten Honoratiorenpartei eine Art Bewegung zu formen, die bis in alle Schichten der Gesellschaft reichte. Dem folgten zwei weitere Grundsatzprogramme, beide trugen in ihrem Titel das Wort »Freiheit«. Merz will daran anknüpfen. Er wird sich mit ganzer Kraft dafür einsetzen müssen. Die Autorität dafür hat er sich erkämpft und es scheint auch so, dass die Partei bereit ist, nach der Ära Merkel und am Beginn der Zeitenwende ein neues Kapitel aufzuschlagen.

»Wir müssen die Oppositionsrolle annehmen« – das hatte Merz schon einmal verlangt. In den 16 Regierungsjahren unter Helmut Kohl war die CDU bräsig und bequem geworden, was er damals so scharf kritisierte wie heute, wo er der CDU nach 16 Jahren Merkel Konzeptlosigkeit und Denkfaulheit vorwirft. Er kann jetzt, ohne Merkels Schatten und mit dem klaren Mandat als Partei- und Fraktionsvorsitzender im Rücken, an vielen Stellen neu anfangen. Das eröffnet ihm weite Spielräume, aber er muss dabei auf die Balance achten. Merz wird kaum umhinkommen, die »jetzt-endlich-Erwartungen« seiner Hardcorefans zu dämpfen, ohne sie zu verprellen. Gleichzeitig muss er den Skeptikern ein Angebot machen. Diese Gratwanderung hat er beim Berliner Parteitag im Mai 2024 durchaus gemeistert. Merz hat sich gewandelt, seine Überzeugungen mit den vielen Veränderungen in Übereinstimmung gebracht, er ist wesentlich offener, liberaler und intellektuell beweglicher, als seine Gegner behaupten.

Aber sein Image hat mit diesem Wandel noch nicht Schritt gehalten. Er ist innerhalb der CDU für Dinge beliebt, die außerhalb der Partei abgelehnt werden. Das hat wenig mit Inhalten als mehr mit Wahrnehmung zu tun. Merz ist näher bei der Partei, als Merkel es je war, aber er ist noch weit von ihrer Popularität außerhalb der Partei entfernt. Will er im Wahlkampf Erfolg haben, muss er diese Lücke schließen.

7.

Merz und die Frauen

Die kleine Spielzeuglokomotive rattert über den Tisch. Drumherum grölt eine Gruppe junger Männer. Eine Runde, zwei Runden höchstens, dann geht der Lok die Puste aus, sie stottert und ächzt, bis sie nicht mehr kann. Der, vor dem sie hält, muss eine Maß Bier leeren, möglichst in einem Zug, begleitet von Trinksprüchen und Schlachtrufen der anderen. Bei der nächsten Fahrt kommt es vor, dass die Eisenbahn nochmal vor demselben Bundesbruder hält, dann ist das Hallo groß, das Bier fließt. »Friedrich konnte nicht genug davon bekommen«, erzählt einer, der oft dabei war, wenn die »Bavaren« ihren Bierzug kreisen ließen. Er wollte es immer wieder spielen.

Solche Albernheiten unter Studenten liegen weit zurück für Friedrich Merz, nicht jedoch die Zugehörigkeit zur Katholischen Verbindung Bavaria zu Bonn. Die ist auch noch 40 Jahre später relevant im Leben des CDU-Chefs. Sogar im politischen Berlin. Im April 2022 lädt der CV-Dachverband zum Politikergespräch in die bayrische Landesvertretung, etliche Bundestagsabgeordnete sind dabei. Armin Laschet, dann der Hausherr, der bayrische Innenminister Joachim Herrmann, sowie der CSU-Abgeordnete Stephan Pilsinger. Friedrich Merz ist Ehrengast. Männer in Anzügen, quer über die Brust das Farbenband ihrer Verbindung: Die Bilder sprechen eine deutliche Sprache. Eine Welt, zu der Frauen qua Satzung keinen Zutritt haben.

Ungefähr zur gleichen Zeit wird sich die deutsche Außenministerin auf einer Auslandsreise vertraut machen mit der Situation von Frauen in Nigeria, das von der Klimakrise hart getroffen ist. Sie scherzt und lacht mit den Frauen im Dorf und lässt sich dabei filmen. Gekonnte Inszenierung, wird es später über Annalena Baerbock heißen.

Beide Szenen – mögen sie auch nur zufällige Momentaufnahmen sein, auf Handykameras festgehalten für die Öffentlichkeit – zeigen doch, wer sie besitzt: die Macht über die Bilder. Hier Männerbündelei, dort Frauensolidarität.

Auch außerhalb der Bayerischen Landesvertretung, draußen im Land, bei den CDU-Ortsversammlungen, sehen die Bilder kaum anders aus: Männer bleiben unter sich. In der Christdemokratischen Union Deutschlands, deren Führung Merz im Jahre 2022 übernommen hat, ist die Repräsentanz von Frauen blamabel niedrig, nur 23,4 Prozent der CDU-Abgeordneten im Deutschen Bundestag sind Frauen, das ist sogar weniger als der ohnehin geringe Anteil weiblicher Parteimitglieder von 26 Prozent. Das zu ändern, hat sich Merz auf die Fahnen geschrieben.

Kommunikation auf Augenhöhe

Ist der 1955 geborene Friedrich Merz aber der Richtige, hier den Kulturwandel herbeizuführen und damit die Union für Frauen attraktiver zu machen? In den ersten Monaten nach seiner »Machtübernahme« erlebt die deutsche Öffentlichkeit den Oppositionsführer als Mann des forschen Auftritts. Mal gibt er im Bundestag den Staatsmann, mal heizt er der Regierung ein.

»Ich versuche, eine politische Debatte dadurch zu befördern, dass ich eine klare Meinung habe. Und ich erwarte von meinem Gegenüber nicht, dass er Ja und Amen dazu sagt, sondern dass er auch eine klare Meinung hat«, sagte Merz schon 2012 dem Deutschlandfunk. Und so hält er es noch heute.

Die Rhetorik der scharfen Klinge und klaren Kante mag als Waffe gegen eine unentschlossene Regierung taugen, lässt aber wenig Raum für sprachliche Nuancen, ohne die der Diskurs im Jahr 2025 nicht mehr auskommt. Robert Habeck und Daniel Günther standen derweil für eine neue Form der authentischen Politikvermittlung: als Goldstandard für emphatische Kommunikation, die die Öffentlichkeit in Entscheidungsprozesse einbezieht. Diese Art der Kommunikation wird auch dadurch nicht falsch, dass Habeck inzwischen Gegenwind bekommt und Unionspolitiker ihre Schadenfreude darüber kaum bezähmen können.

»Augenhöhe« ist das Stichwort, und da schaut Merz schon rein anatomisch, anders als sein Vorgänger Laschet, auf die meisten Gesprächspartner herab. Doch Augenhöhe meint auch die Art, wie ein Diskurs geführt wird. Dabei sei es wichtig, »mit« den Leuten zu reden und nicht »über« sie, sagt eine junge Christdemokratin aus Hessen.

Eine Haltung »von oben herab« wirkt besonders dann anstößig, wenn ältere Männer sich den »weichen Themen« widmen, zu denen sie traditionell die Frauen- und Familienpolitik zählen. Anders als um die Jahrtausendwende, als Gerhard Schröders abfällige Umschreibung für Frauen und Familie als »Gedöns« noch als chauvinistisches Gehabe der Sparte Kavaliersdelikte durchging, oder umgekehrt der frühere grüne Außenminister Joschka Fischer für Kopfschütteln sorgte, als er dem Auswärtigen Amt ein Gender Mainstreaming verordnete, steht heute am Pranger, wer in der Sprache Political Correctness vermissen lässt. Oder seine Rede mit dem spickt, was früher garantiert für Lacher sorgte: Herrenwitze.

In Zeiten der politischen Korrektheit, in der spätestens seit der MeToo-Debatte alle drei Monate eine neue Sexismus-Studie auf den Markt kommt, ist die Öffentlichkeit höchst alarmiert. Jegliche Form chauvinistisch anmutender Sprache gilt als No-Go. Entsprechend groß war Anfang Februar 2020 die Empörung über den Politrückkehrer Merz und seinen Scherz zum »Sturmtief Sabine«, den er auf die unruhige Zeit um den angekündigten Rücktritt Kramp-Karrenbauers gemünzt hatte.

Die Sprachpolizisten im Land sind alarmiert und kommen bei Merz voll auf ihre Kosten. Im kollektiven Gedächtnis aller Merz-Kritiker ist vor allem seine Bewerbungsrede aus dem Januar 2021 haften geblieben. »Auch diejenigen«, rief der Sauerländer damals den digital zugeschalteten Delegierten zu, »die sozial schwach sind, finden bei uns ein Herz und Zuneigung. Lassen Sie mich in diesem Zusammenhang ein Wort zu den Frauen sagen.« Und weiter: »Ich weiß, dass wir hier besser werden und mehr tun müssen. Aber wenn ich wirklich ein ›Frauenproblem‹ hätte, wie manche sagen, dann hätten mir meine Töchter längst die Gelbe Karte gezeigt und meine Frau hätte mich nicht vor 40 Jahren geheiratet.«

Frauen und andere Minderheiten: Glaubte er so zu punkten bei der Damenwelt? Groß ist die Häme in und außerhalb der Partei. Reaktion auf Twitter: «Wer Döner isst, kann kein Rassist sein! Wer Frau und Töchter hat, muss ein Feminist sein! Wer Haustiere hat, ist immer Vegetarier*in!! Merkste selber, ne?« Das *Handelsblatt* titelt: »Friedrich Merz' Sprache gibt Einblick in sein Weltbild und das ist eines von gestern.« Bemerkungen über Frauen und sozial Schwache finden sogar jene Männerfreunde aus dem

Südwesten oder der sauerländischen Heimat »äußerst ungeschickt«, die ihn sonst verehren.

Doch ist solche Kritik wirklich berechtigt? Merz selber wird nicht müde, zu beteuern, dass die Medien nur ein falsches Bild von ihm vermittelten. Aber welches ist das richtige? Eine breitere Öffentlichkeit weiß von dem Sauerländer kaum mehr, als dass er vor 20 Jahren gegen Merkel verloren hat. Und nun, nachdem er ordentlich Geld verdient hat, wieder da ist, wo er aufgehört hat. Dass er AKK und Laschet überdauert hat, Scholz angreift und, obwohl ihn alle für konservativ halten, jetzt mehr Frauen in der Partei will.

Angreifen kann er, Gefühle hat er auch, unvergessen die Tränen im Augenwinkel am Tag seiner Wahl. Aber als Person wirkt er dennoch wenig nahbar, Zweifel und Selbstreflexion scheinen nicht vorgesehen in einer Sprache, in der Worte daherkommen wie Ausrufezeichen. Getreu der Devise: Wer Führung bestellt, kriegt sie auch. Ein Mann, ein Wort, ein Händedruck wie ein Schraubstock. Meistens trägt Merz Krawatte – und neuerdings die nerdige Brille. Kein Wunder, dass bei einem wie ihm schon die kleinsten persönlichen Veränderungen heftigste Spekulationen befeuern. So sinnierte die *Zeit* nicht weniger als eine ganze Zeitungsseite über Friedrich Merz' optische Neuerwerbung und deren tiefere Bedeutung.

Die liegt darin, dass es keine gibt. Jenseits seiner (vor allem früheren) Auslassungen zum Thema Merkel erlaubt Friedrich Merz nur selten Einblicke in sein Innenleben. Wann wird bei ihm das Persönliche zum Politischen oder das Politische persönlich? Auch das »Liebes-Interview« der *Bunte* mit Merz und Frau Charlotte im August 2022 liefert nur wenig Aufschlüsse, wie der Sauerländer wirklich tickt. Dahinter steckt gewiss der Versuch seines Presseteams, den CDU-Chef menschlicher erscheinen zu lassen, denn trotz der guten Umfrageergebnisse seiner Partei sind seine persönlichen Sympathiewerte nach wie vor nicht hoch. Die waren auch nicht nach oben geschnellt, nachdem das Presseteam eine zackige Tanzeinlage ihres Chefs per Social Media unter die Leute gebracht hatte.

Der Kontrast fällt auf: Die Popularität des CDU-Politikers, als der noch im politischen Abseits agierte und die Mengen riefen: »Kommen Sie zurück, Herr Merz!« Und dann die aktuell niedrigen Sympathiewerte, die auch dadurch nicht besser werden, dass die Umfragewerte anderer, vor allem von Kanzler Scholz und der SPD, zwischenzeitlich noch tiefer rutschten. Wenn doch die CDU in den Umfragen auf Erfolgskurs ist – warum nicht auch Merz als Person? Ganz einfach, erläutert ein erfahrener Unionspolitiker aus dem Süden: »Attackieren, das kann er. Aber menschlich dringt er noch nicht vor zur Seele der Menschen.« Der CDU täte es gut, so der Parteifreund, wenn Merz offene Debatten über strittige Fragen zuließe, statt sie nur abzuräumen, so wie das Merkel oft gemacht habe. Beispiel Frauenquote. Eine hitzige Debatte war nicht das, was Merz hier ursprünglich gewollt hatte. Doch war es gerade diese Kontroverse, die zum Highlight des Parteitages wurde.

In einem Zeitungsgespräch zitiert Merz selbst die Äußerung einer *FAZ*-Journalistin, er, Merz »führe wie eine Frau, ergebnisorientiert«. Was das heißen soll, ist unklar. Wenn man dem Portal »highpotential.com« glauben will, dann sind im »Bezug auf die Härte der Führungsperson, also die Verträglichkeit, Frauen in Führungspositionen härter und demnach weniger kooperativ als männliche Topmanager.«

Merz, der Unbeugsame. Will er das damit sagen? Oder ist es nicht eher so, dass man sich in der Beurteilung auch von Politikern vor Stereotypen hüten sollte – und zwar in alle Richtungen?

Partnerschaftliche Unterstützung

In der Fraktion hat Merz Kritikerinnen auf seine Seite gezogen. Eine hielt ihn für wenig nahbar, lobt aber heute seine »offene, vorurteilsfreie Art«. Eine Abgeordnete, die nie zu seinem Lager zählte, berichtet von seinem Besuch in ihrem Wahlkreis: »Alles was man ihm gesagt hat, hat er verstanden und aufgenommen. Die Leute waren alle total begeistert.«

Wer Merz trifft, erlebt einen zugewandten, aufgeräumten Gesprächspartner, der von vielem genaue Vorstellungen hat. Und der ein Familienmensch ist. In der Küche der Familie Merz in Arnsberg hängt eine Collage aus der Coronazeit: alle Kinder mit allen Enkeln, die beiden jüngsten sind noch nicht auf dem Bild. Dann seine Frau, und mittendrin er, der Paterfamilias.

Von seinen Geschwistern lebt nur noch Helene. Peter und Melanie kamen vor längerer Zeit ums Leben – eine Tragödie vor allem auch für die inzwischen hochbetagten Eltern. »Bei Friedrich führte diese Erfahrung dazu, dass er jeden Tag mindestens zweimal zu Hause anruft«, erzählt Charlotte, »um zu fragen, ob alles okay ist«.

Charlotte Gass, Rechtsanwaltstochter aus Saarbrücken, studierte wie Merz Jura in Bonn. Sie ist im 5., er im 9. Semester, als sie sich auf einer Party kennenlernen; sie werden ein Paar. Bald passiert etwas, das in die konservative Weltsicht von Friedrichs Vater einschlägt wie eine Bombe: Sohn Philippe ist unterwegs und die Eltern sind nicht verheiratet! Der Amtsrichter, der sich gern über Sauerländer Verwandte seiner Frau mokierte, die »heiraten mussten«, war angeblich »not amused«.

Ist es wahr, dass Joachim Merz tobte, während Berthold Gass, Charlottes Vater im Saarland, eine Flasche

Sekt aufmachte? Stimmt nicht, widerspricht Charlotte energisch. »Mein Vater hätte bei so einer Gelegenheit nie Sekt ausgeschenkt, wir sind doch Saarländer, es gab natürlich Champagner!« An den Schwiegersohn in spe hatte Charlottes Vater dann nur drei Fragen: Bist du Jurist? Kannst du reiten? Sprichst du Französisch? Nachdem der junge Merz jede Frage bejaht hatte, war alles gut.

Rasch die Heirat, Friedrich und Charlotte schließen trotz Kind ihr Studium ab, Charlotte bekommt noch zwei Mädchen, bevor sie 30 ist. Sie arbeitet bei einem Repetitor und hat einen Job an der Uni. Die junge Familie bleibt auch in Bonn wohnen, als Friedrich 1988 Abgeordneter im Europäischen Parlament wird. Eine zeitraubende Angelegenheit – für die Familie hat der junge Vater in seinen Pendelbewegungen zwischen Brüssel, Straßburg, südlichem Westfalen und Bonn kaum Zeit.

Dass Charlotte Merz die Lasten dieser Rollenverteilung von Anfang an tragen musste, ist dem Ehemann bewusst. Das war für ihn aber nie selbstverständlich, erklärt sie auf Nachfrage. Dass manche ihm ein Etikett der Frauenfeindlichkeit anhängen wollen, findet sie abwegig. »Wir haben immer alles partnerschaftlich entschieden«, erklärt sie, »und uns gegenseitig bei der jeweiligen beruflichen Entwicklung unterstützt.«

Von niemandem nimmt der CDU-Chef so viel Rat an wie von Charlotte, wissen enge Freunde, die ihrerseits nicht immer zu ihm durchdringen mit ihren Anliegen. Amtsgerichtsdirektorin, Mutter, Ehefrau seit über 40 Jahren: Charlotte Merz ist eine, die vom Gericht schnell nach Hause fährt, Kuchen besorgt für den Besuch, Tisch deckt, Caffè Latte anrührt und nebenbei Auskunft gibt über das, was im Leben wichtig ist.

Sie ist jemand, den Freunde gern als »tolle Frau« bezeichnen. Die schwärmen von ihrem trockenen Humor, gerade im Umgang mit dem Ehemann. Ein Freund erinnert sich an folgende Szene, irgendwann vor 2018: Friedrich Merz spekulierte offenbar im kleinen Kreis mal wieder über eine mögliche Rückkehr in die Politik. Und dass er zurück müsse, wenn die Leute ihn riefen ... Daraufhin, so der Freund, soll Charlotte ihn unterbrochen haben: »Friedrich, dich ruft keiner. Hör auf mit sowas.« Charlotte, die Geerdete, und der CDU-Aficionado mit seinen gelegentlich hochfliegenden Ideen, so scheint es, ergeben ein wirklich gutes Match.

Rückblickend bedauert Merz seine häufigen Abwesenheiten von der Familie, vor allem, dass er nicht mehr Zeit hatte für die kleinen Kinder. Die sind heute längst erwachsen und haben eigene Kinder. Der Älteste, Philippe, ist promovierter Philosoph und leitet eine Akademie in Freiburg. Friedrich Merz weiß, dass seine Kinder und ihre Familien heute andere Prioritäten setzen als er damals. Sie berichten ihm, wie schwierig es für junge Familien ist, Kinderbetreuung zu finden, und genug Zeit zu haben für Privates und den Beruf. Tochter Constanze und ihr Mann sind beide Mediziner. Er ist gerade in der Elternzeit, sie arbeitet als Chirurgin.

Tochter Carola hat drei Söhne. Hier ist sie diejenige, die Elternzeit genommen hat. Bisher hat sie als Staatsanwältin gearbeitet, möchte aber später als Richterin zurück in den Beruf. »Sie hat bei Charlotte gesehen, dass es mit Familie von Vorteil ist, in der Justiz zu arbeiten«, sagt ihr Vater. Jedenfalls heutzutage. Joachim Merzens Arbeitszeiten als Richter in den 1960er- und 1970er-Jahren waren noch alles andere als familientauglich.

Die Zeiten haben sich geändert, die Prioritäten auch.

Union: Back to the Roots?

In der Ära Merkel hat sich viel bewegt in der Frauen- und Familienpolitik, das früher rein Persönliche ist endgültig politisch geworden. Elternzeit und Elterngeld wurden eingeführt, Kinderbetreuungsplätze ausgebaut. Nach einigem Zögern hatte die Kanzlerin auch die Quote für mehr Frauen in Aufsichtsräten mit auf den Weg gebracht.

Ihrer eigenen Partei, der CDU, deren Vorsitzender nun Friedrich Merz heißt, hat sie diesbezüglich nicht so viel abverlangt. Das sieht auch Karin Prien so, seit 2022 stellvertretende Vorsitzende der Union, und ursprünglich im Team Helge Braun. Da wird sie richtig leidenschaftlich: »In der Vergangenheit haben wir in der CDU keine Vorsitzenden gehabt, die kraft ihres Führungsanspruches auch nur annähernd die Parität oder Mitgliederbeteiligung von Frauen hätten realisieren können«, sagt sie. »Angela Merkel hat als Bundeskanzlerin viel erreicht für die Wahrnehmung von Frauen als Führungspersönlichkeiten in der Politik. Das hat sich leider nicht ausreichend auf das Innenleben der CDU ausgewirkt.«

Und das ist das Paradoxe: Wie kann es sein, dass eine Partei, die fast zwei Jahrzehnte lang von einer Frau geführt wurde, die auch noch 16 Jahre Bundeskanzlerin war, intern so männlich dominiert ist und nur ein Drittel weiblicher Mitglieder hat? Zumal in einer Situation, in der »Kanzlerin« für eine ganze Generation die vertrautere Jobbeschreibung ist als »Kanzler«.

Die Union stellte die erste Kanzlerin der Bundesrepublik, dann auch die ersten beiden Verteidigungsministerinnen des Landes. Eine von ihnen, Ursula von der Leyen, wurde auch die erste Präsidentin der Europäischen Union. Eine nicht ganz schlechte Bilanz.

Und jetzt, Union: Back to the Roots? Dass es nach ihrem Exit von der politischen Bühne wieder die Männer sein würden, die das Fell der Bärin unter sich aufteilen, soll Angela Merkel prophezeit haben. Ein früherer Mitarbeiter sagte nach der Wahl, Angela Merkel habe immer geahnt, dass die Partei sie eines Tages als Betriebsunfall ansehen würde und man stattdessen wieder zu den Ursprüngen zurückkehre: Männer, katholisch, aus dem Westen. Männer wie Friedrich Merz.

Für feministisch motivierte Kreise wurde der Politrückkehrer aus dem Sauerland schnell zum Feindbild, nicht nur wegen sprachlicher Patzer. Auch sein Abstimmungsverhalten von vor vielen Jahren kommt auf den Prüfstand, besonders geht es um zwei Themen von hohem Symbolgehalt: bei der Vergewaltigung in der Ehe und bei der Neuordnung des Abtreibungsrechts. In beiden Fällen war Friedrich Merz rückblickend nicht gerade im Lager der liberalen Reformer.

Das alles gilt heute immer noch als Beleg dafür, der Sauerländer sei hoffnungslos von gestern. Auf Twitter trendete »#WirFrauengegenMerz«. In der zweiten Runde des Bewerbungsprozesses gegen Laschet und Röttgen spricht sich auch die Frauen-Union gegen den Sauerländer aus. Das hat Nachwirkungen. Nachdem Merz ein Jahr später in einer dritten Runde doch zum CDU-Chef gekürt wird, verfehlt ausgerechnet die Vorsitzende der Frauen-Union und Merkel-Vertraute Widmann-Mauz die Wiederwahl in den Bundesvorstand der CDU. Zufall?

Julia Klöckner hingegen kann man getrost zum Lager Merz rechnen. Er machte die frühere Landwirtschaftsministerin zur Schatzmeisterin der CDU, er hatte sie während ihrer Wahlkämpfe in Rheinland-Pfalz beraten. Sie sind befreundet, Julia Klöckner feierte mit bei seinem 60. Geburtstag am Tegernsee.

Seit sie im Frühjahr 2022 ihren Posten als rheinland-pfälzische Landesvorsitzende abgegeben hat, ist keine Frau mehr Vorsitzende eines CDU-Landesverbandes. Am Tag nach der Wahl im Saarland hat Julia Klöckner das Thema bewusst in den Gremien angesprochen. Eine Katastrophe, findet sie: »Friedrich Merz hat aber verstanden, dass hier was passieren muss.« Sie selbst sagt, ohne die Quotierung, was bei der Union bisher Quorum hieß, wäre sie nie angesprochen worden, für den Bundestag zu kandidieren. »Es ist jetzt auch die Aufgabe von Friedrich Merz, Frauen zu motivieren und den Rücken zu stärken.«

Klöckner sieht die Verantwortung aber nicht nur bei den Männern. Frauen überlegten zu lange und seien zu selbstkritisch. Nicht selten, so Klöckner, trauten sich Frauen eine Position nicht zu, obwohl sie spitze seien. »Oder sie wollen ihre begrenzte Zeit nicht in stundenlangen Sitzungen verbringen.« Vor allem bei Sitzungen, die abends und an Wochenenden stattfinden. Zeiten, an denen sich berufstätige Frauen normalerweise um die Familie kümmern.

Die Ehefrau, die Beruf plus Familie wuppt, so dass der Mann sich voll auf seine Karriere konzentrieren kann, gibt es nicht nur im Hause Merz, sondern ist Realität unter vielen deutschen Dächern. Charlotte Merz nimmt ihren Mann allerdings in Schutz; mit dem Begriff »Rücken freihalten« kann sie nichts anfangen, nein, nicht mal in seinem neuen Amt erwarte ihr Mann Handreichungen im Haushalt von ihr. Einkaufen und Bügeln, erzählt sie, besorge er selbst, sie lässt aber durchblicken, dass sie sich darauf allein nicht verlassen würde. Elektroarbeiten wiederum gehen ihm leicht von der Hand. Meistens, so Charlotte Merz, brauche er dafür nicht mal eine Leiter.

Berufstätige Frauen sind laut Gleichstellungsbericht der Bundesregierung durchschnittlich täglich doppelt so lang mit »unbezahlter Sorgearbeit« beschäftigt wie Männer. Auf neudeutsch heißt das »Gender Care Gap«. Das allein kann der Grund nicht sein für mangelnde weibliche Beteiligung in der Union, schließlich sind andere Parteien erfolgreicher in der Akquise weiblicher Mitglieder, auch in Führungspositionen, wie etwa die Grünen mit ihren fast 60 Prozent Frauenanteil im Bundestag.

Männer, Bier und Politik

Wenn man bei älteren Frauen das mangelnde Interesse am Politikangebot der Union noch auf die »Doppelbelastung« in der Familienphase schieben kann, versagen diese Erklärungsmuster bei jüngeren Frauen, die noch keine Familie haben. So ist das Bild bei der Jungen Union kaum weiblicher als bei der »Alten Union«. Nach viel Kritik hat zwar der JU-Bundesvorstand seinen Frauenanteil beträchtlich erhöht, aber an der Basis geht es oft zu wie bei der Schützenbruderschaft.

Ortstermin bei der Jungen Union Eslohe in Cobbenrode. Man hat zur »#Zukunftswerkstatt 2030« geladen. Stargast: Friedrich Merz, der nicht nur der heimische Wahlkreisvertreter, sondern auch Vorsitzender der CDU ist und deren Fraktionschef im Bundestag, ein richtiges Heavyweight also. Unter freiem sauerländischen Himmel im »Sackloch« hatten sich gut 140 Zuhörer versammelt. Die meisten waren Männer, berichtet einer der Teilnehmer. Junge Frauen sind in der sauerländischen Union, und nicht nur dort, Mangelware. Dabei gibt es Hoffnung, der JU-Bezirksverband Südwestfalen wird seit zwei Jahren erstmalig von einer jungen Frau geführt.

Die Schwierigkeiten an der Basis aber bleiben bestehen. »Uns ist das Problem bewusst«, räumt einer der JU-Mitglieder nach der Veranstaltung im »Sackloch« kleinlaut ein. Man spreche viele Mädchen an, aber es sei nicht einfach. »Das, was wir machen, finden die wohl nicht so attraktiv«. Zum Beispiel in der Osterzeit, da schleppen die Mitglieder der Jungen Union aus dem beschaulichen Fachwerkstädtchen Eslohe am Karfreitag alte Bäume und Tannenschnitt hoch zur Rochuskapelle und schichten sie auf zu großen Holzstößen, die dann am Ostersonntag abgefackelt werden. Dazu fließt reichlich gutes, heimisches Bier.

Das war dort und in den Nachbarorten schon immer so: archaische, germanische Riten gepaart mit christlichen Traditionen. Doch auch das Sauerland wagt den Blick nach vorn: Deshalb soll bei der »Zukunftswerkstatt« unter der Vogelstange der Schützenbruderschaft St. Nikolaus besprochen werden, wie die Region auch noch in 20 Jahren attraktiv ist.

Vieles kam da zur Sprache an diesem Tag, so die Veranstalter, die wenig erfolgreiche Einbindung der Bewohnerinnen aber eher nicht. Nicht weiter überraschend, denn schon die Fotos von der »Zukunftswerkstatt« zeigen vertraute Motive, sowohl auf der Einladung als auch später von der Veranstaltung selbst: Männer unter sich.

Männer, Bier und Politik. Auch die Sozialisierung des jungen Merz läuft ähnlich ab: Nachdem er sein Abi gemacht hat, bleibt er der Jungen Union treu, geht zur Bundeswehr und studiert dann Jura. In Bonn schließt er sich der K.D.St.V. Bavaria Bonn an, der ältesten katholischen Studentenverbindung in Deutschland.

Studentenverbindungen waren Mitte bis Ende der 1970er-Jahre nicht wohlgelitten, der Zeitgeist wehte von links, und diese Vereinigungen meist konservativer junger Männer galten als anachronistisch. Bei Universitätsfeierlichkeiten stand ihnen, anders als früher, keine offizielle Rolle mehr zu, so erinnert sich ein Bundesbruder an diese Zeiten des Umbruchs. Das Haus der Bavaren, neben dem alten Auswärtigen Amt in Bonn, war ein geschützter Raum für Bürgersöhne, so wie es das schon vor hundert Jahren war. Eine Nische auch für politische Diskussionen, Trinkrunden, Kameradschaft, und für jene spezifischen Gepflogenheiten, die Außenstehenden nur schwer zu vermitteln sind.

Dazu gehören dann Termine wie feierliches Fahnenhissen, Cumulativkonvent, Weihnachtskneipe und auch Tanzstunden. Vorträge und Gottesdienste kamen hinzu, denn das Christliche spielte eine große Rolle, so wohnten immer zwei, drei Theologiestudenten auf dem Haus, erinnert sich ein Bavare. Weltanschaulich konservativ ging es schon in der Verbindung zu, aber engstirnig sei es nie gewesen. So war zum Beispiel in der Zwischenzeit Linken-Urgestein Gregor Gysi auch schon als Redner »auf dem Haus« – da wäre man gern dabei gewesen.

Friedrich Merz baute das Bavarenhaus fest in seinen Tagesablauf ein. Statt sich ideologischen Parolen und post-68 geprägten Kommilitonen auszusetzen, blieben die Bavaren gern unter sich. Jeden Mittag gab es eine warme Mahlzeit für die jungen Herren. Bei den Bierstafetten, einer Art Wetttrinken, »wollten alle den Friedrich in ihrem Team«, erinnert sich ein Freund, »der konnte trinken, ohne den Kehlkopf zu bewegen«. Was ihm auch bei dem legendären Bier-Eisenbahnspiel geholfen haben mochte.

Studentinnen sind bis heute bei der Bavaria wie bei fast allen Verbindungen formal nicht zugelassen, aber als »Perlhühner« gern gesehen bei geselligen Anlässen. Während andere Bundesbrüder jede Woche eine neue Freundin mit »aufs Haus« brachten, war das nicht so beim jungen Friedrich, auch nicht in der Zeit vor Charlotte, die gar nicht so lang war. Ein Casanova war der Sauerländer anscheinend nicht. Eher ein Gentleman. Witze und Zoten auf Kosten anderer, das war Friedrichs Sache nicht.

Einmal war der an der Reihe, bei einem geselligen Anlass die »Damenrede« zu halten. Da hat er »die Mädels mit verschiedenen Uhrmodellen verglichen«, wird erzählt, »nach dem Motto: mal sind sie rund, mal eckig …!« Geistreich und witzig sei Friedrichs Rede gewesen, schwärmen die Weggefährten noch heute, »das Beste, was wir je gehört haben«.

So befremdlich solch formalisierte Galanterien auf manchen heute wirken mögen: Es sind bestimmt nicht die Gepflogenheiten der bürgerlichen Gesellschaft, die verantwortlich gemacht werden können für ein gesellschaftliches Klima, in dem es zu Übergriffen und Respektlosigkeiten kommen kann. Dem begegnet man überall, beim Karneval, in der Kneipe, bei Popkonzerten, in den eigenen vier Wänden oder im Büro – überall da, wo Männer und Frauen aufeinandertreffen.

Eine Frage der Perspektive

Wie auch im Innenleben der Parteien. Dass Frauen mit sexistischen Äußerungen oder Übergriffen konfrontiert werden, diese Erfahrungen haben 60 Prozent aller unter 40-jährigen Politikerinnen schon gemacht. Tatsächlich ist der von der Australierin Raewyn Connell geprägte Begriff »hegemonialer Männlichkeit« immer noch fühlbar in der Gesellschaft, in Wirtschaft und in Politik. Junge Frauen aus der Union berichten von feixendem Sexismus und übler Nachrede.

»Es heißt immer, habt euch nicht so. Aber wir haben oft eine sehr andere Wahrnehmung als die Männer«, berichtet eine CDU-Abgeordnete aus Hessen. Wenn eine Frau eine gute Rede halte, werde gleich gesagt: »Danke für den emotionalen Einwand, über Habeck heißt es dann, der kommuniziert aber gut.«

Eine Frage der Perspektive ist es auch, wie unterschiedlich Männer und Frauen, gerade in der Union, die jeweils eigene Stellung und die Erfolgsaussichten der anderen beurteilen. Heike Lukoschat, Coautorin der Studie «Parteikulturen und die politische Teilhabe von Frauen« des EAF Berlin – Europäische Akademie für Frauen in Politik und Wirtschaft – stellt vor allem bei der Union fest, dass Männer die Probleme von Frauen als deutlich weniger gravierend ansehen als sie sind. Im Gegenteil, manche seien überzeugt, dass die Karrierechancen von Frauen viel größer seien.

Die Zahlen allerdings sprechen eine andere Sprache: Von 324 CDU-Kreisvorsitzenden sind nur 39 Frauen, und nur 1217 von insgesamt 6893 Ortsvorsitzenden sind laut CDU-Gleichstellungsbericht weiblich. Das muss sich ändern, sagt Lukoschat, »denn auf dieser Ebene werden Karrieren geschmiedet«.

»Dran arbeiten«, »besser werden«, »Defizite beseitigen« – das sagt Merz, der Unbeugsame, wenn er Frauen meint, und man sollte denken: prima, Problem erkannt. Doch diese Formulierungen klingen allesamt wie aus dem Wörterbuch des Steuerfachmanns – wo es doch eigentlich darum gehen muss, in der CDU Lust auf wirkliche Veränderung zu wecken.

Das ist nötig, denn der CDU fehlt bislang ein tieferes Verständnis davon, dass eine Partei, die sich Volkspartei nennt, Männer und Frauen gleichermaßen repräsentieren muss, wobei es nicht nur um strategische Entscheidungen zum Machterhalt gehen sollte, sondern um die überfällige Adaption an die Wirklichkeit. Gefragt ist kein Pinkwashing der Union, sondern eine Öffnung des Denkens, hinter dem die Überzeugung steht, dass eine diversere Zusammensetzung von Entscheidungsgremien letztlich die Qualität des gemeinsamen Projekts erhöht.

Hat Friedrich Merz diese Erfahrung überhaupt selbst gemacht? Ist es vielleicht kein Zufall, dass er nur die Frauen seiner Familie als Kronzeuginnen anführt, wenn es um sein Frauenbild geht? Er selbst betont in einem Zeitungsgespräch, er sei »Frauen immer auf Augenhöhe« begegnet. »Augenhöhe« – da ist sie wieder. Doch Friedrich Merz musste sich bei seinen verschiedenen beruflichen Funktionen, das fällt auf, eher selten mit Kolleginnen auf gleicher Ebene arrangieren. In der Hierarchie seiner Arbeitswelten stand er meist an herausgehobener, oft unabhängiger Position, ähnlich wie das schon bei seinem Großvater und auch Vater im Sauerland der Fall war. Unabhängige, stolze Männer allesamt. Säulen der Gesellschaft.

Friedrich war Richter, Mitglied des Bundestages, Rechtsanwalt, Atlantik-Brücken-Vorsitzender oder Aufsichtsratschef – da waren Frauen eher in zuarbeitender Rolle vertreten: als Assistentin, Geschäftsführerin oder Stellvertreterin. Auch die amerikanische Wirtschaftsanwaltskanzlei Mayer Brown, in der er Partner war, gilt als Männerdomäne. Selbst im Jahr 2021 hat sie nicht mal ein Drittel weiblicher Partner. Kaum anders sieht es aus bei den Finanzdienstleistern wie BlackRock & Co.

Ein Problem mit starken Frauen

Eine Person allerdings gab es, mit der er zur Zusammenarbeit verdammt war, die Person, die ihm vor 20 Jahren die größte Demütigung seines Lebens zufügte: Angela Merkel. Mit ihr war er in einer Art dysfunktionaler Doppelspitze zusammengezwungen, er als Fraktionschef, sie als Parteivorsitzende. Der Rest ist Geschichte: Sie entschied den Machtkampf für sich.

Auch über Edmund Stoiber hat sich Merz geärgert, weil der damalige CSU-Chef die Sache mit dem Fraktionsvorsitz mit Angela Merkel ausgeheckt hatte. Doch die Verletzung durch Merkel wirkte nachhaltiger. »Kein Wunder«, sagt dazu eine Frau aus der Führungsspitze, »Merz ist natürlich total männlich sozialisiert. Und die erste Machtfrau, mit der er zu tun hatte, war Angela Merkel. Das ist ein Stück weit sein Trauma.«

Trauma oder nicht: »Er hat sie unterschätzt«, urteilt ein Parteifreund. Wohl auch, sagt er, weil Friedrich es nicht gewohnt war, sich mit Frauen von unterschiedlicher Prägung und Temperament im Arbeitskontext auseinandersetzen zu müssen. Jedenfalls nicht auf gleicher oder höherer Ebene.

Zu den politischen Enttäuschungen kamen persönliche Verletzungen: Am Abend des ersten Bewerbungsparteitages in Hamburg hatte die Kanzlerin nicht nur ihn ignoriert, sondern auch seine Frau Charlotte keines Blickes gewürdigt. Friedrich Merz, heißt es, habe immer gespürt, dass Merkel keine Versöhnung wolle. Andererseits ist der Sauerländer auch nicht bekannt als Meister der Deeskalation.

Der SPD-Vorsitzende Klingbeil jedenfalls wusste genau, an welche Wunden er rührte, als er noch Ende März 2022 frotzelte: »Die Union hat ein Problem mit starken Frauen.«

Der Stand-off im Bundestag zwischen Friedrich Merz und Annalena Baerbock am 23. März 2022 schien das zu bestätigen: Merz machte sich im Plenum ohne Anlass lustig über die feministische Außenpolitik der Grünen. Auf die engagierte Erwiderung Baerbocks, in der sie über Vergewaltigung als Mittel des Krieges sprach, reagierte er mit herablassender Gestik, was ihm wiederum Kritik und Spott inner- und außerhalb des Netzes einbrachte.

Wieder war es dem Christdemokraten nicht gelungen, die grüne Außenministerin, die so alt ist wie sein Sohn, in die Enge zu treiben. Die Wahrheit ist: An Aufmüpfigkeit und verbaler Wehrhaftigkeit steht sie ihm in nichts nach. Inzwischen aber lobt Merz die Grüne öffentlich.

Bei den Grünen hat man den Aufstieg von Frauen in höhere Ämter eben nicht dem Zufall überlassen. Bereits 1986 beschlossen sie, dass alle Gremien zur Hälfte weiblich besetzt werden müssen. Davon ist die CDU weit entfernt, obwohl sie sich auch seit fast 40 Jahren mit dem Thema verbindlicher Zielvorgaben auseinandersetzt. 1996 unter dem Parteivorsitzenden Helmut Kohl wurde das Frauenquorum eingeführt, dass verhindern sollte, dass nur Männer Ämter und Mandate unter sich verteilten. Auf jeden dritten Listenplatz sollte eine Frau. Theoretisch. In der Praxis sieht es anders aus. Eine Christdemokratin aus NRW bringt es auf den Punkt: »Wenn ich als Frau einen oberen Listenplatz will, muss ein Mann, von denen es ja viele gibt, verzichten.«

Das empfänden viele Männer auf dem Weg nach oben als nicht zumutbar. Ohnehin kämen, jedenfalls bei der Union, die meisten Abgeordneten über Direktmandate in den Bundestag. Die Aufteilung in Listenplätze und Direktmandate in den Wahlkreisen ist dem Umstand geschuldet, dass das deutsche Wahlsystem ein Hybrid ist aus Mehrheitswahlrecht (direkt gewählte Abgeordnete) und Verhältniswahlrecht (Aufstellung der Landeslisten, Zweitstimme). »Und die aussichtsreichen Direktmandate«, so die westfälische Christdemokratin, »machen die Männer unter sich aus.« So war das auch bei der CSU: Bei der Bundestagswahl 2021 gab es zwar eine paritätische Besetzung der Landeslisten, was aber in der Praxis nicht viel nutzte, da sich die (männlichen) CSU-Kandidaten direkt im Wahlkreis durchsetzten und die Liste gar nicht zum Zuge kam. In der CSU-Landesgruppe liegt der Frauenanteil deshalb nur bei 22 Prozent.

Abhängig vom Goodwill starker Männer

Beim Parteitag in Hannover sollte die CDU den Beweis antreten, wie ernst sie es meint mit der Öffnung der Partei in Richtung Frauen. Die im Juli 2020 von der Struktur- und Satzungskommission präsentierten Vorschläge sollten nun endlich vom ersten Präsenzparteitag seit langem verabschiedet werden. Friedrich Merz, der die Quote bislang nur für die »zweitbeste Lösung« hielt, bot dann im Sommer einen Kompromiss an: Der Anteil von Frauen in wichtigen Parteipositionen soll bis Mitte 2025 schrittweise auf 50 Prozent steigen und dann Ende 2029 evaluiert werden. Quote auf Probe, Parität auf Abruf. Auch die Vorkämpferin für Frauenrechte, Rita Süssmuth, bekannt als Antwort der CDU auf die 68er, drängte kurz vor dem Parteitag auf Fortschritte bei der Einbindung von Frauen.

Während sich auch Mario Czaja seit längerem für die Einführung einer verbindlichen Frauenquote in der CDU stark gemacht hatte, gingen anderen diese Vorschläge viel zu weit, wie dem Wirtschaftsflügel der CDU. Diese Gruppierung, die traditionell zum Unterstützerlager von Merz gehört, gab sich widerborstig. Die Zugehörigkeit zu einer Gruppe dürfe bei einer Kandidatur nicht den Vorrang haben, lautet die scheinheilige Begründung. Geht es in der Union doch gerade bei der Verteilung wichtiger Posten an verdiente (meist männliche) Mitglieder schon lange um den parteiinternen Proporz nach landsmannschaftlicher und religiöser Zugehörigkeit.

Die Gegner der Quote hatten zudem auf eine Abstimmung unter den Mitgliedern gesetzt und warfen Merz nun vor, dass er auf dieses basisdemokratische Instrument verzichtet, obwohl es ihn selbst schließlich an die Macht gebracht hat. In CDU-internen Chats schlugen die Wogen der Empörung hoch. Und es schwand die Hoffnung derer, die sich mit Merz eine Rückkehr zur Kohl-CDU und daher auch eine deutliche Abkehr vom Gendersternchen-affinen Teil der Gesellschaft gewünscht hatten.

Merz wusste immer, dass es nicht einfach sein würde, die Männer der Partei dazu zu bewegen, zugunsten eines höheren Frauenanteils im Zweifel eigene Karriereziele abzuschreiben. Eine merkwürdige Allianz ergab sich dann auch in Hannover mit skeptischen Männern, die nicht selbst gegen die Frauenquote antraten, aber begeistert applaudierten, wenn wieder eine taffe, junge Frau dagegenhielt.

Merz' Argument für die Quote lautete: »Wir werden die nächsten Wahlen nur gewinnen, wenn wir jünger, vielfältiger und weiblicher werden.« Wie um niemandem vor den Kopf zu stoßen, wiederholte er stets, es gebe »wichtigere Themen«, und verzichtete im Vorfeld des Parteitags darauf, seinen Sinneswandel von der Quote als »zweitbeste Lösung« hin zu einer Befürwortung wirklich zu begründen.

Im Telefonat erklärt Merz, man müsse sorgfältig unterscheiden »zwischen dem notwendigen Kulturwandel in dieser Partei und den dafür eingesetzten Instrumenten«. Aber kann man das überhaupt, bedingt nicht das eine das andere?

In seinem ersten politischen Leben rockte Merz mit seinen avantgardistischen Ideen zur Steuerreform ganze Parteitage. In Hannover hat er das jetzt auch versucht, und die Frauenquote wurde beschlossen. Wird dies die innere Verfasstheit der Partei ändern, ihre Ausstrahlung nach außen?

Bisher – so befand die jüngste CDU-Abgeordnete Catarina dos Santos noch vor der Entscheidung – verbinde man mit der Union eine Partei, die von Männern dominiert werde. In der Tat: Die CDU besteht zu zwei Dritteln aus Männern, das Durchschnittsalter der Mitglieder liegt bei knapp 61 Jahren. Der Appeal auf Wählerinnen scheint begrenzt, bei der Gruppe der 18- bis 34-jährigen Frauen hat die Union bei der Bundestagswahl auch am schlechtesten abgeschnitten.

Catarina dos Santos war früher auch gegen die Quote, teilt zudem manches Argument der Quotengegnerinnen, sie weiß aber ebenso: Von allein ändert sich nichts. In Hannover hat die junge Abgeordnete für den von Merz ausgehandelten Kompromiss gestimmt und ist ihm dankbar, »dass er sich hier klar positioniert hat«. Frauen müssen in sichtbare Positionen kommen, findet sie, sollen aber nicht auf Frauenthemen reduziert werden. Wichtig sei »die weibliche Sicht auf jedes Thema«.

Auf die wird frau aber dann auch oft reduziert. Eine andere Rheinländerin trat als junges Mädchen in die Union ein, voller Eifer mitzumachen. Statt sie inhaltlich einzubinden, hatte es geheißen: »Koch du erst mal Kaffee«. Später wurde die Betriebswirtin von einem prominenten Landespolitiker überredet, für ein höheres Amt zu kandidieren. Jahre später musste sie weichen, als ein anderer Mann als Mentor »eine andere Frauenkarriere pushen« wollte. Gegen sie.

Auch das kommt laut der Parteikulturstudie der EAF Berlin in Zusammenarbeit mit Allensbach heraus: Mehr als in anderen Parteien suchen etablierte CDU-Männer gerne gezielt nach jüngeren, weiblichen Talenten und fördern deren Karrieren. Das Thema Frauen und Partei werde dadurch »individualisiert«. Besser wäre es, sagt Heike Lukoschat, die Strukturen zu verändern: »Sonst ist die Förderung der

Einzelnen zu oft abhängig vom Goodwill starker Männer.« Will sagen: vom erfolgreichen Casting.

Karin Prien, schleswig-holsteinische Bildungsministerin, die auch Merz-Vize ist, dazu im Gespräch: »Viele Entscheidungskreise in der Union sind ausschließlich männlich dominiert und Frauen schaffen es nur mit dem Wohlwollen einzelner Männer, Karriere zu machen. Das schafft natürlich dysfunktionale Loyalitäten und trägt nicht unbedingt zur Qualität bei.« Deshalb ist sie auch eine Anhängerin der Quote. Es gehe darum, »endlich einen breiteren, weiblichen Personalpool aufzubauen, aus dem wir dann die Führungspositionen auf Dauer paritätisch mit qualifizierten, unabhängigen Frauen besetzen können.« Karin Prien jedenfalls genießt Merz' volles Vertrauen. Und beim Thema Bildung (mehr dazu im Kapitel 13 »Irrtümer der Bildungspolitik«) ist sie als Kultusministerin von Schleswig-Holstein eine der kompetentesten Stimmen in der Union.

Moderne Frauen statt Faltenrockgeschwader

Einige jüngere Unionsfrauen haben es allen Unkenrufen zum Trotz in die Parteispitze geschafft.

Neben Karin Prien sind da noch ein paar andere Gesichter um Merz herum, moderne Frauen, die so gar nichts gemein haben mit dem, was früher oft als »Faltenrockgeschwader« belächelt wurde, wenn von der Frauenunion die Rede war.

Da ist zum Beispiel Silvia Breher, Abgeordnete aus Oldenburg-Land, die einem breiteren Publikum dadurch auffiel, dass sie souverän die digitale Merz-Wahl moderierte. Punk-Frisur und Kleider mit großen grafischen Prints, Juristin und Mutter dreier Kinder. Breher war Mitglied des »Zukunftsteams« Laschets für die Bundestagswahl. Schon seit 2019 ist sie stellvertretende Parteivorsitzende. Sie plädiert für mehr Pragmatismus und weniger Ideologie in der Familienpolitik. Zum Aufstieg von Frauen hofft sie auf Umsetzung der Vorschläge der Strukturkommission: »Männer sind oft von Anfang an viel besser vernetzt, Frauen hingegen gelangen oft erst als Seiteneinsteiger in die Partei.« Und dann fehlen die Verbindungen, die gewachsenen Netzwerke.

Oder Ronja Kemmer. Die Ulmer Abgeordnete hatte bei der letzten Befragung für Röttgen gestimmt und ist Vorsitzende der Jungen Gruppe in der CDU/CSU-Bundestagsfraktion. Wohin wollen wir mit dem Land in zehn Jahren? Das treibt sie um, ebenso wie Fragen von Digitalisierung, Klimaschutz und sozialen Sicherungssystemen. Eigenverantwortung ist für sie ein Begriff, den die Union stärker in den Vordergrund stellen sollte, meint Kemmer, die auch Präsidiumsmitglied ist. Zusammen mit Nadine Schön leitet sie die Gruppe »Humane Digitalisierung« für das Grundsatzprogramm.

Nadine Schön aus dem Saarland wäre beinah nicht mehr in den Bundestag gekommen, wenn AKK nicht ihr Mandat zur Verfügung gestellt hätte. 2025 kandidiert die junge Frau, die sich mit dem »Projekt Neustaat« einen Namen gemacht hat, allerdings nicht mehr für den deutschen Bundestag.

Serap Güler, zuvor Team Helge Braun, ist nun im Team Merz stellvertretende Vorsitzende der Grundsatzkommission. Die Karriere Gülers, die früher Integrationsministerin in NRW war, wurde von Armin Laschet gefördert. Güler, von der Notwendigkeit einer Frauenquote überzeugt, fand es schon vor Hannover schwierig, hierüber mit jungen Frauen zu reden: »Die jungen Frauen sind am Anfang noch überzeugt davon, dass sie es alleine schaffen.«

Die Partei muss jünger und weiblicher werde, wiederholt auch Christina Stumpp das Mantra ihres Vorsitzenden. Der hatte die junge Abgeordnete aus Waiblingen als stellvertretende Generalsekretärin auserkoren. Ein Job, den es zunächst nicht gab und von dem sie wohl nicht gewagt hätte zu träumen. Stumpp ist sehr stolz, »souverän« ihren Wahlkreis in der Region Stuttgart gewonnen zu haben. In ihrer Funktion als künftige stellvertretende Generalsekretärin leitete sie schon das CDU-Kommunalbüro, welches eine Verbindung schafft zwischen den verschiedenen Ebenen der Partei. Mit dem Bundestagsmandat wurde sie direkt an die Parteispitze katapultiert, wohl auch deshalb drückte sie sich noch sehr vorsichtig aus, vor allem, bevor sie im Amt noch nicht offiziell bestätigt wurde.

Zu den Forderungen der CDU-Strukturkommission gehört auch, Sitzungen an Wochenenden einzuschränken. Denn die jungen Frauen wie Stumpp, Breher, Schön, Kemmer, aber auch viele männliche MdBs haben kleine Kinder, die sie während der Sitzungswochen in Berlin ohnehin kaum sehen. Dafür hat Friedrich Merz großes Verständnis – auch aus seiner Erfahrung in der Zeit, als Angela Merkel über seinen Sonntag verfügt hatte.

Groß waren die Hoffnungen, vor allem bei den Frauen, die die Strukturen der Partei nur zu gut kennen, dass Merz ihr die überfälligen Modernisierungen verordnet. Gerade weil Merz als Konservativer gilt, sei er genau der Richtige, um sich dafür stark zu machen.

Julia Klöckner hatte dafür die Formel parat: »Ein SPD-Kanzler macht Hartz 4, der grüne Robert Habeck genehmigt Waffenexporte in die Ukraine. Und Friedrich Merz? Der bringt die Frauenquote auf den Weg.« Sie sollte Recht behalten. Was Klöckner wohl nicht geahnt hatte: Sie und Daniel Günther hatten durch ihre Redebeiträge einen fast ebenso großen Anteil am Sieg der Quote wie Merz oder auch der in Hannover wenig überzeugende Generalsekretär Czaja. Ob für Merz das Instrument der Frauenquote eine Herzensangelegenheit ist? Zweifellos wollte er das Thema endlich abgeräumt wissen. Das gelang. Gleichzeitig ist der Etappensieg von Hannover aber nur der Auftakt zu einem dringend benötigten Kulturwandel in den von Männern dominierten Strukturen der Union. Und der lässt trotz Quote auf sich warten. Beim einjährigen Jubiläum von Christina Stumpps kommunalen Netzwerk women@cdu spricht Friedrich Merz. Der gibt sich fröhlich: »Es macht Freude, in diesen Raum zu schauen.« Vor ihm sitzen in bunten Kostümen und Hosenanzügen etwa 100 Frauen aller Altersgruppen. Merz erklärt, warum das kommunale Engagement so wichtig sei. Stadt- und Gemeindevertretungen seien oft der erste Schritt auf dem Weg in einen Kreistag, einen Landtag oder in den Bundestag. Er sei auch noch immer nicht zufrieden mit dem Frauenanteil in der Partei. Leider seien in der Bundestagsfraktion nur 25 Prozent der MdBs weiblich.

Später stehen die Damen Schlange, um ein Selfie mit dem Chef zu ergattern. So viel Erfolg in der Damenwelt würde Merz außerhalb des Adenauerhauses nicht unbedingt zuteil. Besonders jüngere Frauen tun sich bekanntlich weiterhin schwer mit dem kantigen Sauerländer. Umfragen ergeben, dass von den Frauen zwischen 18 und 29 Jahren nur 9 Prozent für den inzwischen fast 70-Jährigen stimmen würden. Kein gutes Omen für die Bundestagswahl wenige Monate danach.

Vielleicht würde es helfen, wenn die starken Frauen aus den Gremien: Gitta Connemann, Karin Prien, Serap Güler, oder auch Merz-Vertraute Julia Klöckner öffentlich noch sichtbarer wären. Bislang besteht der inner circle aus drei Männern: Friedrich Merz, Carsten Linnemann und Thorsten Frei.

8.

Vom Umgang mit der AfD

Die AfD hat im Frühjahr 2022 mehrere Wahlschlappen hinnehmen müssen. Den Einzug in den Landtag von Schleswig-Holstein hat sie verpasst, in die Landtage von Düsseldorf und Saarbrücken hat sie es nur knapp über die Fünf-Prozent-Hürde geschafft. Groß war der Jubel bei allen aufrechten Demokraten. Doch die hatten sich zu früh gefreut.

Zwei Jahre später fährt die AfD überall hohe Wahlerfolge ein. Bei der Europawahl im Juni 2024 kommt sie auf knapp 16 Prozent, im September bei den Landtagswahlen in drei ostdeutschen Ländern auf jeweils fast doppelt so hohe Ergebnisse. So schnell wird man die ungeliebte Alternative für Deutschland also nicht los. Das weiß auch Parteichef Friedrich Merz.

Der ist seit Herbst 2021 zurück im Deutschen Bundestag und erst einmal nach rechts gerutscht. Jedenfalls räumlich. Mit dem Beginn des Jahres 2022 ist die gesamte Fraktion der CDU/CSU im Deutschen Bundestag ein gehöriges Stück von der Mitte abgerückt. Sichtbar für alle. Das ist zunächst keine inhaltliche Ortsbestimmung, sondern politische »Gesäßgeografie« im Wortsinne.

Ein Begriff, den in grauer Vorzeit der FDP-Abgeordnete Erich Mende für die Sitzordnung im Hohen Haus erfunden hat, und den die Ampelkoalition mit ihrer Mehrheit nun in die neue Zeit übertragen hat. Gegen teilweise wütende Proteste aus der Union hat die parlamentarische Mehrheit beschlossen, dass die Unionsfraktion und die Liberalen im Bundestag die Plätze tauschen und die Abgeordneten von CDU und CSU nunmehr neben jenen der AfD sitzen müssen. Aus der Sicht eines jeden aufrechten Konservativen eine nachgerade toxische Nähe.

Die Debatte am 16. 12. 2021 zur Sitzordnung im Bundestag gestaltet sich recht emotionsgeladen und hätte an jedem x-beliebigen Stammtisch im Lande so ähnlich verlaufen können. Der AfD-Abgeordnete Stephan Brandner vom völkisch-nationalen Flügel der Partei holzt los und begrüßt die Unionsfraktion »auf gute Nachbarschaft« und meint, die Union könne von den künftigen Nachbarn lernen, wie »gute Oppositionsarbeit« gehe. Die Stimmung im Plenum schwankt zwischen Fremdschämen und echter Empörung.

Der Ampel ist damit ein Coup gelungen: Alle »Rechten« sitzen nun beieinander. Da hilft es wenig, dass der größte Teil aus aufrechten Christdemokraten besteht, die mit dem Gedankengut der ungeliebten Nachbarn nichts zu tun haben wollen.

Rücksicht auf die Stammwähler

Doch so, wie früher die Abteilung Attacke der Union von der SPD Unvereinbarkeitsschwüre gegenüber den Linken gefordert hat, nutzen die Ampelparteien jede Chance, die Union, namentlich Merz, wegen der vermeintlichen politischen Nähe zur AfD vor sich herzutreiben.

So wie auch Anfang Juni 2022 im Landtag von Thüringen. Dort war es vor zwei Jahren zum Eklat gekommen, weil die CDU mit den Stimmen der AfD den FDP-Politiker Thomas Kemmerich zum Ministerpräsidenten gewählt hatte. Diesmal ging es um eine Abstimmung, in der die Union mit Stimmen der AfD einen Antrag zur Abstandsregel von Windkrafträdern verabschieden wollte. Die Aufregung im Vorfeld war groß, SPD-Generalsekretär Kevin Kühnert warnte vor einem erneuten Sündenfall. In der CDU sei man wohl der Meinung, so sagte er dem *Spiegel,* dass im »Zusammenspiel mit der AfD die Sperrzone erst bei gemeinsamen Koalitionen« beginne.

Der Umgang mit den Rechtspopulisten ist alles andere als bloße Symbolpolitik – und ist auch bei Wahlen nicht nur das Problem der Union. Die Wählerwanderungen in NRW zeigen, dass fast alle Parteien der AfD Stimmen abnehmen konnten, nur nicht die FDP. Da war es umgekehrt, von den Liberalen wanderten sogar 10 000 Wählerstimmen direkt zu den Rechtspopulisten.

Den Verlusten im Westen zum Trotz ist die AfD weiterhin stark im Osten und auch immer noch mit 80 Sitzen im Deutschen Bundestag vertreten. Auch wenn im Frühsommer des Jahres 2022 im Angesicht der internationalen Krise in der Ukraine und einer sich hoffentlich entspannenden Coronalage die AfD-Thematik in den Hintergrund zu geraten scheint, kann sich dies jederzeit wieder ändern.

Die Union sollte darauf vorbereitet sein. Ohnehin müssen im Prozess der Selbstfindung, der in zwei Jahren durch das neue Grundsatzprogramm abgeschlossen werden soll, auch Antworten auf Fragen gegeben werden wie: Was ist heute konservative, was ist bürgerliche Politik? Oder was heißt überhaupt »rechts«?

Um den Zusammenhang zu erkennen, muss man ein wenig in die Vergangenheit schauen und einen Namen aus der Versenkung holen, den die Union eigentlich längst hinter sich gelassen hat: Franz Josef Strauß. Er war ja nicht nur ein begnadeter Poltergeist, sondern durchaus ein Vordenker im konservativen Lager.

Am 9. August 1987, ein gutes Jahr vor seinem Tod, hat der Bayer in einem SWR-Interview den berühmten Satz gesagt, dass es rechts von der Union keine demokratisch legitimierte Partei geben dürfe. Strauß hat aber noch mehr über das gesagt, was die heutigen Erneuerer der Union im Blick haben müssen – und allem Anschein nach auch im Blick haben, von Merz bis Markus Söder.

Damals in den Achtzigern des vergangenen Jahrhunderts bedrängten die sogenannten »Republikaner« die Union – unter ihnen nicht wenige abtrünnige Abgeordnete vor allem aus der CSU. Die Meinungsforschung war sich überwiegend einig, dass der Begriff Abtrünnige nicht nur auf das politische Personal, sondern auch auf die Wählerschaft der Republikaner anwendbar war. Das ergaben Nachwahlumfragen von Meinungsforschungsinstituten, in denen vor allem bei Landtagswahlen eine Wählerwanderung von der Union zu den Republikanern offenbar wurde.

Das vollständige Zitat von Strauß lautete seinerzeit: »Man soll in der CDU sich ja nicht in dem Glauben wiegen, man könnte auf die Stammwähler keine Rücksicht nehmen (...) um dann neue Schichten zu erschließen. Und ich habe erklärt, im Übrigen in vollen Einvernehmen mit Helmut Kohl, (...) dass es rechts von der CDU/CSU keine demokratisch legitimierte Partei geben darf.«

Auf die Stammwähler keine Rücksicht nehmen: Genau dies wird der CDU-Kanzlerin Angela Merkel vorgeworfen, insbesondere bei ihrem Umgang mit der Flüchtlingskrise 2015. Die AfD setzte sich damals an die Spitze des Protestes und zog nach der Bundestagswahl 2017 erstmals in den Deutschen Bundestag ein. Da ist sie auch heute noch.

Friedrich Merz, in jener Zeit noch im politischen Off, ließ kaum eine Chance verstreichen, die Stimmenverluste an die AfD anzuprangern. Im November 2019, nachdem er die erste Runde im Kampf um den Parteivorsitz verloren hatte, sagte er *Focus Online*: »Mich treibt um, dass wir so viele Wähler an die AfD verlieren – bei der Bundestagswahl 2017 war es über eine Million. Das sind nur zu einem kleinen Teil unangenehme rechte Typen. Die meisten sind wertkonservative, liberale Leute, die von der CDU tief enttäuscht sind, weil sie weder Linie noch Führung erkennen. Die erwarten von der CDU einfach mehr.« Konservative Wähler hätte man »geradezu mit Verachtung am Rande stehengelassen«.

Die Landtagswahlen zuvor in Sachsen und Brandenburg waren katastrophal ausgegangen für die CDU, in Dresden blieb sie zwar stärkste Kraft mit 32,1 Prozent, die AfD lag aber nur 5 Prozentpunkte dahinter. Noch dramatischer in Brandenburg: Da lag die AfD fast 10 Prozentpunkte vor der CDU.

Seit Ende Januar 2022 nun ist Merz »in charge«. Für das historisch schlechte Abschneiden der Union bei der Bundestagswahl 2021 trägt der Sauerländer zwar keine Verantwortung, doch mit den Resultaten muss er umgehen. Die meisten Stimmen verlor die Union diesmal an die SPD, FDP, die Grünen und die Nichtwähler. Aber die AfD kam trotz Verlusten immer noch auf über 10 Prozent.

Nun also Merz. Gerade der konservative Teil der Union verband und verbindet mit ihm die Hoffnung, dass er die CDU wieder fest verankern kann. Was also passiert mit den vermeintlich urkonservativen Inhalten christdemokratischer Politik, angefangen von der Wehrpflicht, über die tradierte Familienpolitik, den Kampf gegen linkes Gedankengut bis zur gefühlt kampflosen Aufgabe des Begriffs deutsche Leitkultur? Wer, wenn nicht der »erzkonservative Sauerländer«, so haben es viele seiner Anhänger vor seiner Wahl auf den Punkt gebracht, soll die enttäuschten Konservativen zurückholen? All jene also, die in ihrer Not angeblich kein anderes Mittel sahen, als sich den Rechtsradikalen zuzuwenden?

Selbst wenn die Union es wollte, der Weg zurück zu konservativen Positionen der Vor-Merkel-Ära ist keine Option. Zu sehr hat die langjährige Kanzlerin ihre Politik der Lebenswirklichkeit in Deutschland angepasst, in der sich neue Familienmodelle etablieren und unterschiedliche sexuelle Orientierungen bis hinein in Spitzenämter der CDU akzeptiert werden.

Zwar lebt ein Großteil der Deutschen noch traditionelle Familienmodelle, nur von oben vorschreiben lässt sich auch die Art des Zusammenlebens niemand mehr. »Des isch over«, wie Wolfgang Schäuble gerne sagt. Das Rad der Zeit lässt sich nicht zurückdrehen, und das würde auch im AfD-affinen Osten nicht viel ändern. Die familiären Strukturen dort sind noch durchlässiger als im Westen. 2019 wurde dort die Hälfte aller Kinder außerehelich geboren, im Westen kamen hingegen zwei Drittel in einer ehelichen Gemeinschaft zur Welt.

Fleisch vom Fleische der Union

Was heißt also rechts oder konservativ? Die AfD ist nicht die erste Partei, die im Nachkriegsdeutschland rechts an der Union vorbei ins deutsche Parteiensystem drängt. 1983 gründeten enttäuschte CSUler die »Republikaner«. Am Rande der Landesparlamente tummelte sich auch die DVU, der 1992 sogar der Sprung in den Landtag von Schleswig-Holstein gelang.

Die rechtsextreme NPD wurde bereits 1964 gegründet, deren Aufstieg auch in deutsche Landesparlamente mobilisierte den jungen Friedrich Merz, der 1970 zur Jungen Union kam. Er sagte der *NZZ*: »Ich bin in Westdeutschland sozialisiert worden, in einem sehr politischen Haushalt. Die Bundestagswahl 1969 habe ich noch in sehr guter Erinnerung, da war ich knapp 14 Jahre alt. Es ging damals unter anderem um die Frage, ob die NPD, die gerade in Baden-Württemberg in den Landtag gekommen war, nun auch in den Bundestag einzieht. Das Thema hat bei uns zu Hause eine große Rolle gespielt.«

In der Tat hatte es die NPD in ihren ersten Jahren in einige deutsche Landtage geschafft. Dann, nach Zeiten längerer Unsichtbarkeit, gelangte sie Anfang der 2000er-Jahre erneut in zwei Landesparlamente: diesmal in Ostdeutschland. Im Landtag von Mecklenburg-Vorpommern saß sie sogar bis 2016. Die Republikaner verzeichneten Anfang der 1990er-Jahre wegen des Zulaufs von Bürgerkriegsflüchtlingen aus dem Balkan, der das deutsche Asylrecht an seine Grenzen brachte, große Stimmenzuwächse. Doch ein paar Jahre später ebbte deren Erfolg wieder ab.

Auch die AfD sollte mehr als 20 Jahre später auf der Woge der Ausländerfeindlichkeit segeln. Sie schaffte, anders als die Republikaner, den Einzug in den Deutschen Bundestag. Ein Meilenstein: Erstmals nach dem Krieg war eine Partei rechts von der CDU vorgestoßen ins Herz der deutschen Demokratie. Eine Schande, fanden viele im In- und Ausland.

In der Geschichte der Neugründungen von Parteien in der Bundesrepublik Deutschland ist es dreimal gelungen, eine neu aufgebaute Organisation im parlamentarischen System – also in Volksvertretungen von den Kommunen über die Länder bis zum Bund – über einen längeren Zeitraum zu etablieren: die Grünen zu Westzeiten, die Linke im vereinten Deutschland, dann die AfD. Das Entstehen dieser Parteien hat die politische Landschaft nachhaltig verändert und Kräfteverhältnisse neu sortiert.

Sowohl Republikaner als auch AfDler haben eines gemein: Sie rekrutierten sich aus einstigen Unionsmitgliedern. Die Republikaner und ihre Wähler waren in den 1980er-Jahren häufig enttäuschte, konservativ gesinnte Bürger. Die Parteistrategen damals sahen die neue Rechte als »Fleisch vom Fleische der Union«. Tatsächlich hatte sich eine für die Union schmerzlich große Zahl von Wählerinnen und Wählern dorthin verabschiedet, wo es im Sinne von Strauß eigentlich nichts mehr hätte geben dürfen.

Auch die Wortführer der AfD waren zunächst abtrünnige Christdemokraten, die aus Skepsis gegenüber der Euro-Politik der Bundesregierung ihre »Alternative für Deutschland« ins Leben riefen. Zu den Gründern gehörte der Wirtschaftsprofessor Bernd Lucke, zuvor 33 Jahre lang CDU-Mitglied. Auch der spätere Vorsitzende Alexander Gauland war 1973 bis 2013 Mitglied der CDU und leitete in Hessen die Staatskanzlei.

Einer der Wortführer der ersten Jahre war der Journalist Konrad Adam, auch er früher bei der CDU. Adam schrieb jüngst in der *Welt* über die Anfänge der Partei: »Themen, die unter Bernd Luckes Führung dominiert hatten, ideologisch Unanfälliges wie Währungsfragen, Wirtschaftsfragen und Verwandtes, traten zurück, um Weltanschaulichem Platz zu machen. Aus der Kritik am Euro wurde ein Widerwille gegen die Europäische Union, aus der Distanz zum Westen ein Kampf gegen eine westlich verstandene Dekadenz, vermengt mit Zweifeln an den Vorzügen der parlamentarischen Demokratie und allerlei radikalen Phrasen.« War die Professorenpartei am Anfang noch »Fleisch vom Fleische der Union«, radikalisierte sie sich zunehmend zur Protestpartei.

An mahnenden, im Nachhinein betrachtet sogar prophetischen Stimmen in Hinblick auf eine solche Veränderung im Parteiensystem hatte es im Vorfeld nicht gefehlt. Der frühere brandenburgische Innenminister Jörg Schönbohm, einer der Wortführer der Konservativen in der CDU, hatte schon 2007 gewarnt, »es könnte eine Situation eintreten, in der jemand eine rechtskonservative und wirtschaftsliberale Partei gründet, die jene anspricht, die sich von der CDU nicht mehr vertreten fühlen«. Um die gleiche Zeit rief Merz seiner Partei in der *FAS* die Mahnung zu, es gebe zweifellos ein »wachsendes, politisch heimatloses Bürgertum. Die CDU sollte das im Auge haben und sich darum kümmern.« Seine Äußerungen von damals klangen vor allem denen im Ohr, die parallel zu den Erfolgen der AfD eine Rückkehr des Sauerländers in die Bundespolitik herbeisehnten.

Abgrenzen, aber nicht vergraulen

Dieses »darum kümmern« übersetzten manche Parteistrategen in jenen Jahren in die simple Devise, man müsse nur recht markig gegen Ausländerzuzug, gegen Homoehe, gegen Brüsseler Behördenwahn wettern, dann werde man den dafür empfänglichen Teil der Wählerschaft schon bei der Stange halten. Weit gefehlt. Dazu kam es dann erst viele Jahre später. Die langjährige Vorsitzende Merkel und dann später Annegret Kramp-Karrenbauer ließen nichts von alledem erkennen, sie erweckten im Gegenteil den Eindruck, man könne die AfD schlicht ignorieren.

Noch 2019 lag auch Merz auf dieser Linie. »Je unaufgeregter man mit diesen Leuten in den Parlamenten umgeht«, sagte er, »desto schneller werden sich ihre Wahlerfolge auch wieder reduzieren.« Die Partei sei schließlich weder verboten noch als verfassungswidrig eingestuft. Und überhaupt: »Ich hätte auch längst im Deutschen Bundestag einen Vizepräsidenten der AfD gewählt«, vertraute er Mitte 2019 der *Dresdner Morgenpost* an. Die Rechtspartei ist bisher in allen Wahlgängen gescheitert, einen Vizepräsidentenposten zu besetzen. Ein halbes Jahr später, kurz vor der Stichwahl zwischen ihm und Armin Laschet, redet er beim Neujahrsempfang des Parlamentskreises Mittelstand. Die »Gutmeinenden«, die sich in die AfD verirrt hätten, wolle er zurückholen zur CDU, verkündet Merz damals noch vollmundig.

Seit dem Erstarken des formal aufgelösten »Flügels« in der AfD aber, grob gesagt den Gefolgsleuten des thüringischen Vorsitzenden Björn Höcke, ist die Idee einer Umarmungsstrategie hinfällig. Der Gedanke, man könne Menschen, die sich für Rechtsradikale begeistern, mit einem politischen Gegenangebot bekehren, setzt voraus, dass diese Leute als »Gutmeinende« für Argumente zugänglich sind. Über dieses Stadium sind viele AfD-Wähler und die gesamte sogenannte Querdenkerszene (siehe auch das Kapitel 12 »Eine neue Leitkultur«) aber längst hinaus.

Wollte Merz 2018 die AfD noch »halbieren«, gibt er dieses Ziel später wieder auf. Mehr noch, der neue CDU-Vorsitzende hat eine strategische Kurskorrektur vollzogen: kein Werben mehr bei den Rechten, kein Verständnis zeigen, keinerlei Berührungspunkte, keine Spur von Zusammenarbeit, sondern im Gegenteil schärfste Abgrenzung und Bekämpfung. Statt Umarmungs- fährt er jetzt eher eine Vernichtungsstrategie: »Die haben mit uns nichts zu tun!« Dem *Spiegel* sagte er im Dezember 2021 als designierter Parteichef: »Die Landesverbände, vor allem im Osten, bekommen von uns eine glasklare Ansage: Wenn irgendjemand von uns die Hand hebt, um mit der AfD zusammenzuarbeiten, dann steht am nächsten Tag ein Parteiausschlussverfahren an.«

Verdammen, abgrenzen, aber die Wähler nicht vergraulen. Manchmal wirkt es so, als hangele sich die Führung der CDU allen Vorstandsbeschlüssen zum Trotz von Einzelfall zu Einzelfall. Und dennoch bleibt das Kernproblem bestehen: Es geht um die Unterscheidung zwischen der AfD als Partei, die durch das Absaugen von Stimmen im konservativen Lager den Erfolg der Union zumindest in Ostdeutschland dauerhaft verhindern kann, und deren Wählerschichten. Es gibt zwei Lager in der Union, sagt Sepp Müller, Jahrgang 1989, MdB aus Sachsen-Anhalt und frisch im Fraktionsvorstand im Bundestag. Um die überzeugten Wähler der AfD werben, das wolle die Mehrheit in der Ost-CDU. Der andere Teil aber, zu dem auch er gehört, »will die AfD-Klientel eher rechts liegen lassen und gleich auf die Mitte zielen«.

Noch hat Merz' neue strategische Ausrichtung, wozu die innere und äußere Abgrenzung zu den anderen politischen Mitbewerbern gehört, wenig Kontur. Das ist ein längerfristiges strategisches Problem. Wie und womit will Merz AfD-Wähler oder Nichtwähler überzeugen, beim nächsten Mal (wieder) CDU zu wählen? Und die, die zur SPD gegangen sind, und zu den Grünen?

Parteistrategen wissen, dass ein Spagat auf die Partei zukommt: im Westen mit den Grünen um Modernität und Zukunftsfähigkeit konkurrieren und im Osten die AfD zu dezimieren. Kann man konservativ sein, ohne den Rechten hinterherzulaufen? Ökologisch modern sein, ohne die Grünen zu kopieren? Einen strategischen Masterplan, der all das integriert, gibt es nicht, und wenn es ihn geben wird, muss er von der gesamten Partei getragen und nach außen vertreten werden. Im Moment verstellen die Problemlage im Außen und deren Folgen den Blick auf diese

Fragen. Und die Ursachen. Die langen Jahre der Großen Koalitionen hatten den Streit um Inhalte an die Ränder verlagert. Doch seit der letzten Bundestagswahl, seitdem die CDU nicht mehr mit der SPD koaliert, sondern als größte Oppositionspartei im Bundestag sitzt, ist die Streitkultur zurück im Deutschen Bundestag.

Selbsterfüllende Prophezeiung?

Marginalisiert das die AfD? Einiges spricht dafür, dass es gemäßigte Anhänger zurückzieht zur CDU, weil sie unter dem Vorsitzenden Merz oder sogar auch Kanzler Merz wieder Vertrauen fassen in eine künftig verlässlich konservativere Ausrichtung der Partei. Ein hochrangiger Unionspolitiker sieht das entspannt: »Merz muss gar nichts machen. Allein durch Auftreten und Ausstrahlung kommt der schon gut an in konservativen Kreisen.«

Dabei könnte helfen, dass die Entwicklung der AfD nach dem Weggang von gemäßigten Figuren wie dem langjährigen Parteichef Jörg Meuthen für »die Gutmeinenden« nicht mehr so attraktiv sein dürfte. Auch das Urteil des Verwaltungsgerichts Köln vom 9. März 2022, wonach die AfD bundesweit vom Beobachtungsfall des Bundesamtes für Verfassungsschutz zum Verdachtsfall hochgestuft worden ist, könnte die Bindekraft der Partei schmälern. Oder mehr Radikale anlocken: Als Meuthen im Januar 2022 die AfD verließ, warnte dieser in der *Welt am Sonntag* vor einer Entwicklung, »bei der die Verdachtsfalleinstufung dann zur selbsterfüllenden Prophezeiung würde«.

Dass Meuthen mit seiner Vorahnung von einer Radikalisierung der AfD zumindest nicht gänzlich falsch lag, zeigte sich auf dem Bundesparteitag am dritten Juni-Wochenende 2022 in Riesa. Bei den routinemäßigen Personalentscheidungen setzten sich die radikalen Kräfte ausnahmslos durch. Der Vorsitzende Tino Chrupalla wurde nur mit einem peinlichen Wahlergebnis von 53,45 Prozent im Amt bestätigt, im politischen Sprachgebrauch darf man ihn gewiss als »lame duck« bezeichnen, eher noch als lahmste Ente unter den Parteivorsitzenden. An seiner Seite steht nun, wie in der Bundestagsfraktion, Alice Weidel, mit einem etwas besseren Ergebnis.

Der gesamte AfD-Parteitag im Juni 2022, da waren sich die Beobachter einig, hat zwar keine endgültige Klärung der Machtverhältnisse zwischen den heillos verfeindeten Lagern der vermeintlich Gemäßigten und der Radikalen gebracht. Wer allerdings die selbstzufriedene Miene des Rechtsaußen Höcke als Hinweis deuten wollte, konnte sich selbst ein Bild machen: Er sei sehr zufrieden mit der Entwicklung seiner Partei, verkündete der Strippenzieher in die Fernsehkameras. Da witterte einer Morgenluft. Ein europapolitischer, besser: ein europafeindlicher Antrag von Höcke und seinen Gefolgsleuten stürzte die Versammlung vollends ins Chaos. Abbruch, auseinander im Gebrüll.

Für die CDU heißt das, sie muss sich sowohl inhaltlich weiter abgrenzen als auch kritisch dahin schauen, wo zu viel Nähe entsteht. Im zeitlichen Zusammenhang der Wahl von Friedrich Merz zum Parteivorsitzenden sind zwei Fälle in der Öffentlichkeit kontrovers diskutiert worden, an denen sich ablesen lässt, was Führungsvakuum und strategische Unschärfe anrichten können. Von beidem gab es bei der CDU ein bisschen zu viel.

Da ist etwa der Fall Max Otte. Der frühere Vorsitzende der Werteunion, ein Verein innerhalb der CDU/CSU, der eine stramm konservative Ausrichtung der Partei für die Lösung aller Probleme hält, ist bei der Bundespräsidentenwahl am 13. Februar 2022 als Kandidat der AfD angetreten – da war Friedrich Merz immerhin schon Parteivorsitzender. Warum konnte man hier nicht rechtzeitig gegensteuern? So hätte sich die Eskalation vermeiden lassen. Inzwischen wurde Otte aus der CDU ausgeschlossen.

Dasselbe gilt auch für den Fall des ehemaligen Verfassungsschutzpräsidenten Hans-Georg Maaßen (CDU) – mit einem entscheidenden Unterschied: Während Otte seinen Flirt mit der AfD in einem hemmungslos-krawalligen Schauspiel inszenierte, verhielt sich Maaßen geschickter, klandestiner, wie es sich für einen ehemaligen Geheimdienstler gehört.

Als er unmittelbar vor seiner Ablösung als oberster Verfassungsschützer massiv in die Kritik geraten war, weil er bezweifelt hatte, dass es nach der Tötung eines Deutschen in Chemnitz zu »Hetzjagden« auf Ausländer gekommen sei, verteidigte er sich damit, er müsse sich nicht jede Wortwahl zu eigen machen. Obwohl Maaßen aus dem tiefen Westen der Republik stammt, ist er im Zuge seiner Bundestagskandidatur in Südthüringen in Teilen der Ost-CDU zu einer Art Galionsfigur des Aufbegehrens geworden.

Erreicht hat er das mit einer auch von US-Präsident Donald Trump schon in dessen ersten Wahlkampf erprobten Taktik. Sein Narrativ im Wahlkampf lautete, alles Böse komme von oben. Maaßen hebt sich auf ähnliche Weise ab vom Parteiestablishment. Der thüringische CDU-Fraktionsvorsitzende Mario Voigt beschrieb ein diesem Narrativ entsprechendes Gefühl seiner zutiefst verstörten Landsleute in der *Frankfurter Rundschau* so: »Viele haben den Eindruck, sie befinden sich mittlerweile in einem Land, in dem Großstadteliten vorschreiben wollen, wie Lieschen Müller zu leben hat – vom Essen bis zum Häuschenbauen.« Maaßen scheiterte dann jedoch 2021 bei seiner Kandidatur für den Bundestag. Mit Leuten seines Geistes ist die CDU freilich noch nicht fertig.

Mal sehen, wie der neue Parteichef damit umgeht. Immerhin kommt der als konservativ geltende Merz bei vielen ostdeutschen CDU-Funktionären gut an, nicht nur wegen seines zackigen Auftretens, sondern auch weil er das Gegenteil von Angela Merkel zu verkörpern scheint. Schon bei seinem ersten Versuch, gegen Annegret Kramp-Karrenbauer und Jens Spahn den Parteivorsitz zu erringen, hatten sich reihenweise CDU-Kreisverbände in Sachsen für Merz ausgesprochen.

Strikte Brandmauerpolitik

Mögen die Hoffnungen der CDU im Osten noch so sehr auf Merz ruhen, in der Machtfrage aber trennen den Sauerländer und einige seiner Ostfreunde Welten. Durch seine strikte Brandmauerpolitik will Merz die AfD schrumpfen und eine Zusammenarbeit undenkbar machen. Im Gespräch wiederholte er es kürzlich sehr deutlich: Spätestens seit Alexander Gauland Hitler und die Nazis mit einem »Vogelschiss in der deutschen Geschichte« verglichen habe, sei für ihn jede Form der Kooperation unvorstellbar.

Das werden solche Parteifreunde nicht gerne hören, die gerade im Osten mit der AfD lieber gemeinsame Sache machen wollen. Beim rechten Flügel der ostdeutschen CDU gibt es einige, darunter auch etliche Abgeordnete der Thüringer Landtagsfraktion, die bis heute kein Problem darin sehen, einen Ministerpräsidenten Thomas Kemmerich (FDP) mit den eigenen Stimmen zu unterstützen und von den Stimmen der AfD mitwählen zu lassen. Dass das Bundesverfassungsgericht in einem (nicht einstimmigen) Urteil Bundeskanzlerin Angela Merkel im Juni 2022 für ihre Aussage rügte, dieser Vorgang sei nicht hinnehmbar und müsse rückgängig gemacht werden, ließ AfD-Funktionäre frohlocken. Welche Schlüsse mögen wohl die CDU-Abgeordneten in Thüringen gezogen haben, die seinerzeit Kemmerich unterstützten? Ob sie sich im Nachhinein im Recht fühlen?

Jenseits der juristischen Aufarbeitung des Falles waren die politischen Folgen erheblich. Bei der legendären ergebnislosen Fünfstundendiskussion zwischen der damaligen CDU-Vorsitzenden Kramp-Karrenbauer und der Thüringer CDU im Februar 2020 soll der wütende Tenor der Abgeordneten gewesen sein, die Chefin verstehe nichts vom Osten. AKK war als CDU-Vorsitzende Geschichte.

Wie immer er vorgeht – auch der westdeutsch sozialisierte Merz wird begreifen, dass im Osten die Uhren anders gehen als im Westen. Das sieht er an seinem Parteifreund, dem sächsischen Ministerpräsidenten Michael Kretschmer, dem eine ganz andere Russlandpolitik vorschwebt. Die *FAZ* zitiert ihn wie folgt: »Unsere Abhängigkeit von Rohstoffen aus Russland muss auch unser Verhalten gegenüber diesem Krieg bestimmen«. Kretschmers Stimme wird in der Union als Mindermeinung abgetan.

Es gibt Erklärungsmuster, die noch weiter reichen. Viele Ostdeutsche, so wird der Soziologe Raj Kollmorgen im *Tagesspiegel* zitiert, hätten »für sich wahrgenommen, dass auch Russland vom Westen von oben herab behandelt wurde – und haben sich in dieser Behandlung wiedererkannt. Das hat ein diffuses Solidaritätsgefühl gestiftet.«

In einem der CDU-Newsletter bezieht Merz sich auf Umfragen zum Ukrainekrieg, bei denen sich sehr unterschiedliche Resultate ergeben hatten: Sowohl bei der NATO-Mitgliedschaft und den sich daraus ergebenen Verpflichtungen als auch bei der Frage nach Waffenlieferungen an die Ukraine stimmte in Ostdeutschland nur die Hälfte der Bevölkerung den zustimmenden Auffassungen im

Westen zu. »AfD und Linkspartei«, so Merz, »rekrutieren aus diesen Unterschieden ihre Wählerschichten im Osten.«

Merz hat es im Osten natürlich nicht nur mit Parteifreunden zu tun, die sich schwertun mit der Abgrenzung nach rechts außen. Zur Ost-CDU gehören auch liberalere Gruppen, in denen die AfD leidenschaftlich verachtet wird. Zu ihnen gehört Mario Voigt, der Vorsitzende der thüringischen CDU-Landtagsfraktion. Er gehört zu den jüngeren Vordenkern der Partei und betont in Strategiegesprächen unermüdlich, Wahlen würden in der Mitte gewonnen. Er spricht gerne von einer »Weichspülerdemokratie« in Deutschland und zieht aus dieser Einschätzung den Schluss, man könne nur begrenzt polarisieren, wenn man erfolgreich sein wolle. Scharfmacher seien nicht beliebt.

Der junge Bundestagsabgeordnete Sepp Müller aus Gräfenhainichen in Sachsen-Anhalt hält es für notwendig, dass die CDU neben dem sächsischen Ministerpräsident Michael Kretschmer noch »ein weiteres Ostgesicht« vorweisen könne. Was er meint, ist wohl ein Kümmerer für die Sorgen in Ostdeutschland – namentlich die sozialen Verwerfungen in Folge des Strukturwandels. Ansonsten befürchtet er, dass die Wählerinnen und Wähler im Osten sich für den niedrigschwelligen Protest an der Wahlurne entscheiden könnten und AfD wählen. Müllers Ideen, zuallererst schon einmal die Begrifflichkeiten zu ändern und anstatt von »Aufbauhilfe Ost« von »Zukunftsagenda Ost« zu sprechen, passen vielleicht zu den Modernisierungsbemühungen von Merz.

Die Union musste nach 16 Merkel-Jahren ihre Identität wieder neu erringen. Und Friedrich Merz musste zeigen, wie zukunftsfähig »konservative« Politik sein kann, die sich ganz klar abgrenzt nach rechts außen. Dazu gehört dann auch, die AfD mal kurz abzukanzeln, als es im Bundestag im September 2022 um gestiegene Preise und

Energieknappheit ging: »Wenn Sie mit Ihrer Fraktion der Meinung sind, diese Probleme, die wir jetzt haben, zum Gegenstand von Auseinandersetzungen auf den Straßen in Deutschland machen zu wollen, dann werden wir Ihnen mit allem, was wir haben, und notfalls mit allen anderen zusammen hier im Parlament entgegentreten.« Man werde nicht zulassen, dass die »ihr braunes, dunkles Süppchen kochen«.

Ob es den demokratischen Kräften im Land gefällt oder nicht: Die populistischen Parteien gewinnen gerade im Osten immer mehr an Zulauf und stellen die Mehrheitsverhältnisse völlig auf den Kopf. Neben der AfD hat sich dort inzwischen eine zweite solche Partei etabliert: Das Bündnis Sahra Wagenknecht (BSW), das offiziell erst im Januar 2024 gegründet wurde, irrlichtert zwischen rechten und linken Positionen, macht Stimmung gegen Migration, Waffenhilfe in die Ukraine oder woke Linke. Bei den Wahlen in den drei ostdeutschen Bundesländern wird das Bündnis aus dem Stand zweistellig. Die AfD wird in Thüringen mit 32,8 Prozent stärkste Kraft, in Sachsen liegt sie knapp hinter der CDU. Einen Unvereinbarkeitsbeschluss hatte die Union nur gegen AfD und Linke gefasst. Als Mario Voigt in Thüringen und auch Michael Kretschmer in Sachsen Gespräche mit dem BSW über eine sogenannte Brombeer-Koalition beginnen, gefällt das nicht allen in der Partei, dieses Anbandeln mit den »Putin-Freunden«.

Der Parteivorsitzende Friedrich Merz ist auch nicht begeistert, legt aber kein Veto ein und verhindert so einen offenen Machtkampf zwischen Berlin und den ostdeutschen Parteigliederungen, der womöglich seine Autorität untergraben hätte. Unterdessen zeichnet sich in Sachsen eine Minderheitsregierung zwischen CDU und SPD ab. In Thüringen wird es tatsächlich eine »Brombeer-Koalition« aus CDU, SPD und das BSW geben.

9.

Die CSU: Schwesterpartei und Störenfried?

Es sollten schöne Bilder vor der bayerischen Alpenkulisse werden, doch als Markus Söder und Friedrich Merz sich Anfang Januar 2022 zum Versöhnungsgespräch am idyllischen Kirchsee unweit von Bad Tölz trafen, trieb ein starker Föhnsturm dichte graue Wolken über die Berge. Merz, der in der Nähe ein Ferienhaus besitzt und den Jahreswechsel dort mit der Familie verbracht hatte, kam in einem braunen bayerischen Janker, während Söder statt Trachtenjacke einen dunkelblauen Mantel für das Treffen gewählt hatte.

Der demonstrative Spaziergang der beiden Unionsgrößen dauerte nicht lange. Die extra herbeigerufenen Fotografen machten ihre Aufnahmen vor einem Steg am Seeufer und danach zogen sich Merz und Söder in das benachbarte Kloster Reutberg zurück, um dem einsetzenden Regen zu entfliehen und in Ruhe zu reden. Zu diesem Zeitpunkt war Merz zwar mit einem überwältigenden Votum der CDU-Basis zum neuen Vorsitzenden gewählt worden, doch die offizielle Kür durch die Delegierten des Bundesparteitags stand noch aus. Da aber kein Zweifel daran bestehen konnte, wer künftig in der CDU das Sagen hat, trafen die beiden Unionsvorsitzenden schon kurz nach Silvester 2022 zusammen.

Nicht ohne Mätzchen und Gerangel

Es gab einiges zu besprechen. Die katastrophale Niederlage bei der Bundestagswahl, die ständigen Querschüsse der CSU gegen Kanzlerkandidat Armin Laschet, die gegenseitigen Verletzungen beim Auswahlverfahren und die persönlichen Animositäten zwischen den beiden Parteivorsitzenden belasteten das Verhältnis der Unionsparteien schwer. Merz war daran gelegen, sein Comeback an die Spitze der CDU nicht mit der Fortführung des unionsinternen Dauerstreits zu belasten; es gab genug andere Probleme. Und Söder hatte für seine destruktive Rolle bei der Kandidatenfindung und während des Wahlkampfs ebenso heftige Kritik einstecken müssen – auch aus den eigenen Reihen. Das Feedback war so verheerend, dass der CSU-Chef sich sogar zu einer öffentlichen Entschuldigung genötigt sah. Es habe Fehler gegeben, sagte er Merz später in einer Videoschalte, »das tut uns leid, das tut mir leid«. Doch selbst diese eher seltene Ergebenheitsadresse des Franken wirkte bestenfalls wie ein kleines Pflaster auf den tiefen Wunden der CDU. Es war einfach zu viel schiefgelaufen in den vergangenen Monaten, es hatten sich zu viel Wut und Frust angestaut, als dass man jetzt auf den Trümmern der Bundestagswahl einfach hätte weitermachen konnte wie bisher. In einem Interview mit der *Rheinischen Post* war Söder ein treffender Vergleich eingefallen für das »annus horribilis«, das hinter der Union lag: »Das Jahr 2021 war wie eine falsch zugeknöpfte Jacke – es ließ sich im Laufe des letzten Jahres einfach nicht mehr lösen«, sagte er und fügte rasch hinzu: »Jetzt haben wir die Chance für einen Neustart.«

Dazu sollte das Treffen am Kirchsee dienen. Wer die Fotoserie betrachtet, die von den beiden Männern am See gemacht wurde, kann deutlich sehen, dass es auch beim Versöhnungstermin nicht ohne Mätzchen und Gerangel abging. Mal legte Merz vereinnahmend den Arm um Söder, dann richtete der sich zu voller Größe auf und zeigte in Feldherrenpose mit ausgestrecktem Arm in die Ferne, als würde er, der bayerische Ministerpräsident, dem Sauerländer den Weg weisen; schließlich befand man sich auf dem Boden des Freistaats.

Merz hat das später etwas anders dargestellt, als er Wind davon bekam, dass die Spindoktoren der CSU versuchten, das Treffen zu einer Art Bittgang von Merz umzudeuten, der dafür extra nach Bayern gereist sei. Umgekehrt sei es richtig, korrigierte das Merz-Lager; der CDU-Chef habe von seinem Ferienhaus aus nur ein paar Kilometer zum Kirchsee fahren müssen, während Söder extra aus Nürnberg angereist war. Man sieht an solchen Hakeleien, dass weder das Vertrauen noch die Gelassenheit besonders groß sind – von der viel beschworenen Freundschaft erst gar nicht zu reden.

Merz hatte den Spaziergang am Kirchsee gut vorbereitet. Zum einen wollte er – mit dem starken Ergebnis seiner Wahl zum Vorsitzenden im Rücken – Söder vor jeder weiteren Eskalation warnen. Er lasse sich nicht so behandeln wie Armin Laschet und er werde sich auch die unnötigen Sticheleien aus München nicht weiter gefallen lassen, sagte er dem CSU-Chef geradeheraus ins Gesicht.

Und er wies ihn auch deutlich auf den wunden Punkt hin, der Söders Ausgangslage inzwischen in ein ganz anderes Licht taucht als im Jahr der Bundestagswahl. In Bayern wurde nämlich im Herbst 2024 ein neuer Landtag gewählt und für den CSU-Chef und Ministerpräsidenten ging es bei dieser »Schicksalswahl«, wie er selbst sagte, um alles.

Ein Streit mit der CDU war das Letzte, was er in einem schwierigen Wahljahr gebrauchen hätte können – konservative Wähler mögen kein Parteiengezänk. Insofern war Söder geradezu darauf angewiesen, dass es zwischen den beiden Schwestern künftig halbwegs manierlich zuging. Auch Merz will keine neuen Gräben aufreißen. Wenn es kein Störfeuer aus München gibt, so der Deal, dann wird es auch keines aus Berlin geben.

»Miteinander« statt »mia san mia«

Der Schock der letzten Landtagswahl, als die CSU mit 37,2 Prozent das schlechteste Ergebnis seit 1950 erzielte, sitzt immer noch tief. Söder hatte den Absturz in der Wählergunst mit einer »politischen Nahtoderfahrung« verglichen. Die Konsequenz: Er beschloss unmittelbar danach, sich und die CSU wieder einmal neu zu erfinden. »Mit ›mia san mia‹ alleine geht es nicht mehr«, lautete die Losung, das neue Programm trägt den versöhnlichen Titel »Miteinander«. Mit alten Gewissheiten räumte Söder konsequent auf, die krachlederne Parteirhetorik wurde weichgespült. Der Grund: Der stramm rechte Kurs gegen die AfD hatte die CSU mehr als 10 Prozentpunkte Wählerzuspruch gekostet und den Grünen ein Allzeithoch beschert. In München-Mitte holten sie 44,1 Prozent, mehr als CSU, SPD und AfD zusammen. Söder zog daraufhin seine Krawatten aus, wurde freundlicher und nahbarer und umarmte Bürger wie Bäume. Als er bei dem Volksbegehren zum Artenschutz die langen Schlangen vor den Stimmlokalen sah, machte er sich die Initiative kurzerhand zu eigen, säte eigenhändig Blühwiesenstreifen für die Bienen und gab drei Bienenvölkern im Garten der Staatskanzlei Asyl.

Ob der erneute Schwenk von den bayerischen Wählern akzeptiert werden würde, war völlig offen. Bei der Bundestagswahl erzielte die CSU auch nur 37,1 Prozent. Seitdem hat sich die Lage etwas gebessert: In den Umfragen im Sommer 2022 lagen die Christsozialen über der Marke der Bundestagswahl (31,7 Prozent) – und auch leicht über dem 2018er Ergebnis bei der Landtagswahl, das von Söder selbst als »Katastrophe« bewertet worden war. Um die 38 Prozent hatten die Demoskopen da für Söders Partei ermittelt, die Freien Wähler rangierten bei rund 10 Prozent. Für die Fortsetzung der aktuellen Regierung würde das zwar reichen, die Nervosität hinter den Kulissen aber hat nicht nachgelassen.

Im Frühjahr, als die Umfragen noch schlechter standen, wurde erstmals in der erfolgsverwöhnten »Staatspartei« CSU sogar das schlimmste Szenario überhaupt gedacht: eine Niederlage und der Gang in die Opposition. »Wenn gegen uns regiert werden kann, dann passiert das auch«, fürchteten bereits erste CSU-Bundestagsabgeordnete. Sie sahen in Berlin, wie leicht es der FDP fällt, in das rot-grüne Lager hinüberzuwechseln. Warum sollten nicht irgendwann auch die Freien Wähler der Versuchung erliegen, sich in eine bayerische Ampelkoalition einzureihen und die CSU aus der Staatskanzlei zu vertreiben?

Es gab genug Wunden, die Söder mit seinem harschen Regierungsstil in die Reihen der Freien Wähler geschlagen hatte. Es hätte deshalb für den kleinen und oft nicht ernst genommenen Koalitionspartner verlockend sein können, sich nach der nächsten Wahl zu revanchieren und trotzdem weiter zu regieren. Zwar versicherten führende CSU-Leute wie Landesgruppenchef Alexander Dobrindt auf entsprechende Nachfragen, dass die Freien Wähler fest an die CSU gebunden wären und inhaltlich wenig Berührungsflächen mit SPD und Grünen hätten. Doch in einer Zeit, in der die Grünen erstaunliche Wendungen vollziehen, konnte nichts mehr ausgeschlossen werden.

Bei den Landtagswahlen am 8. Oktober 2023 in Bayern gelingt der CSU trotz herber Verluste wieder eine Regierung mit den freien Wählern zu bilden. Alle Sorgen waren demnach umsonst. Ein Jahr später steht die CSU sogar bei 45 Prozent. Von einem solchen Ergebnis für die Bundestagswahlen kann Friedrich Merz nur träumen.

Merz kennt die besondere Lage der CSU genau. In seinem bayerischen Feriendomizil trifft er viele Multiplikatoren aus dem Freistaat, sei es aus der Politik, den Medien oder der Wirtschaft. Einen engen, freundschaftlichen Draht pflegt er auch zu Ilse Aigner, Landtagspräsidentin und Vorsitzende der CSU Oberbayern. Die beiden duzen sich seit Jahrzehnten und besuchen sich gegenseitig privat, weil Merz regelmäßig Zeit in seinem Ferienhaus verbringt, das in Aigners Stimmkreis liegt. Sein BMW trägt sogar ein Miesbacher Kennzeichen.

Natürlich wusste das auch Söder, als er mit Merz am Kirchsee zusammentraf. Auch er hatte sich gut vorbereitet und einen Punkt gefunden, in dem wiederum Merz auf ihn angewiesen war: Es ging um Ralph Brinkhaus, den Vorsitzenden der gemeinsamen Bundestagsfraktion von CDU und CSU. Zu diesem Zeitpunkt lief alles auf eine Kampfkandidatur zwischen den beiden CDU-Politikern hinaus. Merz bat Söder also um Unterstützung und der lieferte. Die CSU-Abgeordneten, immerhin ein Viertel der Bundestagsfraktion, würden sich für Merz aussprechen, versicherte Söder. Damit war das Schicksal von Brinkhaus, der sich mit Händen und Füßen gegen seine Entmachtung gewehrt hatte, endgültig besiegelt.

Streckenweise rüpelhaft

Offen angesprochen wurde bei dem Spaziergang auch das schlechte persönliche Verhältnis zwischen Merz und Söder. Politiker müssen sich nicht mögen, erst recht keine Freunde sein, selbst wenn sie sich in der gleichen Partei oder Parteienfamilie engagieren. Die bekannte Steigerung von »Feind, Todfeind, Parteifreund« illustriert auf zynische Weise, wie oft der Wettbewerb untereinander in erbitterte Gegnerschaft umschlagen kann. Da aber zwischen CDU und CSU viele Fragen konstruktiv geregelt werden müssen, sollte es zwischen den Vorsitzenden der beiden Schwesterparteien zumindest eine belastbare Arbeitsbeziehung geben und ein Mindestmaß an Vertrauen und Verlässlichkeit.

Damit ist es aber nach Aussage vieler führender CDU-Leute bei Söder schlecht bestellt. Allein sein Umgang mit Laschet während des Wahlkampfs sei Beweis genug für seine mangelnde Einsichtsfähigkeit und Kooperationsbereitschaft. Merz hatte das zerstörerische Wirken Söders im Bundestagswahlkampf als Mitglied von Laschets Team hautnah mitbekommen – und sein vernichtendes Urteil über den CSU-Chef später öffentlich ausgesprochen. »So wie in den Wochen vor der Wahl geht man in einer sich immer noch bürgerlich nennenden Union einfach nicht miteinander um«, sagte Merz. »Das war stillos, respektlos und streckenweise rüpelhaft.«

Es war nicht nur Laschet, den Söder ständig attackiert hatte; auch Merz war von ihm gezielt und teilweise vor laufender Kamera angegangen worden. Der Franke sieht in dem Sauerländer einen der CDU-Politiker, der tatkräftig dazu beigetragen hat, ihn als Kanzlerkandidaten der Union zu verhindern. Unvergessen ist Söders Auftritt bei »Anne

Will«. Auf die damalige Frage, wen er als neuen CDU-Vorsitzenden bevorzugen würde, forderte Söder zunächst ein klares, modernes Programm von der Schwesterpartei und fügte dann hinzu, es reiche dabei nicht zu sagen: »Wir machen es jetzt einfach mal so wie vor 20 Jahren.« Das war einer dieser typischen Söder-Sätze, locker daher gesagt, aber im Kern eine Unverschämtheit. Er wollte Merz als Oldtimer aus den 1990er-Jahren darstellen, als einen Mann von gestern, der mit alten Rezepten kocht.

Aus der Sicht der CSU und ihres Vorsitzenden jedoch war die Bundestagswahl 2021 vor allem eine vorsätzlich vergebene Chance. Monatelang war Söder durch die Talkshows getingelt, hatte seine Umfragewerte in die Höhe getrieben und jede Chance genutzt, bundesweit in Erscheinung zu treten. Wenn während der Pandemie Absprachen zwischen dem Bund und den Ländern getroffen werden mussten, reiste Söder extra nach Berlin, um mit Merkel persönlich zu sprechen, während die anderen Länderchefs nur per Bildschirm zugeschaltet waren. Vor allem in den nachfolgenden Pressekonferenzen war es der bayerische Ministerpräsident, der an der Seite der Kanzlerin saß und einem Millionenpublikum an den Bildschirmen erklärte, wie man die Pandemie am besten in den Griff bekommt.

Geschickt profilierte er sich dabei als härtester Kämpfer gegen Corona, auch wenn er sich damit oft genug gegen die anderen Länder stellte. Söder brach zahlreiche Absprachen und ließ bewusst den Eindruck zu, dass nirgendwo sonst so viel zur Lösung des Problems unternommen werde wie in Bayern – was ausweislich der wichtigsten Kennziffern nicht stimmte. Wie gut die Fata Morgana vom Musterstaat Bayern dennoch funktionierte, zeigt die Tatsache, dass Söder beim Thema Pandemie regelmäßig die höchsten Kompetenzwerte zugesprochen wurden, obgleich gerade die Bilanz im Freistaat mit die schlechteste war. Regelmäßig wies das Land – zusammen mit Sachsen – die höchsten Inzidenzwerte auf, nirgendwo gab es mehr Hotspots und die Nachverfolgung des Infektionsgeschehens klappte dort genauso gut oder schlecht wie in anderen Teilen der Bundesrepublik.

Auch wirtschaftlich war Bayern alles andere als der starke Musterknabe. Der Freistaat wies während der Pandemie die höchsten Kurzarbeiterzahlen auf und erhielt mit die meisten Überbrückungshilfen. Dennoch stiegen Söders Popularitätswerte, der es fast täglich in die überregionalen Nachrichten schaffte, stetig an – phasenweise lag er sogar noch vor der Kanzlerin. Und irgendwann wuchs sich dann auch seine Koketterie mit der Kanzlerkandidatur zur Gewissheit aus – das Zögern verwandelte sich in einen Entschluss. Allein – es fehlte der Ruf aus Berlin. Die Bitte der großen Schwesterpartei CDU, ohne die es nicht ging, blieb aus. Söder wartete eine Zeit lang, aber die CDU-Granden riefen ihn einfach nicht, keiner von Rang und Namen schlug ihn vor. Also rief Söder sich schließlich selbst – und hielt daran in Verkennung der Machtverteilung zwischen den Schwesterparteien auch noch fest, als sich der CDU-Bundesvorstand gegen ihn und für Laschet aussprach.

Söders Argument waren die Umfragen, er nahm die Zahlen der Demoskopen zum Maßstab – und die waren eindeutig. Mitte April 2021 glaubten 44 Prozent der Bundesbürger, dass der CSU-Chef eher geeignet sei, die Union in die Bundestagswahl zu führen. Nur 15 Prozent sagten das über Laschet. Allerdings sahen 33 Prozent keinen der beiden Politiker vorn – eine für sich genommen schon alarmierende Zahl. Noch eindeutiger fiel das Urteil bei den Unionsanhängern aus. Hier votierten 72 Prozent für Söder und nur 17 Prozent für Laschet – bei 6 Prozent Enthaltung.

Doch nicht alle Führungsentscheidungen werden nach Umfragen getroffen – auch nicht die »K-Frage«. Das dann folgende Drama in Form eines neuntägigen Tauziehens um die Kanzlerkandidatur bestand im Kern aus Söders Unfähigkeit, die Entscheidung der Gremien in demokratischer Tradition zu akzeptieren, die Niederlage gegen Laschet anzunehmen und diesen fortan im Wahlkampf zu unterstützen – oder ihm zumindest nicht zu schaden.

Thema abgehakt

Es kam bekanntlich anders. Der Unmut darüber in der CDU ist immer noch groß, auch wenn in weiten Teilen der Partei heute viele die Einschätzung teilen, dass Laschet einfach der falsche Kandidat und der Wahlkampf schlecht geführt war und ohne zündende Themen auskommen musste. Die Frage, woher aber die inhaltliche Schwäche der CDU-Wahlkampagne rührt, fällt eindeutig auf die CDU und ihre Vorsitzende zurück und nicht auf Söder.

Merkel war erfolgreich als eine Art Präsidialkanzlerin, die über den Parteien stand. Das sicherte ihr großen Wählerzuspruch und vier Wahlsiege, führte aber zu einer systematischen Vernachlässigung ihrer eigenen Partei. Die CDU hatte zu funktionieren, ihrem Ruf als »Machtmaschine« gerecht zu werden. Debatten, kritische Analysen und Gegenmeinungen waren unerwünscht; sie hätten den reibungslosen Ablauf des Regierungsalltags gestört.

Der Preis dafür war eine inhaltliche Entkernung. Eine Partei, die rundgeschliffen wird und notfalls in jede Form passt, um den gerade verfügbaren Mehrheiten zu entsprechen, verliert zwangsläufig Profil, Schwung und die Fähigkeit, in wenigen Worten ihre Ziele zu verdeutlichen. Hinzu kam, dass durch den langen Machtkampf innerhalb der CDU die Arbeit zur Vorbereitung des Bundestagswahlkampfs viel zu spät begann. Das Konrad-Adenauer-Haus, die Düsseldorfer Staatskanzlei von Laschet, die Unionsfraktion im Bundestag sowie die beauftragten Agenturen und Berater arbeiteten nicht Hand in Hand, sondern aneinander vorbei und gelegentlich auch gegeneinander. Offen und nicht mehr zu klären ist allerdings die Frage, ob Laschet die fehlenden 1,6 Prozentpunkte Unterschied zur SPD und Olaf Scholz noch bekommen hätte, wenn Söder ihm nicht ständig in die Parade gefahren wäre.

Man kann die Frage auch anders stellen, so wie der Bürgermeister von Bielefeld, Andreas Rüther, der nach der Bundestagswahl bei einem Landesparteitag der CDU in Nordrhein-Westfalen ein kurzes Grußwort hielt. »Viele glauben heute, dass die CDU die Wahl mit Söder gewonnen hätte«, sagte Rüther zu den CDU-Delegierten. »Ich aber glaube, dass Sie die Wahl wegen Söder verloren haben.« Daraufhin tobte der Saal – der Bürgermeister hatte ins Schwarze getroffen.

Spricht man heute mit Armin Laschet über die Niederlage, erlebt man einen nachdenklichen und gelassenen Mann, der alles gewagt, viel verloren und sich dennoch die Freude an der Politik erhalten hat. »Die Umfragen sahen damals gute Werte von Söder, aber viele in der CDU ahnten, dass wir wegen seiner populistischen Position gegen die Eurorettungs- oder Flüchtlingspolitik von Angela Merkel einen aggressiven rot-grünen Wahlkampf erleben würden«, sagt Laschet heute. Der markanteste Spruch zur K-Frage sei damals vom Ministerpräsidenten Sachsen-Anhalts Reiner Haseloff gekommen, erinnert sich der frühere CDU-Vorsitzende. Haseloff habe damals über Laschet gesagt, dass dieser »nach allgemeiner Überzeugung absolut kanzlerfähig« sei. Doch gehe es nicht um »persönliche Sympathie, Vertrauen oder Charaktereigenschaften«, sondern darum, mit wem die Union die besten Chancen habe, so Haseloff, der seinem bayerischen Amtskollegen damit zugleich ein sehr kritisches Zeugnis ausstellte. »Im Ergebnis hatte er Recht«, glaubt Laschet heute, »Charakter spielt für manche keine Rolle, es geht nur um Umfragen.«

Es sind Wunden geblieben. Die verlorene Wahl und die Gründe dafür harren noch der parteiinternen Aufarbeitung. »Es gibt Dinge, die nicht so leicht vergessen werden können«, meint Laschet. »Die Neigung der CSU, Söder auch nach der Entscheidung des CDU-Vorstands weiterhin immer wieder ins Spiel zu bringen, war nicht in Ordnung. Das haben viele in der CDU nicht vergessen«, sagt Laschet. Bis heute melden sich aber noch CSU-Mitglieder von der Basis bei ihm, die sich für das Agieren ihrer Führung 2021 entschuldigen, erzählt Laschet. »Bei der nächsten Wahl wird keiner mehr nach Söder fragen, das Thema ist endgültig erledigt«, sagt Laschet. »Die Wut in der CDU auf Söder ist riesig, selbst bei denen, die ihn damals unterstützt haben.«

Auch dem Gescholtenen selbst ist inzwischen wohl gedämmert, dass er sich durch sein Verhalten jede Chance verbaut hat, erneut einen Anlauf in Richtung Berlin zu unternehmen. Weil sich seine jahrelange Versicherung »mein Platz ist in Bayern« inzwischen verbraucht hat, fügt Söder, darauf angesprochen, jetzt eine zusätzliche Beteuerung hinzu. »Für mich persönlich ist das Thema abgehakt«, versichert er. »So eine Möglichkeit ergibt sich nur einmal in einem politischen Leben.«

»Total unfähig«

Blickt man in die wechselvolle Geschichte der beiden Unionsparteien, spricht viel für diese Sichtweise. Häufiger als inhaltliche Fragen war es der Konflikt um die Kanzlerkandidatur und damit um die Vorherrschaft im bürgerlichen Lager, der CDU und CSU auseinandertrieb, mehrfach sogar bis an den Rand der Spaltung.

Der Grundkonflikt ist schon in der unterschiedlichen Struktur angelegt. Die CDU ist mit 15 Landesverbänden und rund 400 000 Mitgliedern die wesentlich größere und dominierende Kraft. Allerdings muss sie auch immer darauf achten, die vielen regionalen Unterschiede auszubalancieren. Dazu sind zahlreiche Absprachen und Kompromisse erforderlich, die nicht nur viel Energie kosten, sondern oft genug auf Kosten des Profils und der Erkennbarkeit der einzelnen Landesverbände und der ganzen Partei gehen.

Die zum Beispiel eher konservative CDU in Hessen ist mit ihrem Kurs seit langem erfolgreich. Hingegen hätte die CDU in Nordrhein-Westfalen nie eine Landtagswahl gewonnen, wenn sie so auftreten würde wie die Parteifreunde in Hessen. An Rhein und Ruhr entscheiden die Arbeiter und Angestellten die Wahl; nirgendwo sonst ist der Sozialflügel CDA, die Christlich-Demokratische Arbeitnehmerschaft, größer und einflussreicher als im Industrieland NRW. Im evangelisch geprägten Norden Deutschlands hingegen ist eine liberale und moderne CDU im Stil von Angela Merkel die regelmäßige Wahlgewinnerin, wie zuletzt der Erdrutschsieg von Ministerpräsident Daniel Günther im Mai 2022 zeigte.

Die CSU hingegen lebt stark von ihrer Identität als bayerische Partei, der in erster Linie das Wohl des Freistaats am Herzen liegt. Weil sie nur in Bayern antritt, wird diese Konzentration auf das Land auch von den Wählern belohnt. Die Stärke der CSU, die sich selbst zu Recht als letzte verbliebene Volkspartei Europas sieht, schlägt allerdings regelmäßig in Großspurigkeit, Alleinvertretungsansprüchen und Besserwisserei um – ein Umstand, der vor allem die CDU erkennbar nervt. Es gab deshalb immer wieder Bestrebungen, den Konstruktionsfehler der regionalen Aufteilung zu beseitigen. Heiner Geißler und eine Zeitlang auch Wolfgang Schäuble haben mit dem Gedanken gespielt. Andere hingegen, vor allem in konservativen CDU-Kreisen, sehen in der CSU einen zwar schwierigen, aber oft genug auch willkommenen Partner, um eigene Ziele innerhalb der CDU durchzusetzen.

Zweimal in ihrer wechselvollen Geschichte standen CDU und CSU vor dem Bruch. Das erste Mal passierte es 1976, als Franz Josef Strauß nach der knappen Niederlage von Helmut Kohl bei der Bundestagswahl die Fraktionsgemeinschaft mit der CDU aufkündigte. Bei der berüchtigten CSU-Klausur im Wildbad Kreuth wurde die Trennung beschlossen; Strauß glaubte mehr Stimmen für die Union erzielen zu können, wenn sie getrennte Wege ging. Der Widerstand dagegen war aber so groß, dass Strauß wenig später wieder zurückrudern musste. Auch hier lag der Kern des Konflikts in der Rivalität zwischen den beiden Parteivorsitzenden.

Strauß hielt Kohl für völlig unfähig, wie er in seiner hitzigen Rede im Schulungssaal der Münchener Wienerwald-Zentrale bekannte. Die von einem Unbekannten mitgeschnittene und fünf Tage später dem *Spiegel* zugespielte Rede war eine Ansammlung von Herabsetzungen und Beleidigungen – die heute wohl zum Rücktritt des Redners geführt hätte. Der Kernsatz von Strauß über Kohl ist oft zitiert worden und steht auch heute noch für sich. »Er ist total unfähig, ihm fehlen die charakterlichen, die geistigen und die politischen Voraussetzungen. Ihm fehlt alles dafür«, sagte Strauß – gemeint war das Kanzleramt.

Der Streit zwischen den beiden hielt an und trotz großer Verstimmungen bei der CDU gelang es Strauß 1980, als Kanzlerkandidat der Union in die Bundestagswahl zu gehen (obwohl er vorher behauptet hatte, er würde lieber Ananas in Alaska züchten als Bundeskanzler zu werden). Der Kandidatur von Strauß war allerdings kein großes Ringen mit Kohl vorausgegangen; der CDU-Chef hielt es angesichts der Popularität des damaligen Kanzlers Helmut Schmidt für klüger, Strauß den Vortritt zu lassen. Er verlor, und als zwei Jahre später die sozialliberale Koalition zerbrach, wurde Kohl Kanzler. In seinem Kabinett fand sich aus naheliegenden Gründen kein angemessener Platz für Strauß, der daraufhin grollend in Bayern blieb und fortan lustvoll und regelmäßig die schwarz-gelbe Bundesregierung in Bonn kritisierte.

Chicken Game

Der zweite große Konflikt wurde wegen der Asylpolitik von Kanzlerin Merkel ausgetragen. Er begann 2015, als Merkel die deutschen Grenzen für die in Budapest unter elenden Bedingungen ausharrenden Flüchtlinge aus dem Nahen Osten öffnete. Nach Ansicht vieler Unionsanhänger versäumte sie es aber, die Grenzen wieder zu schließen – spätestens als der Zustrom fremder Menschen die Millionengrenze überschritt und kaum noch zu kontrollieren war. Die Proteste in Teilen der Bevölkerung nahmen an Schärfe zu, während andere sich für die Flüchtlinge engagierten.

Die politische Auseinandersetzung wurde vor allem zwischen der Kanzlerin und dem damaligen CSU-Vorsitzenden Horst Seehofer geführt, der als Bundesinnenminister gleichzeitig in die Kabinettsdisziplin eingebunden war. Anders als beim ersten großen Streit ging es nicht um personelle und strategische Fragen, sondern um eine sachpolitische Auseinandersetzung. Seehofer als Innenminister verlangte Grenzschließungen, Kontrollen und Zurückweisung von Personen, die aus sicheren Herkunftsländern kamen und nicht als Asylsuchende gelten konnten. Mit Merkel waren jedoch weder Grenzschließungen noch Zurückweisungen an der Grenze zu machen.

Daraus entwickelte sich eine Duellsituation, die dem amerikanischen »Chicken Game« glich. Beim »Chicken Game« rasen zwei Autos in voller Geschwindigkeit aufeinander zu. Wer zuerst ausweicht, ist der Angsthase, das »Chicken«. Wer nicht in letzter Sekunde das Steuer herumreißt, sondern weiter auf Konfrontationskurs bleibt, ist in diesem Spiel der Sieger. Schlimm wird es allerdings, wenn keiner nachgibt – dann sind beide tot.

Das Duell zwischen Merkel und Seehofer erinnerte die Zuschauer in der CDU und CSU zunehmend an diese gefährliche Mutprobe. Die Kanzlerin konnte ihren Innenminister nicht einfach entlassen, weil er zugleich CSU-Vorsitzender war. Seehofer wiederum machte seine wiederholte Rücktrittsdrohung nicht wahr, weil er sonst als »Chicken« ausgeschieden wäre – und wahrscheinlich die Koalition sowie die Unionsgemeinschaft zum Bruch gebracht hätte. Beides scheute er in letzter Konsequenz, ebenso wie Merkel.

Ohnehin verband die beiden höchst unterschiedlichen Politiker eine belastete Beziehung. Auslöser war 2004 der Streit um die sogenannte »Kopfpauschale« im Gesundheitssystem gewesen. Danach sollten die Beiträge für die Krankenkasse nicht mehr nach Gehalt gestaffelt werden, sondern einheitlich ausfallen. Seehofer, damals Unionsfraktionsvize, lehnte die Streichung des Solidarprinzips in der Gesundheitspolitik ab. Weil er sich jedoch nicht durchsetzen konnte, trat er zurück – und sah Merkel fortan mit kritischem Blick. Einer der wesentlichen Befürworter der Kopfpauschale, die dann nach Merkels fast verlorener Bundestagswahl 2005 sang- und klanglos in den Schubladen verschwand, war übrigens Friedrich Merz. Er feierte die im Zuge der Leipziger Parteitagsbeschlüsse 2003 ersonnene Reform als »Anfang vom Ende der Sozialdemokratisierung der Union«. Gefeiert, immer wieder neu diskutiert – aber dann endgültig begraben.

Im Asylstreit schafften es Seehofer und Merkel irgendwie über die Sommerpause, ohne die Union zu spalten. Viel fehlte damals allerdings nicht – da sind sich heute beide Seiten einig. Das gilt auch für die Einschätzung, dass der Streit um die Flüchtlingspolitik den Zusammenhalt der Union nachhaltig geschwächt hat, was bis heute fortwirkt.

Sieht man von den fast schon alltäglichen Störfeuern der CSU gegen die Bonner und Berliner Politik ab, dann stellt sich die Ära Waigel noch als die harmonischste Phase in der Geschichte der beiden Parteien dar. Der Journalist Peter Fahrenholz, der die beiden konservativen Schwestern für die *Süddeutsche Zeitung* seit Jahren aufmerksam beobachtet, sieht den Grund dafür in Waigels Realismus. Nach seiner Analyse war Waigel als Bundesfinanzminister in Kohls Kabinett, anders als Strauß und später Edmund Stoiber, nicht von der Vorstellung besessen, eigentlich der bessere Kanzler zu sein.

Stoiber konnte sich später gegen Merkel durchsetzen, als diese ihm 2002 beim denkwürdigen Frühstück in Stoibers Wohnhaus in Wolfratshausen die Kanzlerkandidatur antrug. Er bekam dann aber drei Jahre später die volle Härte der CSU zu spüren. Als er entgegen den Erwartungen der Partei nach Merkels Wahlsieg 2005 nicht als Bundesminister nach Berlin wechselte, sank sein Stern in Bayern.

Die Gründe für seine Flucht aus Berlin sind vielfältig. Zum einen konnte er sich mit den anderen Ministern nicht über den Zuschnitt eines von ihm beanspruchten erweiterten Wirtschaftsministeriums einigen. Als er merkte, dass Merkel für ihn keinen Finger rührte, war sein Weg zurück nach München schon vorgezeichnet. Zum anderen fühlte er sich auf dem glatten Parkett der Bundespolitik und der ständig lauernden Hauptstadtpresse zunehmend unwohl.

Sein Entschluss, in Berlin doch nicht anzutreten, wurde in München, wo man schon ohne ihn geplant hatte, mit heftigem Kopfschütteln zur Kenntnis genommen. In der Folge schwand sein Rückhalt. 2007 wurde er von der CSU zum Rückzug gezwungen, obwohl er bei den Landtagswahlen 1994 und 1998 mehr als 52 Prozent der Stimmen geholt hatte und 2002 mit 60,7 Prozent sogar eine nie mehr erreichte Zweidrittelmehrheit der Sitze erobern konnte. Doch Parteien belohnen ihre Vorsitzenden nicht für errungene Siege, sondern sie erwarten von ihnen Erfolge bei der nächsten Wahl. Anders gesagt, ein Parteivorsitzender hat nur eine einzige Aufgabe: Wahlen zu gewinnen. Wer diese Gewähr nicht mehr bieten kann, wird gnadenlos abgesägt – vor allem in der CSU. Niemand weiß das übrigens besser als Markus Söder, der jahrelang alles tat, um Horst Seehofer als CSU-Vorsitzenden und bayerischen Ministerpräsidenten aus dem Amt zu drängen.

Ruhe im Unionsteich?

Jahrzehntelang erzeugten CDU und CSU mit ihrem internen Wettbewerb eine Mobilisierungsenergie, die vor allem den Christsozialen nutzte. Sie finden bis heute Zuspruch in allen sozialen Schichten – von der »Leberkäs-Etage« bis hinauf zur »Champagner-Etage«, wie Stoiber es einmal formulierte. Die erfolgreichste Arbeiterpartei in Bayern ist die CSU und eben nicht die SPD, die im Freistaat traditionell ein Schattendasein fristet. Diese breite

Verankerung in der Bevölkerung ist auch der Grund für den Erfolg der CSU. Daraus leitet sie den Anspruch ab, in allen Fragen nationaler Tragweite auch als Regionalpartei mitreden zu dürfen – bis hin zur Außen- und Sicherheitspolitik.

Dieser bundespolitische Anspruch lässt sich jedoch nur aufrechterhalten, wenn die CSU weiterhin die mit Abstand stärkste und bestimmende Kraft im Freistaat bleibt. Nach den Abwärtstendenzen der letzten Jahre und dem offenbar unwiederbringlichen Verlust der absoluten Mehrheiten bei bayerischen Landtagswahlen muss die CSU härter denn je um diese Bedeutung ringen. Zwar ist sie die führende politische Partei zwischen Aschaffenburg und Mittenwald geblieben, aber gerade am rechten Rand sind ihr mit der AfD und vor allem mit den Freien Wählern Konkurrenten erwachsen, die im gleichen Wählerreservoir fischen.

Auch wenn persönliche Angriffe, Intrigen und politische Raufereien zwischen CDU und CSU sozusagen zur Familientradition gehören – auf Bundesebene ist die Union nicht zuletzt wegen ihrer Uneinigkeit 2021 in der Opposition gelandet. Das ist auch Söder nicht entgangen. Die alte Losung »getrennt marschieren, vereint schlagen« soll zwar behalten werden, aber die Reibungsfläche erheblich schrumpfen. Nach dem Machtkampf zwischen Söder und Armin Laschet bei der Bundestagswahl 2021, der die gesamte Union nach unten zog, hatten sich Merz und Söder früh darauf verständigt, eine Wiederholung dieses Schauspiels unter allen Umständen zu vermeiden. Söder hatte sich anfangs noch offengehalten, wie er gegenüber Merz agieren werde. Wäre dessen Comeback in Berlin weniger erfolgreich gewesen oder gar gescheitert, hätte Söder wohl erwogen, einen neuen Anlauf auf das Kanzleramt zu nehmen. Doch je besser Merz in Berlin sowohl die Bundestagsfraktion als auch die CDU in den Griff bekam, desto mehr erkannte der CSU-Chef, dass er nur um den Preis eines neuerlichen, erbitterten Machtkampfs auf offener Bühne die Kanzlerkandidatur hätte beanspruchen können. In der CDU wäre das nicht gut aufgenommen worden, auch wenn Söder dort immer noch seine Fans findet. Doch gerade in NRW hat man nicht vergessen, wie gnadenlos und egoistisch er Armin Laschet demontiert hatte. Die »Überlassung« der Kanzlerkandidatur an Merz im September 2024 war in Anerkennung der Realitäten und aktuellen unionsinternen Kräfteverhältnisse deshalb ein Verzicht, zu dem es für Söder keine vernünftige Alternative gegeben hätte.

10.

Irrwege und Auswege: die »Sozialdemokratisierung«

Sie hatten sich bei der Debatte nichts geschenkt, der Sozialflügel der CDU und die Wirtschaftsliberalen der Mittelstandsvereinigung. Als bei der Abstimmung schließlich die Mehrheit der Delegierten auf dem Leipziger Parteitag 2003 dem neuen Parteiprogramm zustimmt, hielt es Friedrich Merz nicht mehr auf seinem Stuhl. Begeistert stürmte er an das Rednerpult und fasste in wenigen Worten zusammen, was Angela Merkel und er da unter dem Stichwort »neue soziale Marktwirtschaft« entworfen und gegen starke Widerstände in der Partei durchgekämpft hatten: eine Steuerreform, die zwar nicht so radikal war, dass sie auf den berühmten Bierdeckel gepasst hätte, aber dennoch eine erhebliche Vereinfachung vorsah. Und eine sogenannte »Kopfpauschale«, die das Solidarprinzip in der Krankenversicherung beerdigte und gleich hohe Beiträge für jeden Versicherten vorsah. Es war eine wirtschafts- und sozialpolitische Kehrtwende, die der damaligen CDU-Vorsitzenden Merkel bereits Vergleiche mit der »Eisernen Lady« Margaret Thatcher eingebracht hatte.

Merz war auf dem Parteitag bester Stimmung, auch wenn sein Verhältnis zu Merkel damals bereits in Gegnerschaft umgeschlagen war. Endlich hatte sich die CDU einen Ruck gegeben und sich bewegt – und zwar in die richtige, in die marktliberale Richtung! »Heute ist der Anfang vom Ende der Sozialdemokratisierung der Union«, jubelte Merz 2003 in Leipzig.

Programmatische Achsenverschiebung

Er sollte sich irren. Zwei Jahre später war Merkel bereits Kanzlerin und die Sozialdemokratisierung der Union ging gerade erst richtig los. Wenn man die damaligen Beschlüsse heute liest, scheint es kaum vorstellbar, dass Merz und Merkel solche Papiere damals gemeinsam verfasst haben. Vor allem die Kopfpauschale, die wegen ihres martialischen Namens später in »Gesundheits-Prämienmodell« umgetauft wurde, war ein Bruch mit dem Solidarprinzip, das die Union Jahrzehnte lang hochgehalten hatte. Der Streit darüber ging auch nach dem Leipziger Parteitag weiter und führte unter anderem dazu, dass 2004 der Gesundheitsexperte und Unionsfraktionsvize Horst Seehofer aus Protest von seinem Amt zurücktrat.

Auch zwischen CDU und CSU gab es damals viele Verstimmungen. Dennoch zog Merkel 2005 unbeirrt mit dem marktliberalen Programm in den Bundestagswahlkampf. Im Kompetenzteam hatte sie den angesehenen Rechtsprofessor und früheren Verfassungsrichter Paul Kirchhof, der mit 25 Prozent Höchststeuersatz warb – bei Streichung nahezu aller Vergünstigungen. Kanzler Schröder zerlegte das Konzept, indem er sagte, dass »der Professor aus Heidelberg« der Krankenschwester ihre steuerfreien Nachtzuschläge streichen wollte, damit die Reichen weniger Steuern zahlen müssten. Das war unfair und unsachlich, zeigte aber Wirkung. Hinzukam, dass Kirchhof, der sehr viel von Jura, aber wenig von Wahlkämpfen verstand, nicht deutlich genug zwischen seinen Ansichten und den Plänen der CDU trennte, so dass Merkel sich auf dem Höhepunkt der Kampagne von ihrem Schattenfinanzminister distanzieren musste.

Natürlich wurde von Schröder und anderen nicht redlich argumentiert, aber in Wahlkämpfen gelten andere Gesetze als im Steuerrechtsseminar. Im Endeffekt führte die Debatte um das Wirtschafts- und Sozialprogramm der Union dazu, dass die anfänglich große Zustimmung zur Union von Woche zu Woche sank und Merkel ihren sicher geglaubten Sieg 2005 um ein Haar verpasst hätte. Die angepeilte Koalition mit der FDP kam nicht zustande und die Union musste sich in eine Große Koalition mit der SPD begeben, um Schröder und die Grünen ablösen zu können.

Aus diesen Ereignissen zog Merkel Konsequenzen: Sie kam erstens zu dem Schluss, dass die Deutschen Wirtschaftsreformen misstrauisch betrachten und ihnen in aller Regel ablehnend gegenüberstehen. Auch der Widerstand großer Teile der SPD und der Bevölkerung gegen die Sozialreformen von Schröder war ihr nicht entgangen; am Ende hatte Schröder wegen der Agenda 2010 zwar Anerkennung bei seinen Gegnern gefunden, aber die Macht in den eigenen Reihen verloren. Das sollte ihr nicht passieren.

Zweitens musste Merkel nach dem missratenen Wahlkampf 2005 eine Regierung mit den Sozialdemokraten bilden. Schon bei den Koalitionsverhandlungen wurde deutlich, dass sie ihr marktliberales Leipziger Programm schleifen musste. Von da an verwandelte sich die eiserne deutsche Thatcher in die schwarze Genossin Angela.

Friedrich Merz ordnet die Gründe für Merkels programmatische Achsenverschiebung allerdings anders ein. »Die CDU hat die Bundestagswahl nicht wegen der Leipziger Reformagenda fast verloren, sondern wegen Unklarheiten in der Kommunikation und Außendarstellung«, sagte Merz 2019 in einem Interview mit dem *Handelsblatt*. Daraus habe »die CDU dann die Schlussfolgerung gezogen, wir hätten wegen zu ambitionierter Reformpläne die Wähler verschreckt. Diese Wahlanalyse habe ich nie geteilt«.

Merkel-Grün-Hegemonie

Ob es damals wirklich eine Mehrheit für die Flatrate-Steuer von Kirchhof oder für die Kopfpauschale gegeben hätte, sei dahingestellt. Tatsache ist, dass es damals bei der CDU an vielen Stellen tiefgreifenden Verbesserungsbedarf gab, man kann auch sagen, dass die Christlich Demokratische Union ein Sanierungsfall war. Merkel hatte im Jahr 2000 bei ihrer Wahl zur Vorsitzenden nämlich eine hoffnungslos überalterte und männerdominierte Partei übernommen, die dringend eine Frischekur benötigte. Zu dieser Zeit verstarben in jeder Legislaturperiode mehr Unionswähler, als die Partei an Erstwählern hinzugewinnen konnte.

Auch inhaltlich und habituell war einiges aufzuholen. Man muss sich nur den Parteitag 2000 in Erinnerung rufen, um das Ausmaß des Rückstands oder anders gesagt die Dringlichkeit des Modernisierungsbedarfs zu begreifen. Unmittelbar vor Merkels Wahl redete in der Essener Grugahalle Hans Filbinger, der als Ministerpräsident von Baden-Württemberg 1978 hatte zurücktreten müssen, weil er als Marinerichter noch gegen Ende des Zweiten Weltkriegs Todesurteile verhängt hatte. Filbinger wetterte in Essen gegen die Zulassung homosexueller Lebensgemeinschaften, gegen das Abtreibungsrecht und die vermeintliche »Geschichtsklitterung« in Schulbüchern über das »Dritte Reich«. Er ernte dafür lebhaften Beifall von einer CDU, die sich gerade eben erst durch die Parteispendenaffäre moralisch diskreditiert hatte.

Auch das war im Jahr 2000 ein Teil der CDU, die Angela Merkel, die Pfarrerstochter aus der Uckermark, gerade im Begriff stand zu übernehmen. Als sie in Essen schließlich mit fast 96 Prozent der Stimmen zur Vorsitzenden gewählt worden war, stimmte sie die Delegierten sogleich auf Veränderungen ein. Im gerade begonnenen neuen Jahrhundert werde »fast nichts mehr so sein, wie es war«, sagte Merkel. Die CDU werde künftig für ihre Politik »die Perspektive der heute Jungen wählen«, wenn sie eine Politik durchsetzen wolle, die über den Tag hinaus Bestand habe.

Diese Sätze hatte die neue Vorsitzende mit Bedacht formuliert. Unabhängig von der inneren Verfassung der Union wurde 1998 durch den Wechsel zu Rot-Grün nach 16 Jahren Helmut Kohl ein Wandel in vielen sozialen Fragen und Rollenbildern eingeleitet. In der bundesdeutschen Gesellschaft wuchs eine größere Offenheit in Fragen von Familie, Partnerschaft und Umweltschutz, um nur einige zu nennen. Es waren wichtige Themen, die in der CDU zu dieser Periode noch keine zeitgemäße Entsprechung fanden – auch deshalb forderte Merkel ihre Partei auf, die Welt mehr aus der Perspektive der jüngeren Generation zu betrachten. Deutschland war bunter, offener und unkonventioneller geworden und die Union musste darauf achten, dass sie den Zug der Zeit nicht verpasste, ohne sich gleichzeitig dem Zeitgeist anzubiedern.

Für diese Stimmung, die sich ab der Jahrtausendwende allmählich entwickelte, hat Bernd Ulrich in der *Zeit* einmal den Begriff der »Merkel-Grün-Hegemonie« geprägt. Der Begriff passt in der Rückschau auch heute noch – zumindest auf die ersten beiden Legislaturperioden unter ihrer Kanzlerschaft. Diese Phase dauerte bis zur Asylkrise 2015 an und zeichnete sich durch eine gewisse Grundzufriedenheit und Richtungsgewissheit aus – zumindest im damals entstehenden Mainstream. Die Republik, so empfanden es die Protagonisten, war liberaler, ökologischer, auch weiblicher und multikultureller geworden, ohne dabei – im Unterschied zu heute – bei Wirtschaft und Wohlstand größere Einbußen hinnehmen zu müssen.

Man verortete sich auf der guten Seite des Spektrums und unterlegte das mit einer moralisch überhöhten Selbstgewissheit, für die man jedoch nicht wirklich einstehen musste. Die Grünen und ihr Gedankengut wurden Teil dieses herrschenden Mainstreams, kamen als Oppositionspartei aber nie in die Verlegenheit, dafür irgendeine Verantwortung tragen zu müssen. So konnte sich Deutschland als Klimavorbild und mutiger Vorreiter der »Energiewende« aufspielen, obwohl die Emissionen in wichtigen Bereichen wie dem Verkehr immer weiter stiegen. Man fühlte sich öko, liberal und moralisch überlegen. Bedrohungen von außen waren weit weg und wurden nicht ernst genommen – sorglos und von naiver Zuversicht beseelt verfrühstückten die Deutschen ihre sicher geglaubte »Friedensdividende«.

Auf die Höhe der Zeit gebracht

Diese Stimmung beförderte objektiv notwendige Modernisierungen, die Merkel – zumal in einer großen Koalition mit der SPD – gar nicht ignorieren konnte. Die wichtigste und gesellschaftspolitisch überfälligste Reform galt der gewandelten Einstellung zur Erwerbstätigkeit von Frauen. Es ging nicht mehr darum, dass die Frauen nach der Kindererziehung wieder in Teilzeit arbeiten gingen, sondern es ging um einen von Beginn an gleichberechtigten Ansatz:

Frauen haben – auch als Mütter – den gleichen Anspruch auf berufliche Verwirklichung wie ein Mann. Und Väter haben, ob berufstätig oder nicht, die gleiche Verpflichtung ihren Kindern gegenüber wie Mütter.

Diese heute selbstverständliche Zielbeschreibung wurde zu Beginn des Jahrtausends in wichtigen Gruppen der Union noch nicht geteilt. Das Ergebnis war, dass die Union von jungen Frauen immer weniger gewählt wurde und es in deutschen Großstädten kaum noch Oberbürgermeister von CDU und CSU gab. Es waren Merkel und Ursula von der Leyen, die schließlich begannen, das traditionelle oder besser gesagt rückständige Familienbild der Union auf die Höhe der Zeit zu bringen und vor allem dafür zu sorgen, dass Familie und Beruf auch in der Praxis des täglichen Lebens miteinander vereinbart werden konnten.

Zwar gab es schon seit 1996 einen Rechtsanspruch auf einen Kindergartenplatz für Dreijährige, aber für die Kinder unter drei Jahren sah es schlecht aus. Der Mangel war politisch gewollt; das gängige Argument lautete, dass »kleine Kinder doch am besten bei der Mutter aufgehoben« seien. Frauen, die einen Einjährigen in Betreuung gaben, um sich wieder ihrer Arbeit widmen zu können, galten in konservativen Kreisen als »Rabenmütter«.

Merkel und von der Leyen änderten das. In mehreren Stufen wurden, versehen mit einem Rechtsanspruch, die Kitaplätze für Kleinkinder immer weiter ausgebaut. Wie groß das Bedürfnis bei den jungen Familien in Deutschland war und ist, zeigt die Tatsache, dass der Bedarf über viele Jahre immer dramatisch unterschätzt worden ist. Zwar wird der Nachwuchs im ersten Lebensjahr in den allermeisten Fällen noch zuhause betreut. Aber für ihre einjährigen Kinder suchen laut dem Deutschen Jugendinstitut bereits 64 Prozent der Eltern einen Betreuungsplatz, für Zweijährige 81 Prozent. In Ostdeutschland und in den

Stadtstaaten ist der Bedarf sogar noch deutlich höher. Nach Auskunft des Instituts der Deutschen Wirtschaft fehlen bundesweit immer noch rund 350 000 Plätze.

Obwohl es also weder am Bedarf noch an der offensichtlichen Akzeptanz Zweifel geben kann, hält sich immer noch hartnäckig die These, dass Merkel mit ihrem »Linkskurs« das traditionelle Familienbild der Union beschädigt habe. Dazu wird auch die Tatsache gezählt, dass Merkel und von der Leyen das Modell der Vätermonate von der damaligen Familienministerin Renate Schmidt (SPD) übernahmen, die das Elterngeld als Lohnersatzleistung konzipiert hatte. Der CSU-Politiker Peter Ramsauer führte den Widerstand der Union an, indem er die »Vätermonate« als »Wickel-Volontariat« verspottete.

Dabei ist auch hier ausweislich der Zahlen der erzieherische Anreiz dieser Reform beachtlich: Vor der Einführung des Elterngelds nahmen nur 3 Prozent der Väter eine berufliche Auszeit, um sich ihren Kindern widmen zu können; inzwischen sind es deutlich mehr. Der Anteil der Kinder, deren Vater zumindest zeitweise Elterngeld bezogen hat, liegt für den Jahrgang 2018 bei beachtlichen 42 Prozent.

Den größten innerparteilichen Ärger zog sich Merkel dann mit der Öffnung der Ehe für homosexuelle Paare zu. Obwohl sie persönlich immer dagegen war – und das bis zur Entscheidung im Bundestag durchhielt – ermöglichte sie einen Beschluss der Großen Koalition, indem sie die Abstimmung als eine Art Gewissensentscheidung deklarierte und somit den Fraktionszwang quasi aufhob. Die SPD nutzte die Gelegenheit und stellte prompt einen bereits vorliegenden Gesetzesentwurf aus Rheinland-Pfalz zur Abstimmung. Weil neben Grünen und FDP auch eine ganze Reihe Unionsabgeordnete zustimmten, erhielt die Homo-Ehe eine breite Mehrheit im Bundestag.

Die Kirchen und die Konservativen tobten und zogen vor das Bundesverfassungsgericht – allerdings erfolglos. Inzwischen wird – ohne den Furor früherer Debatten – sogar schon über ein Adoptionsrecht für verheiratete homosexuelle Paare gesprochen. Auch Friedrich Merz hat seine früheren Vorbehalte dagegen aufgegeben.

Ein weiteres Streitthema, das Merkel von ihren innerparteilichen Kritikern als »Sozialdemokratisierung« vorgehalten wird, betrifft die Frauenquote. Merkel selbst, die ohne jede Quotierung 1991 Frauenministerin im Kabinett Kohl wurde, war in den ersten Jahren nie eine Verfechterin dieses Instruments. Der Grund dafür lag in ihrer Sozialisierung als DDR-Bürgerin; im Sozialismus ostdeutscher Prägung waren Frauen von Anfang an ein selbstverständlicher Teil der Werktätigen – die »Nur-Hausfrau« war in der DDR nicht vorgesehen. So kokettierte Merkel damit, dass Kohl sie regelrecht habe »anstupsen« müssen, damals dem Drittel-Quorum bei der Besetzung der Listenplätze in der CDU zuzustimmen.

Bei der Quotierung von Führungsposten innerhalb der Wirtschaft nahm die CDU zunächst recht geschlossen eine ablehnende Haltung ein. Es war dann Ursula von der Leyen, die als Arbeitsministerin ihrer Chefin Merkel einen Streit um die Quote regelrecht aufzwang. Gemeinsam mit einer Reihe von Abweichlerinnen in der Fraktion drohte sie 2013 damit, einem Oppositionsantrag zur Einführung eines festen Frauenanteils bei Aufsichtsräten von Unternehmen zuzustimmen. Schließlich ließ sich von der Leyen durch die Zusicherung Merkels wieder auf Linie bringen, dass die Frauenquote spätestens 2020 im Wahlprogramm auftauchen werde. Doch dann folgte der Koalitionswechsel von der FDP zur SPD und Manuela Schwesig, damals Familienministerin, setzte 2015 die Quote von 30 Prozent für die Aufsichtsräte großer Unternehmen durch – der schließlich 2021 auch eine feste Quote für Vorstände folgte.

Der Akzeptanzkorridor

Wenn man heute die Entwicklung sieht, die als Sozialdemokratisierung der Union zusammengefasst wird, darf man nicht alles über einen Kamm scheren. Vielmehr muss man bei der Analyse einzelne Bereiche sorgfältig unterscheiden. Einige der Korrekturen wurden Merkel nämlich mehr oder weniger von außen aufgezwungen, andere wiederum fielen aufgrund ihrer einsamen Entscheidungen. So dürfte eine der Ursachen für Merkels Umschwung bei der Homo-Ehe die Tatsache sein, dass alle potenziellen Koalitionspartner der Union diese Änderung damals zur Bedingung für künftige Regierungsbündnisse gemacht hatten. Ähnlich wie die Frauenquote steht dieses Thema exemplarisch dafür, wie sich die Union in dieser Phase von Merkels Kanzlerschaft auf äußeren Druck hin gesellschaftlich modernisiert hat.

Anders verhielt es sich mit wichtigen und identitätsstiftenden Themen wie Asyl, Einwanderung, Bundeswehr und Atomkraft, aber auch mit Wirtschaftsthemen wie dem Mindestlohn und der Steuerpolitik.

Jahrelang hatte die Union als einen ehernen Grundsatz ihr Bekenntnis zum christlich-jüdischen Menschenbild gepredigt. Von heute auf morgen wurde dieses Bekenntnis erschüttert. Zuerst sprachen Christian Wulff und dann auch Angela Merkel davon. Ihr Satz »Der Islam gehört zu Deutschland« löste heftige Debatten aus – vergleichbar mit der von Merz angestoßenen Diskussion über die deutsche Leitkultur deutsche Leitkultur deutsche Leitkultur. Nicht nur bei den Lordsiegelbewahrern der Deutschlandpartei CDU, sondern in weiten Teilen der Union sorgte diese neue, von oben verfügte Doktrin für Störgefühle. Zumal wenig später das zweite Credo getilgt wurde, dass Deutschland nämlich kein Einwanderungsland sei.

Es gab angesichts des wachsenden Zuzugs sicherlich Argumente, über den Status des überalterten Landes neu nachzudenken. Allerdings folgte der Erkenntnis, dass die Demografie den Zuzug neuer Arbeitskräfte geradezu erzwinge, keine konsistente Politik für eine gezielte Anwerbung von Fachkräften. Stattdessen wuchs die Einwanderung in die Sozialsysteme und die Diskrepanz bei den Bildungschancen von Menschen mit und ohne Migrationshintergrund.

Merkel ließ die Dinge laufen und widersetzte sich allen Versuchen von Unionspolitikern, den wachsenden Zuzug zu kanalisieren. Inzwischen weist Deutschland nach Frankreich die höchste Zahl von Muslimen in Europa auf. Die damit verbundenen Probleme wie Bildungsungleichheit und Ghettoisierung werden bis heute geleugnet oder als böswillige »rechte« Gesinnung abgetan. Vor allem im unteren Drittel der Gesellschaft, das von der »Merkel-Grün-Hegemonie« nie ernst genommen wurde, haben die Verteilungs- und Kulturkämpfe zugenommen, ebenso wie der von Extremisten geschürte Hass.

Für den Politikwissenschaftler Oskar Niedermayer bewegen sich Volksparteien wie die CDU »innerhalb eines breiten Akzeptanzkorridors. Die Abschaffung der Wehrpflicht, Mindestlohn, Atomausstieg: All das lag für das Gros der CDU-Wähler noch innerhalb des Korridors«, sagt Niedermayer. »Erst mit dem Offenhalten der Grenzen während der Flüchtlingskrise 2015 hat Angela Merkel diesen Akzeptanzkorridor für viele konservative Wähler verlassen.«

Diese These wird gestützt von der Tatsache, dass Merkel bis 2015 anhaltende Erfolge feierte. Nach Ansicht von Niedermayer werden moderne Gesellschaften einerseits geprägt durch den ökonomischen Konflikt zwischen sozialer Gerechtigkeit und freiem Markt. Andererseits präge der Konflikt zwischen einem konservativ-nationalen und einem multikulturell-ökologisch-liberalen Weltbild die Gesellschaft. Bis zur Flüchtlingskrise dominierte der wirtschaftliche Konflikt, in dem der Union wegen ihrer Wirtschaftskompetenz noch am ehesten zugetraut wurde, zwischen Kapital und Beschäftigten zu vermitteln. Seit 2015 treten Konflikte um das Weltbild mit in den Vordergrund und Merkel blieb mit ihrer Politik eine Antwort schuldig, die von ihrer Partei getragen worden wäre. Das Ergebnis ist bekannt.

Allerdings darf man bei dieser Betrachtung nicht vergessen, dass – unabhängig vom großen Katalysator der Asylkrise – die CDU ohne durchgreifende Veränderungen nicht 16 Jahre lang an der Macht geblieben wäre. Schon in Merkels erster Legislaturperiode warnte die Forschungsgruppe Wahlen vor einem Verschwinden der konservativen Milieus. Die nachlassende Bindungskraft der Kirchen, das nach dem Mauerfall fehlende sozialistische Feindbild und die Ausdifferenzierung der individuellen Lebensstile untergraben die Akzeptanz konservativer Haltungen, so der Befund. Der Niedergang konservativer und christdemokratischer Parteien in Europa bestätigte diese Analyse.

Merkel sei gar nichts anderes übriggeblieben, als die CDU zu öffnen und breiter aufzustellen, sagt ihr Vertrauter Peter Altmaier. Er habe auch »das Diktum, wonach es rechts von der Union keine demokratisch legitimierte Partei geben dürfe«, immer für »problematisch« gehalten. Man würde sich sonst nur »in Abhängigkeit von rechten Stimmungen begeben«. Es bringe den Volksparteien wenig, so Altmaier, wenn sie den Populisten programmatisch nachliefen. Merkel hat sich also ganz bewusst vom rechten

Rand der CDU gelöst, um in der Mitte wachsen zu können. Das hat immerhin 16 Jahre lang funktioniert, allerdings die lange bestandene Alleinherrschaft der Union im politischen Mitte-Rechts-Spektrum beendet.

Ein schmaler Grat

Wenn Friedrich Merz sich jetzt anschickt, die CDU in Richtung 40 % zu bringen, bewegt er sich auf einem schmalen Grat. Ohne die aus der linken Mitte zugewanderten »Merkel-Wähler« wird er es schwer haben, künftig klare Mehrheiten für die Union zu erringen. Umgekehrt verbirgt sich in der riesigen Schar der von der CDU enttäuschten Nichtwähler ein enormes Potenzial. Allerdings darf Merz auch nicht überkompensieren. Alle Analysen zeigen, dass ein Rollback zur klassisch konservativen Partei alten Musters wenig Erfolg verspricht.

Was also tun? Die große Gefahr für die Union bestand darin, dass die Ampelkoalition es mit ihrer breiten politischen Spannweite von ökologisch-sozial-links bis liberal schafft, die Versäumnisse der Ära Merkel aufzuholen. Diese Gefahr ist gebannt. Am 6. Sep 2024 ist die Ampel zerbrochen und Merz kommt seinem Ziel der Neuwahlen schneller näher als gedacht.

Eines der großen Themen, dem Merz sich im Wahlkampf zuwenden will, ist die Sicherheit. Das Bedürfnis nach Sicherheit ist in allen politischen und weltanschaulichen Gruppierungen vorhanden. Das beginnt mit Sicherheit vor Kriminalität und erstreckt sich auch auf den weitverbreiteten Wunsch nach Sicherheit im Wandel. Vor allem im Berufsleben, wo die digitale Transformation viele Jobs überflüssig macht, ist die Verunsicherung der Arbeitnehmer deutlich spürbar. Auch die rasant steigenden Energiepreise und die zunehmende Inflation lösen vor allem in den unteren und mittleren Einkommensgruppen Ängste aus, denen eine erfolgreiche Politik begegnen muss, indem sie Sicherheiten schafft.

Hier kann Merz auf seine und die traditionelle Wirtschaftskompetenz der Union bauen. Nicht zuletzt wird es angesichts der demografischen Entwicklung künftig mehr um die soziale Sicherheit im Alter gehen, denn die junge Generation kann ohne eine tiefgreifende Reform der gesetzlichen Rentenversicherung kaum noch auf eine auskömmliche Altersversorgung hoffen. Außerdem hat der russische Angriffskrieg gegen die Ukraine gezeigt, wie wichtig die Sicherheit vor äußeren Bedrohungen und vor kriegerischen Auseinandersetzungen ist – die Union hat immer für ausreichende Verteidigungsanstrengungen geworben und das Thema im Gegensatz zu SPD und Grünen nicht erst seit dem Ukrainekrieg entdeckt. Dennoch, das weiß auch Merz, hat es in den letzten Jahren bei der Union hier an wirklichem Gestaltungswillen gemangelt.

Merz wird versuchen, auf diese Fragen Antworten zu entwickeln, die anders als früher eine deutlich sozialere Komponente enthalten. Es ist durchaus vorstellbar, dass die Werte eines klaren, sozialen Konservativen die zur Erneuerung aufgeforderte deutsche Gesellschaft überzeugen. Es gibt keine festen Blöcke mehr, die Wähler entscheiden sich von Wahl zu Wahl anders. Die SPD hat trotz der Dominanz des Kanzleramtes ihren kurzzeitigen Vorsprung vor der Union schnell eingebüßt. Die Grünen müssen ihre radikalen Positionswechsel erst einmal verdauen und Vertrauen bei ihren Anfängern zurückgewinnen. Vor dieser Aufgabe steht jetzt der Kanzlerkandidat der Grünen, Robert Habeck. In dieser sehr offenen und auch ungewissen Lage kommt es auf die Antworten an, die die Parteien der fragenden Bevölkerung anbieten.

III
KANZLER IM WARTESTAND

11.

Wohin steuert das Land?

Friedrich Merz steht kerzengerade an seinem politischen Lieblingsort und läuft zu Hochform auf. »Was tun Sie eigentlich, Herr Bundeskanzler«, fragt er vom Rednerpult des Bundestages aus ins Plenum und wendet sich dann mit einer leichten Rechtsdrehung der Regierungsbank zu, »und was verschweigen Sie uns eigentlich?«

Es geht hoch her in dieser Generaldebatte des Bundestages Anfang Juni, das Hauptthema dreht sich um die Lieferung schwerer Waffen an die Ukraine. Merz wirft Scholz vor, seine Versprechen nicht zu halten. Mehr als hundert Tage nach Kriegsbeginn sei noch immer nichts in Kiew angekommen, die Koalition rede nur, handele aber nicht. Scholz kontert, zählt Militärgerät auf, das sich bereits im Kriegsgebiet befindet, und wirft Merz vor, immer nur Fragen zu stellen, aber keine Antworten zu geben.

Doch trotz der scharfen Töne bleibt am Ende der Debatte der Eindruck hängen, dass Merz anders als die Populisten in Frankreich, England oder den USA ein seriöser Oppositionsführer ist, ein deutscher Konservativer, der spitz formuliert, aber nie ausfallend wird und nur selten zu populistischen Tricks greift.

Es ist schwer, in Kriegszeiten eine verantwortungsvolle, aber auch wirksame Oppositionspolitik zu betreiben. In Krisen versammeln sich die Menschen instinktiv hinter der Regierung – auch in Deutschland. Die Lage des Landes im Sommer 2022 gibt Anlass zu größter Sorge: Tote und Zerstörung in der Ukraine, wachsende Angst vor einer Ausweitung des Krieges, ausbleibende Gaslieferungen aus Russland, reißende Lieferketten, explodierende Energiepreise und eine sprunghaft zunehmende Inflation. Nicht zuletzt die wieder steigenden Infektionszahlen zeigen, dass die Pandemie auch nach mehr als zwei Jahren noch lange nicht besiegt ist.

Die alten Krisen sind noch nicht vorbei, da kommen bereits die nächsten. Die steigenden Zinsen verteuern Kredite für Hausbesitzer und für die südlichen EU-Staaten – in den Wirtschaftsberichten wird bereits über eine Rückkehr der Eurokrise spekuliert. Die Wirtschaftsinstitute warnen vor einem erneuten Konjunktureinbruch und die Regierung stimmt die Bevölkerung mitten im Sommer auf einen kalten Winter und »drei bis fünf harte Jahre« ein, wie Wirtschaftsminister Robert Habeck formuliert.

Verantwortungsvolle Opposition

Deutschland steuert auf schwierige Zeiten zu, keine Frage – aber was bedeutet das für die Opposition? Natürlich kann man all das beklagen und die Regierung dafür verantwortlich machen. Schließlich haben die Krisen der letzten Jahre mehr als deutlich die Defizite gezeigt: Rückstand bei der Digitalisierung und beim Ausbau der erneuerbaren Energien, eine fatale Abhängigkeit vom russischen Gas, eine wuchernde Bürokratie auf allen Ebenen und trotz des zehnjährigen Aufschwungs in den Jahren zuvor jetzt wieder eine horrende Staatsverschuldung. Aber kann die Union nach 16 Jahren an der Regierung dafür die Ampelkoalition zur Rechenschaft ziehen?

Unbestritten ist, dass Merz schon früh auf Missstände und Versäumnisse hingewiesen hatte, von denen SPD und Grüne lange nichts wissen wollten, bevor ihnen Putins Angriffskrieg die Augen öffnete. Ende Dezember 2021, also lange vor dem Beginn der russischen Invasion, plädierte Merz in einem Interview mit der *FAZ* bereits für mehr Hilfe zugunsten der Ukraine. Deren Bitte um Defensivwaffen sei »angesichts des massiven Truppenaufmarschs der russischen Armee an ihrer Ostgrenze ohne Zweifel legitim«, betonte er damals schon. Ein generelles Veto der Bundesregierung gegen »das Recht und die Hilfe zur Selbstverteidigung der Ukraine« sei »nicht verantwortbar.« Und er erinnerte daran, dass die Worte »Bündnisverteidigung« oder »Landesverteidigung«, ja selbst das Wort »Bundeswehr« in der ersten Regierungserklärung von Olaf Scholz überhaupt nicht vorgekommen seien. »Ich habe das nicht glauben können«, sagte Merz im Interview.

Auch auf den schlechten Zustand der Bundeswehr hatte er bei vielen Gelegenheiten hingewiesen und schon weit vor der Aggression des Kremls die vielen technischen Ausfälle und die großen Lücken in der deutschen Landesverteidigung beklagt. Das sei angesichts der bedrohlichen Entwicklungen in der Ukraine und in Russland brandgefährlich, warnte er bereits Ende 2018 bei einem Wahlkampfauftritt. Auch die Bündnisverpflichtungen seien vernachlässigt worden, kritisierte er mit Blick auf das Zwei-Prozent-Ziel der NATO. »Die Welt ist unsicher geworden und wir müssen der Bevölkerung klar sagen, dass wir in unserem eigenen Interesse mehr Geld für Verteidigung ausgeben wollen und müssen.« Die Botschaft wurde gehört, aber sie blieb folgenlos.

Als die Unionsfraktion am 17. Februar 2022, also eine Woche vor Kriegsbeginn, die Russlandpolitik der Bundesregierung auf die Tagesordnung des Parlaments setzte, überboten sich SPD und Grüne mit Vorwürfen an Merz, er wolle die ernste Lage politisch ausnutzen. Der aber ließ sich nicht beirren und spießte die zögerliche Haltung des Kanzlers zur Bedrohung der Ukraine und vor allem die ungeklärte Haltung der SPD zu ihrer bisherigen Russlandpolitik Punkt für Punkt auf. Wie richtig er damit lag, wird vielen wohl erst aus heutiger Sicht deutlich.

Für reichlich Zündstoff hatte zuvor schon der Hamburger CDU-Chef und Bundestagsabgeordnete Christoph Ploß gesorgt, der die Ministerpräsidentin von Mecklenburg-Vorpommern, Manuela Schwesig (SPD), attackiert hatte. Ihr ginge es nur um die Pipeline Nord Stream 2, sagte Ploß, die Völkerrechtsverletzungen in der Ukraine würden sie nicht interessieren. Schwesig schaltete daraufhin Anwälte ein und der SPD-Außenpolitiker Ralf Stegner warf Ploß »Lügen« vor. Inzwischen muss Schwesig vor einem Untersuchungsausschuss erklären, warum sie sich vom russischen Erdgaskonzern Gazprom eine dubiose Umweltstiftung finanzieren ließ, die in erster Linie die Inbetriebnahme der Pipeline sicherstellen und die Betreibergesellschaft vor Sanktionen schützen sollte.

Vertrauensvorschuss

Merz lag also oft richtig mit seiner Kritik. Dennoch nutzt es ihm als Oppositionsführer nicht viel, in zentralen Fragen wie der mangelhaften Rüstung und der Bündnisverteidigung Recht behalten zu haben. Das gilt auch für den Vorwurf, die SPD habe sich gegenüber Russland blauäugig verhalten. Das Problem ist nämlich, dass seine Anwürfe zwar in vielen Punkten stimmen, jedoch nicht nur die SPD treffen, sondern auch auf die Union zurückfallen. Nach 16 Jahren unionsgeführter Bundesregierung kommt jede nachträgliche Kritik an den Versäumnissen der Vorgängerregierung auf schmalem Grat daher – anders gesagt: Wer im Glashaus sitzt, soll nicht mit Steinen werfen.

Die Mängel bei der Bundeswehr hatten zuletzt drei Verteidigungsminister der CDU zu verantworten, Thomas de Maizière, Ursula von der Leyen und Annegret Kramp-Karrenbauer. Und dass Deutschland sich sehenden Auges in die Abhängigkeit von russischen Energielieferungen begeben hat, ist sicher nicht ohne die Mitwirkung der Kanzlerin und ihrer Wirtschaftsminister geschehen, die aus CDU, CSU, SPD und FDP kamen.

Merz kann zwar darauf hinweisen, dass er in der Regierungszeit von Merkel fernab der Politik lebte und sein Geld in der Wirtschaft verdient hat. Aber innerhalb der von 246 auf 197 Mitglieder geschrumpften Unionsfraktion muss er mit dieser Art persönlicher Schuldbefreiung vorsichtig umgehen; es sitzen dort noch zu viele ehemalige Minister und Staatssekretäre, die ungern an ihre Versäumnisse erinnert werden. Noch dazu, weil »viele bei uns noch nicht kapiert haben, was es heißt, in der Opposition zu sein«, wie Merz offen einräumt. Er hat diesen Rollentausch schon einmal miterlebt, als junger Abgeordneter in Bonn, als Helmut Kohl 1998 die Wahl verlor und die Union – nach ebenfalls 16 Regierungsjahren – die Macht an Rot-Grün abgegeben musste. »Ich weiß, was das bedeutet«, sagt er heute mit betonter Gelassenheit. »Ich bin einer der ganz wenigen in der Unionsfraktion, die diesen Weg schon einmal gegangen sind. Und je besser man diesen Weg kennt, umso schneller ist man auch wieder heraus.«

Doch die beiden Rollenwechsel 1998 und 2021 sind nur bedingt vergleichbar. Zur Wahrheit gehört, dass der Krieg in der Ukraine und die damit eingetretene Zeitenwende die politischen Planungen von Regierung wie Opposition vollkommen über den Haufen geworfen haben. Merz muss jetzt improvisieren, sich vortasten. Opposition als Draufhauen und Dagegensein, als Krawallveranstaltung wie weiland bei Oskar Lafontaine, ist mit Merz nicht zu machen. »Die Regierung hat erst einmal einen Vertrauensvorschuss verdient«, sagt er, vor allem in Kriegszeiten.

Deshalb hat er zugestimmt, als es um die Einrichtung des 100 Milliarden Euro großen Sondervermögens ging, mit dem die Bundeswehr hochgerüstet werden soll – schließlich kam die Regierung damit einer nachdrücklichen Forderung der Union nach. Auch bei der Abstimmung über die Lieferung schwerer Waffen an die Ukraine im April 2022 schlossen sich CDU und CSU letztlich der Ampelkoalition an – schließlich hatte Scholz angesichts des zunehmenden Drucks von Grünen und FDP seine hinhaltende Position aufgegeben.

Merz widerstand der Versuchung, die Mehrheit der Ampel in dieser Frage zu testen; gleiches galt für die Abstimmung über eine allgemeine Impfpflicht. Die anfangs von SPD, Grünen und FDP beschworene »neue Kultur des Miteinanders« erwies sich schon bei den ersten großen Entscheidungen der Bundesregierung als reine Fassade. Bei der Impfpflicht scherte die FDP aus, bei der Lieferung schwerer Waffen stellten sich Grüne und Liberale gegen die SPD. Um Abstimmungsniederlagen zu vermeiden, wurde die Impfpflicht kurzerhand zur »Gewissensentscheidung« ohne Fraktionszwang umgedeutet. Und beim Streit um die Waffenlieferungen musste Scholz eine beachtliche Kehrtwende hinlegen, um genügend Zustimmung zu erhalten.

Der Weg der CDU zurück an die Macht führte eindeutig über den Verschleiß der Regierung, über das konsequente Ausleuchten ihrer Fehler und vor allem über den glaubhaften Nachweis, dass man es selbst besser könne.

Das probiert die CDU gerade im Bundestag bei den von der Regierung geschnürten »Entlastungspaketen«, die die hohen Energiepreise als Folge des Ukrainekrieges ausgleichen sollen. Doch mit tragfähigen eigenen Problemlösungen tut sich der Oppositionsführer und inzwischen auch Kanzlerkandidat nicht leicht. Es ist auch ein extrem schwieriges Unterfangen, wurde doch die Union nach 16 Regierungsjahren abgewählt, weil sie weder Kompetenz ausstrahlte noch den Eindruck erweckte, sie könnte die wichtigen Fragen der Zeit schlüssig beantworten.

Weil der Krieg zumindest im ersten Regierungsjahr der Ampelkoalition alle anderen Themen überdeckte, muss Merz genau überlegen, in welche Richtung sich Deutschland und Europa nach der Zeitenwende entwickeln sollen. Worum geht es, wenn der Krieg einmal beendet ist? Welche Konsequenzen sind daraus zu ziehen, welche dringenden Fragen in anderen Politikfeldern harren noch einer Antwort?

Überall Baustellen

Merz sieht fast überall Baustellen, überall Umbaubedarf. Er will eine neue, marktbasierte Umwelt- und Klimapolitik, er will die sozialen Sicherungssysteme reformieren, ein neues Steuerrecht einführen, ein stärkeres Europa mit einem wertstabilen Euro, eine Überprüfung des transatlantischen Verhältnisses und eine realistische, europäisch abgestimmte Chinastrategie in der Außen- und Handelspolitik. Es ist ein ganzer Stapel dicker Bretter, die er durchbohren möchte – und da sind die drängenden gesellschaftspolitischen Fragen noch gar nicht aufgezählt.

Früher als junger Oppositionsführer in Bonn hat er mit provokanter Lust Debatten über eine deutsche Leitkultur vom Zaun gebrochen, die Steuererklärung auf dem Bierdeckel gefordert und sich mit Schlagfertigkeit und Sachkunde gegen Gerhard Schröder und Joschka Fischer in Stellung gebracht. 20 Jahre später hat das alte Freund-Feind-Schema der Ära Kohl ausgedient. Schließlich war die SPD danach acht Jahre lang Koalitionspartner der Union. Und die Grünen regieren sowohl im Bund als auch in den meisten Ländern mit – in manchen sogar recht erfolgreich in schwarz-grünen Bündnissen.

Es hat sich also viel verändert, die Argumente und Sprechzettel aus Bonner Zeiten passen nicht mehr in die Berliner Republik, weder ihr Inhalt noch ihr Sound. Merz muss sich umstellen, manche rhetorische Routine durchbrechen und vor allem in Debatten seinen oft autoritären Habitus zügeln. Mit 1,98 Meter Körpergröße überragt er ohnehin die meisten Menschen; zusammen mit seiner gelegentlich schneidigen Wortwahl und seinem prallen Selbstbewusstsein wirkt er leicht einschüchternd oder gar »von oben herab«. Merz weiß das, er hat Vertraute, die er zur offenen Kritik auffordert, und Menschen, die mit ihm an der äußeren Performance arbeiten. Anders als in Bonn wird Politik den Menschen heute in erster Linie über Bilder im Fernsehen und in den digitalen Kanälen vermittelt.

Die Äußerlichkeiten sind deshalb wichtiger denn je, sie prägen das Image eines Politikers oft stärker als seine Worte. Doch Merz ist – bei allem Verständnis für Auftritt, Stil und Show – vor allem inhaltsgetrieben. Im Laufe der Jahre hat er fast ein halbes Dutzend Bücher geschrieben, in denen er jedes Mal ausführlich seine politischen Ideen präsentierte. Auch jetzt drängt er wieder auf Reformen, Konzepte, Vorschläge; seine CDU-Stellvertreter müssen liefern und er wird sie genau beobachten. Die Vizes sollen Fachthemen betreuen, Klima, Steuern, Energiepolitik, ländlicher Raum – quer durch den Garten.

Er will sich alles genau ansehen, überprüfen – und er neigt dabei nicht zum verschwenderischen Lob. Der neue Chef ist anstrengend, sagen manche im Konrad-Adenauer-Haus und rollen mit den Augen. Das stimmt wohl, Merz treibt die Parteizentrale an, er saugt alles um sich herum auf und will es dann überprüft haben, unterlegt mit soliden Zahlen und Fakten. »Die Partei muss etwas tun, was sie sich in den letzten Jahren abgewöhnt hat«, sagt er offen heraus. »Sie muss wieder lernen, politisch-inhaltlich zu arbeiten«.

Neben denen, die er jetzt wieder zum Jagen tragen muss, hat er in der Partei aber auch jene, die sich nach 16 Jahren Merkel aus der Deckung trauen und mit lang aufgestauter Energie das Ruder nach rechts herumreißen wollen. Es ist der innere Kern seiner Fangemeinde, die sich von ihm eine Rückkehr in vermeintlich gute, alte Zeiten verspricht. Merz weiß sehr genau, dass er in diesen Kreisen viele Erwartungen enttäuschen muss, denn er muss darauf achten, die CDU als Volkspartei in voller Breite zu erhalten, wenn sie wieder mehrheitsfähig sein will.

Es gibt einen alten Spruch vom verstorbenen CDU-Generalsekretär Peter Hintze, der einmal sagte: »Es nutzt dem Bischof nichts, wenn er aus den 100-prozentigen Katholiken 150-prozentige macht, aber die Kirche trotzdem leer bleibt.« Merz kennt das Problem; er will natürlich die 100-prozentigen Anhänger nicht vor den Kopf stoßen, aber gleichzeitig die noch Unentschlossenen anlocken. Die Partei müsse die Mitte der Gesellschaft ansprechen, sagt er, »auch die konservative Mitte«. Das sind für ihn »diejenigen, die nicht alles umgestürzt und verändert sehen wollen – denen wollen wir Zuversicht und Stabilität im Wandel geben«.

Auseinanderdriften der Gesellschaft

Das ist schnell gesagt, aber eine heikle Aufgabe. Die Gesellschaft ist in viele Teile und Gruppen zerfallen, die immer weniger Kontakt zueinander pflegen und aufgrund verschiedener Lebensstile, Bildungsniveaus und Einkommen praktisch keinerlei Berührungspunkte mehr aufweisen. Entsprechend gering ist das Verständnis füreinander. Dramatisch nachgelassen hat die Bereitschaft, Menschen aus anderen Schichten, Landesteilen und Lebenswelten überhaupt zuzuhören. Das Auseinanderdriften der Gesellschaft lässt sich auch an einer wachsenden Zahl von »Gegensatzpaaren« festmachen, die es früher so entweder nicht gab oder die nicht als solche empfunden wurden. Wegen der zunehmenden Polarisierung stehen sich die Gruppen heute jedoch mit Abneigung, ja teils mit Verachtung gegenüber.

Deutlich gewachsen ist beispielsweise die Spaltung zwischen Stadt und Land, Akademikern und durchschnittlichen Bildungskarrieren, Autofahrern und Autogegnern, Klimaschützern und Gleichgültigen, Fleischkonsumenten und Vegetariern sowie Veganern oder Leuten mit beziehungsweise ohne gendergerechte Sprache.

Auch die Gegensätze zwischen den sogenannten »Bio-Deutschen« und Menschen mit Migrationshintergrund haben seit der Flüchtlingskrise zugenommen; die Soziologen beobachten selbst bei der dritten und vierten Generation der früheren »Gastarbeiterfamilien« eine abnehmende Integration und den vermehrten Rückzug in die herkunftsgeprägte Bezugsgruppe. Der Soziologe Andreas Reckwitz spricht sogar von der »Gesellschaft der Singularitäten« als Folge sozialer Auflösung. In dieser Gemengelage politische Botschaften zu setzen, die bei einer Mehrzahl der Menschen ankommen, ist extrem schwierig. Das gilt erst recht für staatliche Entscheidungen, die mit Einschränkungen einhergehen, wie etwa während der Pandemie. Wie groß das bis ins Irrationale reichende Protestpotenzial hierzulande ist, zeigt die überraschend hohe Zahl von Impfgegnern und sogenannten »Querdenkern« in Deutschland.

Nicht nur dort ist die politische Debatte dieser Tage von Schärfe und Unversöhnlichkeit geprägt. Die Fähigkeit und der Wille der breiten Bevölkerung, sich mit anderen Meinungen konstruktiv im Sinne eines Austauschs auseinanderzusetzen, nimmt ab. Eine Ursache dafür sind die sozialen Medien, in denen die Chance auf Aufmerksamkeit mit der Bereitschaft zunimmt, irgendwie aufzufallen, sei es durch krude oder falsche Behauptungen, Verschwörungstheorien, Beleidigungen oder andere möglichst krasse Äußerungen.

Dass ein zunehmender Teil der Bürger nur noch in geschlossenen WhatsApp-Gruppen oder über vergleichbare Kanäle kommuniziert, muss einen ebenso besorgen wie die selektive und gefilterte Wahrnehmung des Tagesgeschehens. Nachrichten werden immer seltener über die als »Mainstream-Medien« verunglimpften Zeitungen, Onlinedienste und Rundfunksender aufgenommen, sondern über den Newsfeed von Facebook. Oder sie stammen aus anderen Kanälen des Internets, die weder unabhängig noch seriös sind.

Damit einher geht die Abwendung der Menschen von der Politik – es ist kein Wunder, dass die mit Abstand größte politische Formierung seit langem die sogenannte »Partei der Nichtwähler« ist. Begünstigt wurde diese Entwicklung nicht zuletzt durch die Pandemie, die den Rückzug auf das Haus, die Wohnung und den inneren Kreis bei vielen Menschen verstärkt hat.

Moralische Verabsolutierung

Der schrumpfende Grundkonsens in der sich ausdifferenzierenden Gesellschaft geht einher mit divergierenden Wertvorstellungen und Weltanschauungen, die mit zunehmender Rigorosität als allein selig machende Leitidee propagiert werden.

Besonders deutlich wurde das im Auftreten der Bewegung »Fridays for Future«. Deren Gründerin Greta Thunberg verstieg sich zu der Behauptung, dass die Generation ihrer Eltern den Kindern die Zukunft gestohlen hätte. Dem widersprach Merz deutlich, als er darauf hinwies, dass wohl keine Generation in diesem Teil der Welt eine bessere Jugend gehabt habe als die gegenwärtige.

Aber Merz spürte genau, dass es nicht ohne Risiko war, einer Ikone der Klimaschutzbewegung wie Greta Thunberg entgegenzutreten. Der aktuelle Konflikt heißt »Babyboomer gegen Zoomer« – die Elterngeneration sieht sich wegen ihres bedenkenlosen Konsums zunehmend mit den Vorwürfen ihrer Kinder konfrontiert. »Diese Art von Konflikten findet heute an vielen Frühstückstischen zwischen den Eltern und ihren Kindern statt«, sagt Merz, er kennt das aus vielen Gesprächen. Schwarz-Grün sei heute eine Realität in vielen Familien, glaubt er, vor allem im bürgerlichen Milieu. Und ihm ist klar, dass es bei den Debatten um Konsum und Klimaschutz nicht reicht, nur einen Teil der Eltern auf seiner Seite zu haben, er braucht auch deren Nachwuchs. Die CDU ist bei den Jungwählern regelrecht abgestürzt, hier muss dringend aufgeholt werden. Und weil die Migration sowie die Angst vor den Folgen des Klimawandels zu den Topthemen bei den Jungwählern gehören, muss die Union hier eine überzeugende Position einnehmen.

Das fällt jedoch schwer, wenn in den Debatten um den richtigen Weg Positionen mit dem Anspruch absoluter Wahrheit vorgetragen und mit entsprechenden Aktionen unterlegt werden. Aktivisten der Organisation »Extinction Rebellion« klebten sich mit ihren Händen auf dem Straßenasphalt fest, um im Namen des Klimaschutzes Autobahnauffahrten und belebte Kreuzungen zu blockieren – bevorzugt im morgendlichen Berufsverkehr, wenn hunderttausende Beschäftigte pünktlich zur Arbeit wollten.

Der Mainzer Historiker Andreas Rödder, einst von Merz mit der Leitung der Grundwertekommission beauftragt, sieht in den derzeitigen politischen Debatten einen Trend zur »moralischen Verabsolutierung« mit der Folge zunehmender Ausgrenzung Andersdenkender. Diese Erfahrung musste er selbst machen, als er mit seinen Vorschlägen zum Umgang mit der AfD bei der Parteiführung aneckte. Er gab seinen Posten im Sommer 2023 wieder ab.

Vor allem an den Universitäten hat sich der Populismus des selbstgewissen Guten breitgemacht. Ob Professoren oder Gäste für Diskussionsforen – wen man nicht akzeptieren möchte, der wird in Hörsälen einfach niedergebrüllt, im Internet an den Pranger gestellt und wo immer möglich ausgegrenzt. Vorlesungen von »verdächtigen« Professoren werden aufgenommen, in Schnipsel zerteilt und neu zusammengesetzt in soziale Medien eingespeist, um krude Nachweise schädlicher Ansichten führen und einen Shitstorm entfachen zu können.

Wer sich dem Tugendterror der selbst ernannten Weltenretter nicht unterwarf, hatte schlechte Karten. Das musste auch die Musikerin Ronja Maltzahn erfahren, als sie wegen ihrer dunkelblonden Dreadlocks von einer Veranstaltung ausgeladen wurde. »Es ist für uns nicht vertretbar, eine weiße Person mit Dreadlocks auf unserer Bühne zu haben«, lautete die Begründung. Die Frisur von Afrikanerinnen steht Weißen dieser Ansicht nach nicht zu, das wird als »kulturelle Aneignung« verpönt.

Unabhängig von diesem Fall hat die Delegitimierung von Argumenten durch Verfälschung, Überspitzung oder schlichte Unterdrückung sowie das Ausladen oder Ignorieren von Andersdenkenden, bekannt als »Cancel Culture«, derart um sich gegriffen, dass es an die Grundfesten der Meinungsfreiheit und des demokratischen Miteinanders rührt. Ob zu Recht oder nicht greift das Gefühl um sich, nicht mehr alles sagen zu dürfen. Die Verunsicherung über korrektes Verhalten oder Sprechen, gefordert von den Apologeten der »Identitätspolitik«, führt bei vielen Menschen zum Rückzug, womit denen mehr Raum gelassen wird, die sich in den verengten Diskursräumen breit gemacht haben und die Regeln bestimmen wollen.

Leider wird die »Cancel Culture« immer salonfähiger in Kreisen, die sich basisdemokratisch nennen oder im Recht der guten Sache wähnen. Wer nicht »links« ist, gilt fast automatisch als »rechts« und bewegt sich damit schon außerhalb des Diskurses.

Fieberkurven der Erregungsdemokratie

Im Streit um eine gendergerechte Ausdrucksweise haben sich die Meinungskorridore besonders stark verengt. An den Universitäten und Hochschulen ist das Gendern fast überall einfach angeordnet wurden – ohne eine entsprechende Rechtsgrundlage, wie Merz einmal kritisch festgestellt hat. Dennoch wagt es im akademischen Alltag inzwischen kein*e Professor*in und kein*e Hochschullehrer*in mehr, auf das Gendern zu verzichten – aus Angst vor Rügen bis hin zu disziplinarischen Maßnahmen. In Berufungsverfahren und Auswahlkommissionen hat heute niemand mehr eine Chance auf eine Professur, wenn er kein ausdrückliches Bekenntnis zum Gendern ablegt. Es gibt Menschen, die von solchen Ausschüssen regelrecht verhört wurden und die sich an die Kommissionen zur Aufspürung unamerikanischer Umtriebe während der McCarthy-Ära erinnert fühlten.

Merz, der anfangs noch gegen die Verformung der deutschen Sprache polemisiert hat, ist inzwischen vorsichtiger geworden. Die Idee, das Genderthema für eine neue, kontroverse Debatte im Stil der Leitkultur hochzuziehen, hat er wieder fallenlassen. Dahinter steckt wohl die nüchterne Erkenntnis, dass inzwischen fast 56 Prozent eines Jahrgangs studieren. An den Hochschulen gehört das Gendern inzwischen zum Alltag. Das bedeutet, dass die künftige Bildungselite in Deutschland mit dem Gendern groß wird – und es für eine bürgerliche Partei deshalb nicht viel Sinn macht, dagegen zu polemisieren. Merz nimmt aus diesem Grunde zumeist eine pragmatische Haltung ein. Was nicht heißt, dass er nicht doch mal, wie auf dem Parteitag in Hannover, dagegen polemisiert. So ist er eben, Merz bleibt Merz.

Als Politikrückkehrer mit 66 Jahren muss er ohnehin aufpassen, nicht in die Klischeefalle des ewig Gestrigen zu tappen, die seine Gegner ihm gerne stellen. Das gilt auch für eine vorurteilsfreie Haltung gegenüber der gesamten Queer-Community. Hier wandelt Merz als Anhänger der traditionellen Familienstruktur auf schmalem Grat. Einerseits ist es inzwischen Allgemeingut, dass sexuelle Orientierung und Disposition nicht mehr zu Benachteiligung irgendwelcher Art führen darf. Andererseits ist die herkömmliche Familie mit Vater, Mutter, Kind immer noch die vorherrschende Lebensform und die Rechte dieser Mehrheit muss eine bürgerliche Partei entschlossen verteidigen können.

Auf Merz wartet die schwierige Aufgabe, sich von den Fieberkurven der Erregungsdemokratie nicht anstecken zu lassen. Wer den Zeitgeist heiratet, ist schnell Witwer, hat Rödder einmal gesagt. Man muss sich auch als Volkspartei nicht in jede Debatte werfen. Es kann klüger sein, den richtigen Abstand zu Themen zu halten, die nur eine Minderheit betreffen oder von einer Minderheit diskutiert werden, aber medial enorme Bedeutung entfalten können. Das heißt nicht, vor dem Neuen Augen und Ohren zu verschließen. Die Partei und ihr Vorsitzender müssen auf der Höhe der Zeit sein – aber nicht nur für eine kleine (und im Zweifel eher linksgrüne als konservative) Elite, sondern ganz besonders für die sogenannten »Normalbürger« außerhalb universitärer oder medialer Diskursblasen.

Ralph Brinkhaus hat einmal gesagt, er schäme sich nicht, Leute zu vertreten, »die mit einem Verbrennungsmotor unterwegs sind, Nackensteak essen und fleißig sind. Diese Leute sind das Rückgrat unserer Gesellschaft.«

Der Satz ist richtig, aber für sich alleine genommen etwas dürftig. Merz müsste noch etwas hinzufügen. Die Union ist eingeklemmt zwischen der selbst ernannten »Fortschrittskoalition« mit ihrem sozialökologischen Mainstream und jenem zusehends verdrossenen, teils überforderten Teil der Bevölkerung, der sich entweder von der Politik abgewandt oder den Rechtsextremen zugewandt hat. Merz braucht ein Konzept, mit dem sich die Union von den gerade entzauberten Ampelparteien absetzen kann. Er braucht ein politisches Kontrastprogramm, das bürgerlich, aber nicht verstaubt ist, konservativ, aber offen, und das bei einer Mehrheit das Gefühl weckt, die Grundlage für eine gute Zukunft zu bilden.

Dahinter verbergen sich allerdings unbequeme Fragen: Geben die Konservativen noch die richtigen Antworten auf die drängenden Probleme der Zeit, sind sie noch im Zentrum eines Diskurses, der ökologisch und sozialdemokratisch dominiert ist? Kann es so etwas wie eine konservative Avantgarde geben, eine bewahrende Grundhaltung, die zugleich offen ist für neue Entwicklungen und sich sogar an die Spitze des Fortschritts stellt?

Deutungshoheit im Diskurs

Solche Antworten sollte das neue Grundsatzprogramm liefern, das der CDU-Vorsitzende unter Führung von Carsten Linnemann erarbeiten ließ.

Aber Merz wäre nicht Merz, wenn er die Essenz seiner politischen Zukunftspläne nicht schon gedanklich vorbereitet hätte. Die Frage, was jetzt im Zeitalter der Transformation in einer alternden Gesellschaft zu tun ist, hat er in einem Zehn-Punkte-Plan skizziert, der in seinem letzten Buch »Neue Zeit. Neue Verantwortung.« dargestellt und erklärt wird. Die wichtigsten Vorschläge sollen hier einmal kurz dargestellt werden:

Es beginnt mit der Forderung, zur Schuldenbremse zurückzukehren und die sichtbare öffentliche Verschuldung bis 2030 wieder auf den im Maastrichter Vertrag vereinbarten Höchstwert von 60 Prozent zurückzuführen. Außerdem sollen künftig auch die impliziten, versteckten Schulden in den öffentlichen Haushalten sichtbar gemacht werden. Dazu zählen »Sondervermögen« wie etwa das zur Aufrüstung der Bundeswehr, was aber anders als der Wortsinn nahelegt, weder ein »Vermögen« noch etwas Besonderes ist, sondern nichts anderes als eine aus dem regulären Haushalt ausgelagerte zusätzliche Verschuldung darstellt.

Auch Pensionszusagen der öffentlichen Körperschaften sind milliardenschwere Zahlungsverpflichtungen, die aber nicht als Schulden bewertet werden. Angesichts der ab 2023 greifenden Schuldenbremse sind seine finanzpolitischen Forderungen hochgesteckt. Die darin enthaltene Aufforderung zum Sparen setzt ihn und die Union zudem unter Druck selbst einmal Vorschläge zu machen.

Beim Klimaschutz strebt Merz wie die EU bis 2030 eine Verringerung der deutschen CO_2-Emissionen um 55 Prozent gegenüber 1990 an, begleitet von Beschleunigungsgesetzen zum rechtzeitigen Aufbau der notwendigen Infrastruktur. Er setzt sich nachdrücklich für eine Ausweitung des europäischen Emissionshandelssystems ein, unter Einbeziehung eines neuen nationalen Handelssystems für die Sektoren Wärme und Verkehr. Damit sind die Leitplanken für das Zukunftsthema Nr. 1 gesetzt.

Im Bildungsbereich, einem der wichtigsten Themen für eine Opposition, fordert er die Gründung von drei europäischen Topuniversitäten in Trägerschaft der EU, mit dem Ziel, zu den besten Hochschulen der Welt zu gehören. In Deutschland möchte er berufliche Bildung und Ausbildung den Universitäten gleichstellen – eine Haltung, die in der Union umstritten ist. Die Fortbildung zum Meister soll zu den gleichen Konditionen angeboten werden wie die universitäre Ausbildung, fordert Merz. Außerdem möchte er, dass jedem jungen Menschen spätestens an seinem 20. Geburtstag ein individuelles Angebot für das Nachholen eines versäumten Abschlusses gemacht wird, sei es in Schule, Beruf oder Studium.

Gänzlich neu gedacht werden muss seiner Meinung nach auch die Familienpolitik. Zur besseren Vereinbarkeit von Familie und Beruf soll bis 2030 jeder Familie in Deutschland ein Angebot für eine freiwillige Ganztagsbetreuung für alle Kinder bis zum zwölften Lebensjahr gemacht werden. Die Effizienz der öffentlichen Verwaltung möchte er steigern, indem Bund und Länder ein einheitliches Regelwerk für Open Data aller öffentlichen Verwaltungen schaffen sollen, um sie auf allen Ebenen durchgängig zu digitalisieren.

Mit Blick auf die Tatsache, dass heute sechs Millionen Menschen mehr in Arbeit sind als noch vor wenigen Jahren und mit Blick auf die in den kommenden Jahren drohende Fachkräftelücke schlägt Merz vor, dass die Babyboomer aus den 1960er-Jahren eine »Brücke in die Zukunft« bilden. Es sollen alle sozialrechtlichen und tariflichen Hindernisse beseitigt werden, die einer freiwilligen längeren Erwerbsarbeit entgegenstehen. Merz sieht in den älteren Beschäftigten die »Stützen der Gesellschaft«, auf die der ausgedünnte Arbeitsmarkt für Fachkräfte wegen des demografischen Wandels in den kommenden Jahren nicht verzichten könne.

Zur besseren Vermögensbildung schlägt er vor, die Grunderwerbssteuer für selbst genutztes Wohneigentum abzuschaffen und für die ersten zehn Jahre die Grundsteuer gleich mit. Bei der Finanzagentur des Bundes sollen zudem wieder Anlagemöglichkeiten für Private geschaffen werden, die weitgehend ohne Nebenkosten auskommen, so dass sich der potenzielle Ertrag nur nach dem selbst gewählten Risiko ergibt.

Nicht zuletzt möchte Merz eine Gesetzesfolgenprüfung zur Generationengerechtigkeit durchsetzen. Diese Prüfung soll nicht von der Bundesregierung durchgeführt werden, sondern von einer unabhängigen Stelle beim Deutschen Bundestag.

Da Merz seine politische Karriere im Europa-Parlament begonnen hat, nimmt er auch die Entwicklungen innerhalb der EU genau ins Visier. Allen Forderungen, die auf eine Art »Vereinigte Staaten von Europa« mit der Übernahme der Altschulden der Mitgliedsstaaten hinauslaufen, erteilt er eine klare Absage. Auch ein eigenes Steuerecht der EU lehnt er ab, plädiert aber dafür, dass die Mitgliedsstaaten der Kommission höhere Beträge überweisen. So könnten zum Beispiel die Einnahmen aus einer einheitlichen CO_2-Steuer direkt in den europäischen Haushalt fließen.

Ein Thema, das relativ neu hinzugekommen ist, betrifft die überraschend hohe Inflation. Jahrelang haben Merz und andere konservative Finanzpolitiker davor gewarnt, dass die Politik der Geldschwemme durch die Europäische Zentralbank irgendwann in den galoppierenden Verlust von Kaufkraft münden wird. Die aktuelle Entwicklung gibt Merz zwar Recht, aber die volkswirtschaftlichen Folgen steigender Zinsen und einer bereits einsetzenden Lohn-Preis-Spirale könnten die durch den Krieg ohnehin geschwächte Wirtschaft weiter erschüttern.

Durch sein »You never walk alone« weckt der Kanzler Begehrlichkeiten. Den einen gehen die Hilfen der Regierung nicht weit genug, andere fürchten dahinter das weitere Einsickern einer Mentalität, nach der in Deutschland ohne die Interventionen eines paternalistischen Staates gar nichts mehr läuft. Das entspricht nicht der DNA der CDU, die traditionell die Eigenverantwortung großschreibt.

Bei der Frage, wie die Union im gesellschaftlichen Diskurs wieder die Deutungshoheit gewinnen und auch den systemischen Gegensatz zur Ampelpolitik deutlich machen kann, muss auch die Reformbereitschaft der Bevölkerung mit in Betracht gezogen werden.

Nach Corona, Krieg und Krise steht es damit derzeit nicht zum Besten. Merz, der ewig Vorwärtsdrängende, tut deshalb gut daran, nicht alles auf einmal zu wollen und die Bürger so zu überfordern. Doch in Vergessenheit geraten darf es nicht: das unionseigene Profil.

12.

Eine neue Leitkultur

Falkensee ist ein idyllisches Städtchen im Havelland im Westen von Berlin. Am Zaun eines der ortstypischen Einfamilienhäuschen im Grünen hängt ein Briefkasten mit einem Aufkleber darauf. »Ich lasse mich nicht impfen«, steht da. Nicht ungewöhnlich hier. Die Nachbarn geraten in helle Aufruhr, als ein Polizeiaufgebot den Hausherrn festnimmt und abführt. Vollkommen unauffällig sei der 54-Jährige immer gewesen, erzählen sie in die Kameras des Regionalfernsehens, von Beruf sei er Finanzberater oder so etwas. Impfgegner sei er wohl auch, ja, aber davon gebe es doch viele.

Ein gewöhnlicher Bürger also, bis auf die Kalaschnikow im Keller und die SS-Uniform im Schrank – was die Nachbarn ja nicht wissen können. Die Staatsanwaltschaft, die am selben Tag auch im pfälzischen Neustadt an der Weinstraße zugeschlagen hat, ist einer Gruppe von Verschwörungsanhängern, in diesem Fall vermutlich Reichsbürgern, auf der Spur, die den Ermittlungen zufolge Gesundheitsminister Karl Lauterbach entführen und durch Anschläge auf das Stromnetz ein Chaos, womöglich einen Bürgerkrieg, auslösen wollte. Die Gruppe im Visier der Staatsanwaltschaft nannte sich »Vereinte Patrioten« und war in ihren Plänen offenbar recht weit fortgeschritten. Eine verfassungsgebende Versammlung sollte nach dem fest eingeplanten Umsturz einen neuen Staat errichten – im Haftbefehl steht jetzt »Vorbereitung einer schweren staatsgefährdenden Straftat«. Die lokalen und regionalen Medien berichten ein paar Tage lang, der Boulevard operiert mit dem Schlagwort »Corona-RAF«, dann kehrt wieder Ruhe ein in der deutschen Provinz.

Der Finanzberater aus Falkensee könnte sich womöglich am Ende als Randfigur herausstellen – aber mit seinem russischen Sturmgewehr im Keller und der SS-Uniform im Schrank wirft er in seiner spießbürgerlichen Unscheinbarkeit ein grelles Schlaglicht auf eine Debatte, die immer eindringlicher in der Politik und den Medien, von Politologen, Soziologen und Historikern geführt wird. Die Schlagworte lauten »Demokratie und Gefahr« oder »Demokratische Regression«, so der Titel eines Buches der Politikwissenschaftler Armin Schäfer und Michael Zürn. Viele Menschen, so lautet eine ihrer Beobachtungen, fühlen sich von den demokratischen Institutionen nicht mehr gehört, geschweige denn vertreten. Angesichts des Umstandes, dass der Krieg in der Ukraine womöglich der Auftakt eines großen Ringens der autoritären Staaten mit den Demokratien sein könnte, kann sich eine Partei mit Führungsanspruch wie die CDU in dieser Diskussion nicht enthalten. Sie muss Stellung beziehen. Von Seiten der konservativen Wählerschaft, die Friedrich Merz in erster Linie im Blick haben muss, wird dabei zumindest ein erklärtes, sichtbares Bekenntnis zu den Werten der deutschen Gesellschaft für notwendig erachtet.

Gesellschaft ohne Resilienz

Allmählich setzt sich, gestützt durch verschiedene Studien, in Deutschland die Erkenntnis durch, dass die von vielen Medien in der jüngeren Vergangenheit bereitwillig verbreitete Auffassung, die Pegida-Spaziergänge, die »Lügenpresse«-Demos und die Coronaproteste würden getragen von einer kleinen, aber halt lautstarken und radikalen Minderheit am Rande der Gesellschaft, offensichtlich nicht stimmt. Ein vom Wissenschaftszentrum Berlin für Sozialforschung (WZB) vorgelegtes Diskussionspapier kommt schon im März 2021 zu dem Schluss, dass das Radikalisierungspotenzial in der Gruppe der Coronaprotestler, aber auch der sonstigen Verschwörungserzähler und Querdenker, beträchtlich sei.

Ein wesentlicher Befund der Studie lautet: Das Mobilisierungspotenzial des Coronaprotests besteht nicht nur aus den radikalen Rändern der Gesellschaft, sondern verortet sich zu großen Teilen in der politischen Mitte. Und wenn die Wut sich nicht mehr gegen Coronaauflagen richten kann, weil diese irgendwann wegfallen, dann – so hat es den Eindruck – werden aus den Coronaleugnern problemlos Putin-Versteher. Längst sind neben dem Klimawandel auch die hohen Energiepreise Thema auf Querdenkerdemos.

Ob es aber zu »Volksaufständen« kommt, wie von Baerbock befürchtet, ist nicht zu hoffen. Diese Leute sind, wenn man so will, Gesinnungsnomaden. Das Gefühl, als »einfacher Mensch« gegen »die Eliten« aufstehen zu wollen, muss einfach raus auf die Straße. Der Anlass ist beinahe egal. Einmal war es auch ein NRW-Wahlkampfauftritt von Friedrich Merz im sauerländischen Olpe. Die Störer krakeelten so laut, dass Merz kaum zu verstehen war. »Hau ab!«, riefen sie und hielten Plakate hoch, auf denen zu lesen war: »Für die Bürger statt dagegen«. Aber auch: »Kriegstreiber« und »Impfzwang? Nein, Danke«.

Einer der Autoren der WZB-Studie ist Edgar Grande, Professor für Vergleichende Politikwissenschaft an der

Ludwig-Maximilians-Universität München. Im persönlichen Gespräch vertieft er im Jahr nach der Veröffentlichung der Studie den früheren Eindruck sogar noch: »Ein bemerkenswerter Punkt in der Coronapolitik war ja, dass kritische Positionen sehr schnell stigmatisiert worden sind. Auch von Kollegen aus dem Bereich der Medizin. Im Zusammenhang mit der Ukraine ist das ebenfalls so. Differenzierte Positionen sind da völlig unerwünscht.« Und wer sich in die Ecke gestellt fühle, sagt Grande, der neige dazu, sich zu radikalisieren.

Am 10. Mai 2022 stellt Bundesinnenministerin Nancy Faeser in Berlin den Jahresbericht »Politisch motivierte Kriminalität« (PMK) vor und zeigt sich erschüttert über das Ausmaß. Erstmals ist die Zahl der Straftaten in diesem Bereich auf mehr als 50 000 in einem Jahr gestiegen. »Die politisch motivierte Kriminalität ist ein Gradmesser für die Intensität von gesellschaftlichen Konflikten«, sagt die Ministerin. Die Täter seien »schwer einzuordnen«, ob links oder rechts könne man nicht immer ausmachen. Am Rande der Vorstellung verweisen die Experten auf die Breite des Spektrums: Es reiche von der älteren Dame im Kostüm, die bei einer Demonstration wie entfesselt mit dem Regenschirm auf Polizisten eindrischt, bis eben zu dem Mann aus dem Milieu der Coronaprotestierer, der im Herbst 2021 in Idar-Oberstein den Kassierer einer Tankstelle erschießt, weil dieser ihn auf seine Maskenpflicht hinweist.

Grob zusammengefasst lautet das Fazit von zahlreichen Essays in journalistischen wie wissenschaftlichen Publikationen: Die Gesellschaft sei mürbe geworden in der Zeit der Pandemie, der Krieg in der Ukraine habe ihr den Rest gegeben. Die demokratische Gesellschaft entwickle kaum noch eine Resilienz (Widerstandsfähigkeit) gegen die Bedrohungen, die von Verschwörungserzählungen, Desinformation, Fake News und Hatespeech ausgehen. Nicht von ungefähr hat der Verfassungsschutz schon 2021 die neue Einheit »Verfassungsschutzrelevante Delegitimierung des Staates« ins Leben gerufen.

Wenn vor einigen Jahren der Begriff »Parallelgesellschaften« in die öffentlichen Debatten geworfen wurde, dann waren damit Strukturen unter Ausländern gemeint, strenge Muslime zum Beispiel, die die Gesellschaft eher nach den Gesetzen der Scharia gestaltet wissen wollten, oder kriminelle Familienclans, die ihren eigenen Regeln folgen bis hin zu Femegerichten und Selbstjustiz. Die Verfassungsschutzberichte von Bund und Ländern untermauern in den letzten Jahren freilich die Beobachtungen von Wissenschaftlern, dass die Parallelgesellschaften inmitten der bürgerlichen Mitte wachsen und blühen. Die einstigen Stützen der gesellschaftlichen Grundordnung befänden sich auf dem »Rückzug ins Nirgendwo«, wie es der sprachbildkräftige Franz Müntefering ausdrückte.

Mit dem Blick darauf forderte der Potsdamer Professor für Erziehungswissenschaften Wilfried Schubarth in einem Essay für den *Berliner Tagesspiegel*: »Als Gegenstrategie braucht es eine öffentliche Debatte darüber, wie das Vertrauen in die Demokratie sowie die politische Kultur wieder gestärkt werden können.« Aber kann so etwas wirklich von oben verordnet werden? Das Bewusstsein dafür, dass in diesem Land ein öffentlicher Diskurs über die kulturellen Grundlagen unserer Gesellschaft geführt werden muss, ist also zweifellos vorhanden. Aber kann so etwas »von oben« verordnet werden? Ist weiland die Forderung von Helmut Kohl nach einer geistig-moralischen Wende, trotz seiner langen Amtszeit, nicht ins Leere gelaufen?

Bislang noch zögerlich, aber durchaus selbstbewusst, wird in der CDU ein Begriff neu verwendet, der einmal ein gesellschaftspolitisches Aufregerthema war und bei dem Friedrich Merz im Mittelpunkt stand, ehe er für ein gutes Jahrzehnt aus dem politischen Diskurs verbannt wurde: die Leitkultur. Der Begriff mag gegenwärtig nicht hilfreich sein, auch weil er so gründlich missdeutet wurde, aber das Thema einer Leitkultur ist tatsächlich noch nicht zu Ende gedacht.

Wenig hilfreich dabei ist konservativer Weltschmerz darüber, dass das gegnerische, in diesem Fall besonders das linke und liberale politische Lager, einfach nicht verstehen will, dass eine Leitkultur nicht in erster Linie gegen Zuwanderer gemünzt sein muss – oder dass sich Einheimische nicht darum zu scheren brauchen, weil sie ja schon so lange hier leben.

Im Gegenteil. Gerade gegenüber den demokratiefeindlichen Kräften im Innern, den selbstgerechten Wutbürgern und den populistischen Parteien am linken und rechten Rand, gegenüber diesen Gruppen muss eine konservative politische Kraft in diesem Land eine Selbstvergewisserung anstreben, wie diese Gesellschaft zur Demokratie und zu ihren Werten steht.

Für die CDU unter Merz ist das Bekenntnis zur Demokratie offenbar eng verbunden mit einem starken Staat. In der »Kölner Erklärung« vom Mai 2022, eine Art Vorentwurf zum künftigen Parteiprogramm der CDU, haben die Präsidien von CDU und CSU ein Deutschland unter ihrer Führung beschrieben, das vor allem in der Lage sein muss, seine Bürger zu schützen. Dazu brauche es »ein Gefahrenradar«, Fahndungsmethoden auf der Höhe der Zeit, die Abwehr und Bekämpfung jeglicher Kriminalität, »Geborgenheit und Sicherheit in den eigenen vier Wänden«. In den Ohren der Parteimodernisierer klingt das schon sehr nach den Parolen der 1950er-Jahre.

Das Reizwort

In der frisch herausgeputzten Mehrzweckhalle des kleinen Ortes Neheim-Hüsten im Sauerland freut man sich auf einen Auftritt des neuen Bundesvorsitzenden der CDU. Friedrich Merz wird eine programmatische Rede halten zum – wegen Corona um ein Jahr verschobenen – 75. Jahrestag des Hüstener Programms der CDU, damals noch der CDU in der britischen Besatzungszone. Das Hüstener Programm gilt als früher Meilenstein in der Geschichte der Partei. Die örtlichen Honoratioren sind zahlreich erschienen und freuen sich, dass »ihr Friedrich« ihnen die Ehre gibt. Merz ist sichtlich blendender Laune.

Als er im Verlauf seiner Rede unvermittelt den Philosophen Karl Popper zitiert, horchen die Zuhörer und wenigen Zuhörerinnen auf. Popper wird hier auf dem platten Land eher selten herangezogen zur Erklärung der Welt. Sein Hauptwerk trägt den Titel »Die offene Gesellschaft und ihre Feinde« und gilt in der politischen Philosophie als grundlegende Betrachtung der offenen, liberalen Gesellschaft.

Merz wird eindringlich, zitiert den berühmten Satz zur Toleranz und ihren Grenzen gegenüber den Feinden der freien Gesellschaft: »Im Namen der Toleranz sollten wir uns das Recht vorbehalten, die Intoleranz nicht zu tolerieren.« Merz mahnt seine Partei, die freiheitliche Gesellschaft nicht für selbstverständlich zu nehmen. Vielmehr müsse sie aktiv gestaltet werden. Die CDU müsse vorne anstehen und sagen, »wie wir uns dieses Land kulturell vorstellen«. Der eindringliche Appell darf als Beleg dafür gelten, dass Merz bereit und willens ist, eine neue Debatte zu führen. Viel Beifall hat er dafür bekommen in der Heimat. Und Neheim-Hüsten hat wieder mal die Gewissheit, dass hier historische Impulse gesetzt werden.

Erfunden hat Merz die Leitkultur nachweislich nicht. Aber er war es, der den Begriff im Oktober 2000 auf die politische Bühne hob und der eine Debatte darum entfachte. Die Leitkultur ist zu einem festen Bestandteil geworden in der politischen Biografie des Friedrich Merz. Aber ist sie auch eine Konstante? Damals war er wie heute Fraktionsvorsitzender der Union im Bundestag. Und er wollte Themen setzen. In einem Zeitungsinterview forderte er Regeln für Einwanderung und Integration als freiheitlich-demokratische deutsche Leitkultur und wandte sich gleichzeitig gegen Multikulturalismus.

Den Begriff geprägt hat der Göttinger Politikprofessor Bassam Tibi. In einem kritischen Essay in der Beilage der Zeitschrift *Das Parlament* stellte er dem Multikulturalismus den Begriff des Kulturpluralismus gegenüber. Im Gegensatz zum »Multikulti-Anything-Goes« ging es ihm um eine Art wertebezogene Hausordnung für ein gedeihliches Zusammenleben in Deutschland, ohne freilich die kulturelle Vielfalt zu vernachlässigen. Wohlmeinende Kommentatoren nahmen den Begriff Leitkultur als einen anderen Begriff für den vielzitierten »Geist des Grundgesetzes« wahr. Wer hier lebe, müsse, als Deutscher oder als Zugewanderter, diesen Geist verstehen und verinnerlichen. Anders könne ein Gemeinwesen nicht glücken.

Sofort geriet der Begriff Leitkultur zum Reizwort in der öffentlichen Debatte. Einen nicht unwesentlichen Anteil an der Aufheizung der Erregung muss man Friedrich Merz selbst zuschreiben. Im Rahmen der politischen Auseinandersetzungen über die Änderung des Einwanderungsrechts erhob er die Leitkultur zu einem Kampfbegriff. Er sah darin eine Art Schutzwall gegen das Eindringen fremdartigen Gedankenguts in eine, wie er es nannte, freiheitlich demokratische, deutsche Leitkultur. Bei jeder passenden Gelegenheit wetterte er gegen nach seiner Ansicht in Deutschland entstehende, wenn nicht schon bestehende Parallelgesellschaften.

Dass diese Parallelgesellschaften überwiegend von Ausländern gebildet wurden, galt in dieser Phase der politischen Auseinandersetzung als ausgemacht. Dass sich, wie beschrieben, allmählich auch aus der Mitte der einheimischen bürgerlichen Gesellschaft immer mehr Menschen abspalten würden – und wie darauf zu reagieren sei – davon war in dieser ersten Phase der Auseinandersetzung um die Leitkultur noch nicht die Rede.

Bassam Tibi wehrte sich damals vergeblich gegen die politische Instrumentalisierung seiner Formel von der Leitkultur, namentlich durch Merz, und sprach von einer »missglückten deutschen Debatte«. Die gesellschaftliche Linke im Land drückte sich nicht so vorsichtig aus, sie stand längst auf den Zinnen und tobte. Merz und seine Leitkultur, so lautete der Tenor in den linken Veröffentlichungen, offenbare eine hegemoniale Einstellung gegenüber Minderheiten, das sei eine Steilvorlage für die Neue Rechte.

Der Frankfurter Philosoph und Soziologe Jürgen Habermas widersprach Merz damals scharf: »In einem demokratischen Verfassungsstaat darf auch die Mehrheit den Minderheiten die eigene kulturelle Lebensform – soweit diese von der gemeinsamen politischen Kultur des Landes abweicht – nicht als sogenannte Leitkultur vorschreiben.« Dem *Spiegel* blieb es vorbehalten, die Debatte um die Leitkultur gänzlich des Seriösen zu entkleiden. Das Magazin titelte zur Leitkultur so griffig wie platt: »Operation Sauerkraut«.

Genau darum aber, und dass müssen die Hamburger Blattmacher gewusst haben, geht es bei der Leitkultur nicht. Im Gegenteil. Über eine deutsche Leitkultur als gewachsene gemeinsame Identität müsste man auch im Land der Aufklärung eine gesellschaftliche Debatte führen können, so wie in unseren Nachbarländern auch. Über das französische Staatsverständnis des »Citoyen« etwa oder die angelsächsische Haltung des »Citizen« gegenüber seinem Staat lässt sich niveauvoll diskutieren, ohne dass sofort der Generalverdacht ins Spiel kommt, es gehe um das moralisch anrüchige Überstülpen einer Mehrheitskultur.

Solange jedoch die nachdenklichen Menschen in diesem Lande es nicht schaffen, sich ernsthaft darüber Gedanken zu machen, was dieses Land »im Innersten zusammenhält«, so lange würde eine neue Auseinandersetzung über Leitkultur wohl eher zu Gezänk und Zündelei führen als zu einer fruchtbaren Debatte.

Die türkischstämmige frühere Staatsministerin für Migration, Flüchtlinge und Integration Aydan Özoguz (SPD) hat in ihrer Amtszeit bis 2018 einmal die Auffassung vertreten, außer der deutschen Sprache gebe es keine spezifisch-deutsche Kultur, womit sie den Deutschen so etwas wie ein gemeinsames kulturelles, literarisches, historisches, geistesgeschichtliches Erbe rundweg absprach. Aber ist es nicht gerade der Kerngehalt einer Demokratie, dass ein Gemeinwesen über einen Konsens an Werten und Normen als innere Klammer verfügen muss?

Eine neue Kultur des Umgangs

Eine demokratische deutsche Kultur zu leugnen, hat sich als geradezu gefährlich erwiesen. Wer so redet und alle tradierten Werte leugnet, das fürchtet auch Friedrich Merz, leitet Wasser auf die Mühlen jener, die von einer »Scheindemokratie« in Deutschland sprechen. In einer Allensbach-Studie vom April 2022 haben 31 Prozent der befragten Deutschen dem Satz zugestimmt »Wir leben in einer Scheindemokratie«, im Osten sogar 45 Prozent. Das bedeutet nicht mehr und nicht weniger, dass ein Drittel der Deutschen das demokratische System infrage stellt oder zumindest ernsthaft anzweifelt.

Dazu noch einmal Edgar Grande im Gespräch: »Das Problem sind nicht die Bürger, sondern die politische Kultur. Wenn Allensbach feststellt, dass ein Drittel der Bürger sich in einer Scheindemokratie sieht, kann das in zwei Richtungen interpretiert werden: Ein Drittel der Bürger hat nicht verstanden, wie unser politisches System funktioniert. Oder es hat völlig unangemessene Vorstellungen davon, was Demokratie ist. Oder man interpretiert es so, dass sich gerade in der Pandemie gezeigt hat, dass in Deutschland politische Entscheidungsfindung nicht so stattfindet wie es im Grundgesetz vorgesehen ist. Dass die wesentlichen politischen Entscheidungen eben nicht im Parlament getroffen werden.«

Grandes Meinung nach hat sich der Regierungsstil von Merkel durch »eine eklatante Missachtung des Parlaments ausgezeichnet«. Sie habe immer wieder, ob es Treffen der Ministerpräsidenten oder der Ratsvorsitzenden in Brüssel waren, Verhandlungsrunden dafür genutzt, um Entscheidungen zu produzieren. »Dass die Bürger das dann entsprechend wahrnehmen, ist zunächst nicht abwegig. Im Parlament fanden nur noch selten große Debatten statt. Und vor allem nicht jene, die wesentliche Entscheidungen herbeigeführt hatten«, bedauert der Wissenschaftler. Das Schlagwort »Demokratische Regression« beschreibe diesen Zustand leider treffend.

Demokratische Regression – wer will das schon? Hilft dagegen vielleicht die in der Union diskutierte Einführung einer allgemeinen Dienstpflicht, wie sie jüngst beim Parteitag in Hannover beschlossen wurde? Ein Dienst an der Gemeinschaft könnte gerade die Jüngeren, die sich noch nicht ganz abgespalten haben, auf neue Weise ans Gemeinwesen binden. Friedrich Merz sah das Thema auf einem Europaforum des WDR positiv und sprach von seinem Eindruck, die Bevölkerung sei bereit, »sich diesem Thema zuzuwenden so wie nie zuvor«.

Auch Bundespräsident Frank-Walter Steinmeier und Karsten Linnemann, MdB und Chef der CDU-Grundsatzkommission, warben für ein ähnliches Format. Im ZDF sagte Linnemann, auch demokratische Werte, der Zusammenhalt der Gesellschaft, Meinungsvielfalt und Respekt voreinander seien nicht selbstverständlich. »Es gibt eine Polarisierung in Deutschland, es gibt mehr Ich-Bürger als Staatsbürger, auch hier und da erlebe ich eine soziale Kälte.« So ein Gesellschaftsjahr würde der Gesellschaft »richtig gut tun« und sie wieder »zusammenführen«.

Auf dem Berliner Parteitag im Mai 2024 fand die »Leitkultur« von Friedrich Merz Eingang in das neue Grundsatzprogramm.

Ausgerechnet Serap Güler, Muslima, CDU-Bundestagsabgeordnete und stellvertretende Vorsitzende der Kommission für ein neues Grundsatzprogramm, hatte 2018 die Debatte über den Begriff noch einmal angestoßen. In einem *Focus*-Streitgespräch von 2019 mit Carsten Linnemann sagt sie: »Es muss einen Austausch geben, wir müssen auf Augenhöhe miteinander sprechen. Und am Ende entsteht eine gemeinsame neue Leitkultur.« Linnemann widersprach ihr damals: »Es gibt nur eine Leitkultur, das ist unsere.«

Ob eine CDU in Regierungsverantwortung an dem Begriff der Leitkultur festhalten wird oder nicht, wird letztlich nicht entscheidend sein. Politik muss Konzepte dafür entwickeln, dass die Integration zugewanderter Menschen und auch das friedliche Nebeneinander verschiedener Glaubensrichtungen auf Dauer gelingt.

Nur so kann verhindert werden, dass immer mehr Menschen von den zunehmend radikalisierten Rändern rechts und links angezogen werden.

Der Politikwissenschaftler Grande äußert sich im Gespräch nur verhalten optimistisch, stützt aber Merz in dessen Auffassung, dass die Toleranz auch Grenzen haben muss: »Die alte Leitkulturdebatte war im Grunde genommen ein Vorläufer dessen, was wir zwischen 2015 und 2018 hatten und mit dem die CDU gescheitert ist. Weil die Diskussionslage inzwischen weiter ist. Wir wissen sehr gut, dass es politisch extrem brisant wäre, bestimmte Normen und Werte mehr oder weniger verbindlich festzumachen. Unsere Gesellschaft ist weiter und will von der Politik, dass sie eine angemessene Form findet, mit dieser Vielfalt umzugehen. Die wesentlichen Prinzipien dafür finden wir in unserer Verfassung. Unser Grundgesetz definiert das Gemeinwesen als wehrhafte Demokratie. Und sieht auch keine bedingungslose Toleranz von jedem und allen vor. Da wurde bereits mitgedacht, dass es auch nicht akzeptable Positionen gibt.«

Überall in Europa und der Welt haben autoritär-populistische Parteien einen beängstigenden Aufschwung genommen, noch mehr als hierzulande, nämlich bis hinein in Regierungen. Dass es freilich mit der »Hausordnung« in Deutschland nicht mehr stimmt, um einen Begriff von Bassam Tibi aufzugreifen, ist nur allzu offensichtlich. Umso wichtiger wäre es, wenn eine große demokratische konservative Partei wie die CDU sich nicht noch einmal in gleicher Weise den Schneid abkaufen ließe wie vor zwei Jahrzehnten.

Migration und Integration

Eine massive Verletzung der »Hausordnung« in Deutschland zeigte sich jüngst auch bei einer Massenschießerei in Duisburg zwischen Rockern und »Clanmitgliedern«. »Eine 15-köpfige Mordkommission«, wird es danach in der Presse heißen, »sowie im Umgang mit Clankriminalität erfahrene Staatsanwälte ermitteln.«

Bekämpfung der Clankriminalität ist seit 2018 anerkannter Teilbereich der Organisierten Kriminalität, den der Bund Deutscher Kriminalbeamter definiert als Kriminalität, die »bestimmt wird von verwandtschaftlichen Beziehungen, einer gemeinsamen ethnischen Herkunft und einem hohen Maß an Abschottung der Täter, wodurch die Tatbegehung gefördert oder die Aufklärung der Tat erschwert wird«.

Die Brennpunkte befinden sich in Nordrhein-Westfalen, Niedersachsen, Bremen und Berlin. Der NRW Innenminister Herbert Reul gilt als entschlossener Kämpfer gegen diese Art der Kriminalität, zu der Drogenhandel, Raub und Geldwäsche zählen. Mit Hausdurchsuchungen und Razzien rückt man in NRW den Tätern zu Leibe, will deren Strukturen schwächen. Für die CDU ist das Thema Zuwanderung eben auch ein Thema der Inneren Sicherheit.

Wie die schwarz-grüne Regierung in Düsseldorf auf diesem Politikfeld in der Praxis agieren wird, verheißt, spannend zu werden. Ist Streit programmiert? Bei konfliktträchtigen Themen wie der Ausrüstung der Polizei mit Elektroschockpistolen (»Tasern«) hat man sich bis 2024 auf einen Kompromiss geeinigt. Wie es danach bei diesem Thema weitergeht, ist offen. Ebenso was aus der Null-Toleranz-Strategie von Innenminister Reul wird. Schon geifert die Grüne Jugend gegen den »repressiven Kurs der CDU«.

Dabei wirkt bereits die verbale Annäherung an den Begriff Clankriminalität im Koalitionsvertrag eher vorsichtig: »Wir schaffen eine für die Erfassung der Straftaten maßgebliche, einheitliche polizeiliche und justizielle Definition zur Clankriminalität, ohne Personen unter Generalverdacht zu stellen.« Das klang oben bei den Kriminalbeamten noch anders.

Die Erwartungen der jeweiligen Klientel klaffen stark auseinander. Der These: »Wer straffällig wird und keine deutsche Staatsbürgerschaft besitzt, soll leichter abgeschoben werden können«, stimmten laut einer Umfrage vom »Wahl-Kompass« der Uni Münster 92 Prozent der befragten CDU-Anhänger zu, bei den Grünen waren 58 Prozent dagegen. Hier Law and Order, da mehr Toleranz. In ihrem letzten Bundestags-Wahlprogramm tritt die Union dafür ein, dass Ausreisepflichten strenger durchgesetzt werden sollen. Großzügigeren Familiennachzug lehnt sie ab, anders als die Grünen, die in ihrem Programm zur NRW-Landtagswahl von der »Offenen Gesellschaft« schwärmten.

Anders als bei weiten Teilen der Linken sieht die Union die Integrationsaufgabe nicht nur bei der Aufnahmegesellschaft, etwa durch den Abbau von Rassismus und Diskriminierung. Auch diejenigen, die hier bleiben wollen, müssten ihren Beitrag leisten und sich an Normen, Regeln und Gesetze halten, sagt Merz in seinem Buch »Neue Zeit. Neue Verantwortung.«

Das Messerattentat von Solingen hat die Debatte um den richtigen Umgang mit Geflüchteten weiter angeheizt.

Die Debatte darüber, wie und ob der Islam – man erinnere sich an Christian Wulffs These – zu Deutschland und zur CDU gehört, wurde auf dem Parteitag in Berlin durch eine Kompromissformel beigelegt. Integration und Migration sind zwei Seiten derselben Medaille – und geraten immer wieder in den Mittelpunkt zugespitzter politischer Auseinandersetzungen.

Wo kommen die Fachkräfte her?

Wie zum Beispiel kurz nach der von der CDU verlorenen Bundestagswahl. SPD, Grüne und FDP verhandeln über die Bildung einer Ampelregierung. Der *Focus* bittet den schon zweimal unterlegenen Kandidaten für den CDU-Vorsitz zum Interview. Beim Thema Europa, Staatenverbund oder Bundesstaat, schert Friedrich Merz kurz aus. Er will offenbar etwas loswerden: »Die Grünen sind immer noch auf dem alten Trip: Sie wollen eine ungezügelte, ungesteuerte, unkontrollierte Einwanderung in die Bundesrepublik Deutschland. Hier wird es eine harte Auseinandersetzung mit uns geben.«

Den Einwand des Interviewers, die Ampel argumentiere in dieser Frage mit dem »gigantischen Facharbeitskräftemangel«, nutzt Merz geschickt: »Wir brauchen eine gezielte und kontrollierte Einwanderung in den Arbeitsmarkt und nicht eine unkontrollierte Einwanderung in die Sozialsysteme.« Merz ist es ernst. Das Foto mit dem *Focus*-Journalisten Ulrich Reitz zeigt ihn hochkonzentriert, beide Hände erhoben.

Im Jahr 2015, als mit einem Mal Hunderttausende aus der Kriegsregion im Nahen Osten in Westeuropa und in Deutschland Aufnahme, Asyl und Schutz begehrten, hatte die damalige Bundeskanzlerin Angela Merkel mit ihrem Schlüsselsatz »Wir schaffen das« ihre eigene Partei auf eine, nämlich ihre Linie gezwungen, ohne dass sie der CDU und dem Land eine Gelegenheit zur ausgereiften Meinungsbildung ließ. Die Zeit drängte, die Bilder von verzweifelten Menschen auf der Flucht waren kaum auszuhalten.

Merkels Haltung wurde in der CDU (und erst recht in der CSU), vorsichtig ausgedrückt, reserviert aufgenommen. Gegen die schlichte Aussage, »Wir haben schon so viel geschafft, wir schaffen das auch noch«, gab es verständlicherweise Einwände. Wer die Bedenken jedoch forciert öffentlich vortrug, stellte sich quasi gegen die Kanzlerin. Das Thema wurde über Jahre lieber gemieden. Nun muss die CDU unter gehörigem Zeitdruck mit Friedrich Merz eine Linie finden, die über solche temporäre, durch schwere Krisen in der europäischen Nachbarschaft oder ferneren Weltregionen verursachte Entwicklungen hinausführt. Unter Schmerzen haben die Skeptiker in der CDU die offenen Grenzen 2015 hingenommen. Es stand ja das Kanzlerinnenwort wie ein Pfeiler im Sturm.

Wer, wie die Ampelkoalition, eine Neuordnung der Zuwanderungsgesetzgebung plant und wer, wie es die Pflicht der Opposition ist, die Regierungspläne kritisch bewerten will, muss sich freilich über die gesellschaftliche Realität in Deutschland im Klaren sein. Die Regierung will abgelehnten, aber gut integrierten Asylbewerbern die Möglichkeit geben, in Deutschland bleiben zu können. Das geschieht auch mit Blick auf überall fehlende Arbeitskräfte.

Die Zahl der offenen Stellen belief sich im Jahr 2024 auf etwa 1,34 Millionen. Dem Land droht ein Zusammenbruch von Infrastruktur; einen ziemlich bitteren Vorgeschmack bekommen wir derzeit an Flughäfen, Krankenhäusern und in der Gastronomie, wo Chaos und Personalmangel den Betrieb erschweren. Versuche, jedenfalls für die Flughäfen kurzfristig Personal aus der Türkei einzustellen, scheiterten an bürokratischen und rechtlichen Vorgaben.

Doch der innenpolitische Sprecher der CDU/CSU-Bundestagsfraktion, Alexander Throm (CDU), kritisierte die Liberalisierungspläne von Bundesinnenministerin Nancy Faeser (SPD). Damit werde ein massiver Anreiz für unerlaubte Migration nach Deutschland geschaffen, sagte Throm dem RedaktionsNetzwerk Deutschland. Außerdem höhle die Ampelkoalition mit ihrer Initiative das Asylrecht aus.

Wenn sich die CDU unter ihrem Vorsitzenden Merz in der Ausländerfrage neu aufstellen will, schwingt immer die Erwartung mit, dass dies anders als in der Ära Merkel zu geschehen habe. Andererseits will man mit Kritik an Missständen oder geplanten Liberalisierungen nicht in die Nähe der AfD geraten. Doch auch die Wünsche der Wirtschaft und des Handwerks – traditionell Verbündete der Union – können nicht ignoriert werden.

Es ist ein schwieriger Balanceakt, wie eine Umfrage von Infratest dimap zeigt. Im Vorfeld der Bundestagswahl 2021 hatten die Meinungsforscher die Forderung der AfD nach einer strikten Zuzugsbegrenzung vorgegeben und Erstaunliches festgestellt. Anhänger der Linken und der CDU stimmten jeweils zu 40 Prozent mit dieser AfD-Haltung überein, die FDP-Anhänger sogar zu 59 Prozent. Einsicht in die Notwendigkeit von Zuwanderung, oder gar Freude darüber, klingt anders. Solche Umfragen differenzieren leider häufig nicht genau, welche Art von Zuwanderung die befragten Wählerinnen und Wähler bei ihren Antworten im Blick haben.

Besonders die heimischen Unternehmen wünschen sich in den letzten Jahren vermehrt eine Zuwanderung von Fachkräften, um die Vakanzen im handwerklichen, im Dienstleistungs-, aber auch im industriellen Sektor zu schließen. Bereits im Sommer 2021 schon warnte der Vorstandsvorsitzende der Bundesanstalt für Arbeit, Detlef Scheele, vor einem drohenden, massiven Arbeitskräftemangel in Deutschland. »Wir brauchen 400 000 Zuwanderer pro Jahr. Also deutlich mehr als in den vergangenen Jahren«, sagte Scheele der *Süddeutschen Zeitung*. Bei anderer Gelegenheit zählte er auf, wo es alsbald knirschen werde: in der Pflege, in der Klimatechnik, in der Logistik und Gastronomie. Bei den Akademikerinnen und Akademikern, vor allem in den sogenannten MINT-Fächern, also in der Mathematik, Informatik, Naturwissenschaft und Technik. Vielen Familienunternehmen, allgemein als Rückgrat der deutschen Wirtschaft angesehen, drohe die Schließung. Den erwarteten Bedenkenträgern gegen die Migration hielt der BA-Chef vorsorglich entgegen: »Man kann sich hinstellen und sagen: Wir möchten keine Ausländer. Aber das funktioniert nicht. Fakt ist: Deutschland gehen die Arbeitskräfte aus.« Die Situation wird nicht besser, wenn vermehrt die Generation der Babyboomer (bis Geburtsjahr 1964) in Rente geht.

Ende der 1950er-Jahre kamen die ersten Gastarbeiterinnen ins Sauerland, Frauen aus Sizilien und Norditalien heuerten als Näherinnen in der Textilbranche an. Viele Tausende folgten, bald auch aus der Türkei. Man muss die sogenannte Gastarbeiterdebatte aus den 1960er-, 1970er- und 1980er-Jahren nicht im Detail auffächern, um zu dem Fazit zu kommen, dass die Zuwanderung von Arbeitskräften – die Betonung liegt also ausdrücklich auf den Arbeitskräften – nach Deutschland über Jahrzehnte, ja über Jahrhunderte erwünscht war.

Zündstoff für die Union

Lange sträubten sich, den allzu offensichtlichen Umständen zum Trotz, große Teile der Union hartnäckig gegen die Vorstellung, Deutschland sei ein Einwanderungsland. Das war die vorherrschende Gefühlslage in der Ära Kohl, in der Merz politisch sozialisiert wurde und den Weg in die Politik fand. Kein Wunder, dass sich der junge Politiker an der Seite jener einreihte, die sich vor gut 20 Jahren scharf gegen die Neuordnung von Zuwanderung und Staatsangehörigkeit durch die rot-grüne Koalition unter Kanzler Gerhard Schröder stellten. Die Einsicht, dass die Reformen im Nachkriegsdeutschland überfällig waren, hat nur ein Teil der Bevölkerung verinnerlicht, der andere ist bis heute nicht überzeugt. Friedrich Merz jedenfalls steht heute zu dem Begriff Einwanderungsland, und das ohne Umschweife.

Das bis zum rot-grünen Regierungsantritt 1998 geltende Staatsbürgerschaftsrecht stammte tatsächlich aus der Zeit vor dem Ersten Weltkrieg. Es galt das von alters her überlieferte Blutrecht, auf Lateinisch: »ius sanguinis«. Erst seit 2000 ist das anders. Es ist nicht nur Deutscher, wer von Deutschen abstammt, sondern auch, wer hier geboren wird. Bis Ende der Neunziger war man entweder Ausländer oder Deutscher. Der »Migrationshintergrund« war noch nicht im Sprachgebrauch, er kam erst Mitte der Nullerjahre in Mode.

Die CDU der Vor-Merkel-Zeit und die CSU arbeiteten gemeinsam gegen die rot-grünen Veränderungen. Wolfgang Schäuble, der in dieser Zeit schon den jungen Sauerländer Merz im Blick hatte und kräftig förderte, organisierte gemeinsam mit Edmund Stoiber von der CSU eine bundesweite Unterschriftenkampagne »Gegen die doppelte Staatsbürgerschaft«. Unvergessen sind die Stände und Tapeziertische im hessischen Landtagswahlkampf 1999, vor denen Bürger Schlange standen mit der Frage, »Wo kann man hier gegen Ausländer unterschreiben?«. Es war der CDU-Ministerpräsident Roland Koch, Gründungsmitglied des legendären Andenpaktes in der CDU, der mit dieser Kampagne seine Wiederwahl sicherte. In Nordrhein-Westfalen ging Jürgen Rüttgers mit dem Spruch »Kinder statt Inder« in die Geschichte ein. Diese ausländerfeindlichen Kampagnen hat die Union (hoffentlich) hinter sich gelassen.

Die Pläne der Ampelregierung bargen in dieser Frage immer noch einigen Zündstoff für die Union.

Alle Gespräche zwischen Ampel und CDU, das Thema Migration gemeinsam neu zu regeln, scheitern im Lauf der Legislatur. Noch kurz vor dem Bruch der Ampel im November 2024 hatte es einen erneuten Anlauf gegeben. Doch die Vorschläge der Regierung, sagte Merz, blieben hinter den Erwartungen der Union zurück. Die plädiert für Zurückweisung aller Asylbewerber an den deutschen Grenzen und verweist auf das sogenannte Dublin-Verfahren. Darin ist geregelt, dass Migranten in dem EU-Staat einen Asyl-Antrag stellen müssen, dessen Grenze sie zuerst überqueren.

Ob sich das in die Praxis umsetzen lässt, ist unklar. Es wird auch in Zukunft weiter Fluchtbewegungen in Richtung Europa, ja nach Deutschland, geben. Das Ringen um Regelungen, die pragmatisch und human zugleich sein sollen, geht weiter – und zwar national, aber auch auf EU-Ebene.

13.

Irrtümer der Bildungspolitk

Als sein 50. Geburtstag nahte, hatte Friedrich Merz eine Idee: Statt Geschenke sollten die Freunde für einen guten Zweck spenden. Die Friedrich und Charlotte Merz Stiftung für Bildung und Ausbildung wurde gegründet. Angelehnt an die Bill & Melinda Gates Foundation? Charlotte Merz lacht und klärt auf. Nein, ihre Stiftung sei zwergenhaft, das Stiftungskapital liegt bei 450 000 Euro. Die Aktivitäten sind begrenzt auf das Stadtgebiet von Arnsberg. Der Verwaltungsaufwand wird dabei so gering wie erforderlich gehalten.

»Wir geben viel zu wenig für Bildung aus in Deutschland«, sagt Charlotte Merz. Pro »Bildungsteilnehmer« seien das nur 13 000 Euro im Jahr. Viel ist das nicht. Laut OECD-Bericht von September 2021 ergibt sich: Bezogen auf die Wirtschaftsleistung 2018 lagen die Bildungsinvestitionen in Deutschland mit 4,3 Prozent des Bruttoinlandsprodukts (BIP) unter dem OECD-Schnitt von 4,9 Prozent. In vielen OECD-Ländern wurde in den vergangenen Jahren deutlich mehr für Bildung ausgegeben als in Deutschland.

Doch die Lehrer können sich nicht wirklich beklagen, im Jahr 2020 verdienten sie in Deutschland fast doppelt so viel wie im OECD-Schnitt – und das bei kürzerer Arbeitszeit. Dennoch herrscht schon jetzt Mangel an qualifizierten Lehrern. Im Jahr 2019 waren 43 Prozent des Lehrpersonals an Schulen mindestens 50 Jahre alt. Während die Kultusministerkonferenz (KMK) für das Jahr 2030 allenfalls rund 14 000 fehlende Lehrerinnen und Lehrer prognostiziert, rechnet der Verband Bildung und Erziehung mit einem Mangel von 81 000 Lehrkräften. Noch nicht darin enthalten ist der wachsende Bedarf an Lehrkräften und Sozialpädagogen für Ganztagsunterricht und Inklusion. Schule, sagt Charlotte Merz, ist dem Zufall überlassen. Es kommt immer auf die Lehrer an. Für die Kinder, hat sie erfahren, ist vor allem Wertschätzung essenziell. Ein Höhepunkt der Stiftungsaktivitäten ist deshalb die Vergabe des jährlichen Schulbuchpreises. Da werden die Jahrgangsbesten von 26 Schulen im Stadtgebiet auserkoren und erhalten ein Buchpräsent. »Die Kids strahlen dann«, erzählt Charlotte Merz, und sagen, »in acht oder neun Jahren bin ich wieder da!« Und so ist es dann auch oft.

Friedrich Merz lässt sich diese Termine selten entgehen. Jedes Jahr gibt es ein Foto mit ihm und den kindlichen Preisträgern – alle mit einem breiten Strahlen im Gesicht. Zumindest in der Vergangenheit war Merz bei jeder Sitzung des Vorstands dabei, in dem außerdem noch zwei Lehrer sitzen. Die kleine Familienstiftung hilft hier und da, wo sie kann, die Betonung liegt auf Nachhaltigkeit: mal ein Computerlernprogramm für eine Grundschule, mal ein Stipendium für eine hochbegabte Musikstudentin, mal gibt es eine Geldspritze für eine Bibliothek oder Zuschüsse für die Lehrerfortbildung.

Krankendes System

Die Privatinitiative der Eheleute Merz kann trotz allem Engagement freilich nur ein Trostpflaster sein für ein krankendes System. Bildung gilt in Deutschland zwar als Zukunftsthema, das allerdings schon seit mindestens 40 Jahren. Deshalb fehlt es in keinem Bundestagswahlprogramm und in keiner Sonntagsrede.

Das deutsche Bildungssystem bleibt Großbaustelle – eine, um die die CDU nicht länger einen großen Bogen machen sollte. »Die CDU hat lange Zeit geglaubt, sie könne Schulpolitik dem kleinen Koalitionspartner überlassen«, sagt dazu CDU-Vize Karin Prien, die als schleswig-holsteinische Bildungsministerin auch amtierende Präsidentin der Kultusminister-Konferenz (KMK) ist. »Dabei macht die Schulpolitik den Kern des Föderalismus aus!«

Es sind vor allem zwei große Aufgaben, an denen das deutsche Bildungssystem immer wieder scheitert: zum einen am Versprechen, dass Aufstieg durch Bildung möglich ist. Seit Jahren wird beklagt, dass vor allem Akademikerkindern der erfolgreiche Abschluss von Gymnasium und Studium gelingt, während Kinder aus »bildungsfernen Schichten« eher auf der Strecke bleiben. Laut dem deutschen Stifterverband gehen nur 27 Prozent der Grundschülerinnen und -schüler aus einem Nichtakademikerhaushalt an die Uni, bei Akademikerkindern sind das knapp 80 Prozent.

Alle Parteien führen das Thema Aufstieg durch Bildung im Programm. Erfolge sind aber kaum zu verzeichnen. Auch deshalb hat Merz hierzu im Rahmen des Grundsatzprogrammprozesses eine Fachkommission ins Leben gerufen, die von Karin Prien geleitet wird, die sein vollstes Vertrauen genießt.

Das zweite Thema ist die Leistungsfähigkeit des Bildungssystems und die internationale Wettbewerbsfähigkeit. Auch da sieht es nicht rosiger aus: Die »Bildungsrepublik Deutschland«, die Angela Merkel noch 2008 ausrief, befindet sich im Abstieg. Vor mehr als 20 Jahren schreckte die Pisa-Studie der OECD die Deutschen auf mit ihren schlechten Noten für die Leistungen 15-jähriger Schüler, doch auch heute ist die Lage nicht viel besser: Wir haben ungefähr 20 Prozent von 15-Jährigen, so der Bildungsforscher Olaf Koller, die nicht den Mindeststandard schulischer Bildung erreichen. »Das sind in Zahlen etwa 130 000 bis 150 000 Jugendliche. In jedem Jahrgang.«

Vor drei Jahren hat Bildungsökonom Ludger Wössmann vom Münchner Ifo-Institut die Resultate von insgesamt 43 Bildungstests aus den vergangenen 20 Jahren analysiert und in einer Kurve abgebildet. Von 2000 bis 2010 stieg die Kurve an, ab 2010 ging 60 Prozent des Leistungsanstieges wieder verloren. Dieser Abstieg hatte schon vor der Coronakrise begonnen. »Mich wühlt das auf, dass die Kultusminister diesen Abstieg hinnehmen«, zitierte ihn *Die Welt* im Oktober 2021, »und nach jeder Bildungsstudie einen Teilaspekt als gute Nachricht verkaufen.«

Unseliges Gefeilsche

Was tun? Die langjährige Bildungsexpertin des *Rheinischen Merkur,* Birgitta Mogge-Stubbe, bezeichnete die KMK als »größtes Verhinderungsgremium« der Republik. Doch beim Bildungsföderalismus anzusetzen ist illusorisch, die Länder klammern sich an ihre Zuständigkeit wie Schiffbrüchige an ein Stück Treibholz. Lieber untergehen, als sich vom Bund retten lassen. Alles, was nach Vereinheitlichung aussieht oder nach Einflussnahme aus Berlin, wird abgeblockt.

Zum Beispiel sträubten sich die Bundesländer gegen die Schaffung eines Nationalen Bildungsrats, der 2018 immerhin im Koalitionsvertrag verankert worden war. Vor allem Bayern und Baden-Württemberg wehrten sich gegen mehr Einheitlichkeit und Vergleichbarkeit bei der Bildung mit dem Argument, dass man in Bayern kein »Berliner Abitur« wolle, wie der bayerische Ministerpräsident Söder spottete. Aber auch die anderen Länder traten auf die Bremse, aus unterschiedlichen Gründen. Der Bildungsrat kam nicht zustande. Viel mehr als unverbindliche Empfehlungen hätte er auch nicht abgeben können, heißt es in Insiderkreisen.

Auch aus dem ehrgeizigen Vorhaben eines Bildungsstaatsvertrags wurde nur eine Länderverwaltungsvereinbarung. Lehrerverbandspräsident Meidinger ist unzufrieden: Es hätte die Chance gegeben, konkret und verbindlich die Vergleichbarkeit und die Qualität im deutschen Bildungssystem festzuschreiben. So bleibt es bei dem 16-teiligen Flickwerk, zusammengeklaubt aus unterschiedlichen Leistungsanforderungen, Abschlüssen und Schulformen, das es Familien erschwert, innerhalb von Deutschland umzuziehen.

Geld vom Bund nehmen die Länder trotz allem gern, zumindest, wenn damit keine Pflichten gegenüber dem Bund verbunden sind. Wenn doch, gibt's Gerangel, ein unseliges Gefeilsche meist, das der Öffentlichkeit nicht mehr zu vermitteln ist.

Beispiel Digitalpakt, der ein Jahr vor Beginn der Pandemie aufgelegt worden war. Nach monatelangem Hin und Her zwischen Bund und Ländern schließlich das Ergebnis: insgesamt 6,5 Milliarden Euro für die Digitalisierung der Schulen. Dafür musste das im Grundgesetz verankerte Kooperationsverbot zwischen Bund und Ländern gelockert werden. Die Länder stimmten dem zwar zu, aber nur unter der Bedingung, dass sie, wie ursprünglich vom Bund gewollt, die Projekte nicht zu gleichen Teilen mitfinanzieren müssen. Wertvolle Zeit wurde vergeudet, was die Schüler und Schülerinnen während der Coronakrise ausbaden mussten. Darauf weist auch Friedrich Merz immer wieder hin. Noch geht es in der Tat schleppend mit der Digitalisierung voran: Im ersten Halbjahr 2022, also drei Jahre später, ist bundesweit erst ein Fünftel vom Fünf-Milliarden-Euro-Basis-Digitalpakt abgeflossen.

Personalmangel an den Schulen und komplizierte Bürokratie und Antragsverfahren werden als Gründe für das Schneckentempo bei der Umsetzung genannt. Das mag wohl stimmen. Andreas Breiter, Direktor des Instituts für Informationsmanagement an der Universität Bremen, spart da in einem Zeitungsgespräch nicht mit Kritik: »Viele Kommunen haben die Digitalisierung der Schulen nicht nur verpennt, sie haben sie regelrecht ausgesessen.« Kein Wunder also, dass auch Friedrich Merz, obwohl Anhänger der kommunalen Selbstverwaltung, sich für die Notwendigkeit einer zentralen Einrichtung ausspricht, die sich darum kümmert.

Wäre das nicht mal ein lohnendes Objekt für die CDU-Initiative »Neustaat«? Jedenfalls hatte die CDU-Bundestagsfraktion bei der Bundesregierung mehrmals zu den Fortschritten beim Digitalpakt nachgefragt. Einflussmöglichkeiten für die Union selber gibt es auch in Zukunft über die Bundesländer, in denen sie das Kultusministerium stellt.

Der schwere Tanker

Die Pandemie macht das Versagen bei der Digitalisierung umso dramatischer – trotz ambitionierter Schulträger und engagierter Lehrer, die ihr Möglichstes getan haben. Die gab es nämlich auch. Die tägliche Lernzeit von 7,5 Stunden hat sich während der beiden Lockdowns auf etwa die Hälfte reduziert. Gesteigert hat sich dagegen die Zeit, während der Kinder und Jugendliche in den Social Media oder bei Streamingdiensten unterwegs sind, oder an mobilen Endgeräten hängen, also eher »entwicklungshinderlichen« Aktivitäten nachgehen, wie Bildungsökonom Ludger Wössmann es ausdrückt.

Während in der ersten Welle 2020 manch Studienrat eines altsprachlichen Gymnasiums in Berlin mangels eigenem Laptop völlig von der Bildfläche verschwand, sah die Situation anderthalb Jahre später etwas besser aus. Da erschienen die verschollenen Kollegen dann wieder auf dem Bildschirm, Zoom oder Teams hatten inzwischen die Hoheit über die digitalen Klassenzimmer erobert.

In Friedrich Merz' Buch »Neue Zeit. Neue Verantwortung.« konstatiert der Autor schon im Herbst 2020, dass das Schulsystem auch und gerade in der Coronakrise total versagt habe. In dem Kapitel »Bildung, Bildung, Bildung« heißt es: »Das System Schule (...) ist größtenteils den Anforderungen unserer Zeit nicht gewachsen.« Dabei konnte er da nicht mal wissen, wie schlimm es noch kommen würde...

Laut einer Studie vom September 2021 sagen ein Drittel der befragten Lehrer, dass bei mehr als der Hälfte der Schüler Lernlücken entstanden seien. Besonders große Lernrückstände gab es in ärmeren Stadtvierteln. Das MINT Nachwuchsbarometer ergab, dass in Hamburg der Anteil der leistungsstarken Grundschülerinnen und -schüler in den Fächern Mathematik, Informatik, Naturwissenschaft und Technik (MINT) um knapp 10 Prozent gesunken ist – und die Gruppe der Leistungsschwachen um gut 10 Prozent wuchs.

Das System Schule ist ein schwerer Tanker. Und der liegt fast auf Grund. Hinzu kommt ein gravierender Lehrermangel, der auch durch Quereinsteiger nicht geschlossen werden kann. Beklagenswert ist zudem der bauliche

Zustand vieler Schulen. Bröckelnder Putz, Schimmel, defekte Toiletten – das ist keine Seltenheit im deutschen Schulalltag. Allesamt Beispiele, die zeigen, wie wenig wert der Industrienation Deutschland das System Bildung wirklich ist.

Zugegeben: Die Pandemie und auch die Aufnahme ukrainischer Kinder ins deutsche System haben den Unterricht an Schulen zusätzlich belastet. Doch viele Missstände haben eine lange Vorgeschichte; dringend notwendige Veränderungen, wie gerade bei der Digitalisierung, wurden schon vorher auf die lange Bank geschoben. Ausbaden müssen die Versäumnisse am Ende die Schüler und Schülerinnen.

Um die entstandenen Defizite und Lernrückstände bei den Schülern auszugleichen, nahm der Bund im Mai 2021 wieder einmal Geld in die Hand. Zwei Milliarden Euro für ein Aufholprogramm. Doch der nach einem Jahr vorgelegte Bericht wirft mehr Fragen auf, als dass er Antworten gibt: Jedes Land hat diese Gelder anders eingesetzt, mal für Coronaschutzausstattung, mal für die Qualifizierung Studierender als Lernbegleiter, hier ein Robotikprogramm von Lego, dort Aufenthalte in einem Landheim. Das von der Kultusministerkonferenz einberufene, unabhängige wissenschaftliche Beratungsgremium (SMK) hatte schon 2021 empfohlen, erst den Lernstand zu erheben, um etwaige »Aufholerfolge« überhaupt nachweisen zu können.

Vergebens, wie sich jetzt herausstellt: Denn für ein Vorher-Nachher fehlt es im Jahr 2022 an den Voraussetzungen: Die geforderten Lernstandserhebungen liegen nur lückenhaft vor, genauso wenig wie vergleichbare bundesweite Testergebnisse. Erfolgskontrollmöglichkeiten beim Aufholpaket und bei dem dadurch finanzierten bunten Strauß an Fördermaßnahmen: gleich Null.

In einem weiteren Impulspapier weisen die die KMK beratenden Bildungsexperten ausdrücklich auf die Notwendigkeit der Evaluierung hin, und zwar mit Zielvorgaben und Wirksamkeitsprüfungen. Davon, so einer der SWK-Bildungsexperten, finde man in dem KMK Bericht viel zu wenig. Die meisten Länder hätten beim Aufholprogramm nicht genug auf das geachtet, was neben sozialen Angeboten der Sinn des Programms sein sollte: Lernrückstände abbauen in Mathe und Deutsch.

Chancengerechtigkeit statt Chancengleichheit

Die gab es leider schon vor der Pandemie. So weisen Studien aus, dass 22,1 Prozent der Viertklässlerinnen und Viertklässler Mindeststandards bei der Rechtschreibung nicht erreichen. Und das setzt sich so fort. Das deutsche Bildungswesen hat den Stresstest nicht bestanden.

Das kann auch der CDU nicht gleichgültig sein. Friedrich Merz sieht all diese Probleme, doch kümmert sich seine Partei derzeit erst einmal um die berufliche Bildung, und im Gespräch enthüllt er Pläne der Bundestagsfraktion, regelmäßig in den Wahlkreisen einen Tag der beruflichen Bildung einzuführen. Man wolle die Wertschätzung in diesem Bereich fördern, sagt Merz, die Bildungspolitik sei in Deutschland oft »überakademisiert«.

Das ist einerseits sicher richtig. Andererseits aber: Was für eine Generation von Akademikern produziert man, der zu Schulzeiten, wie oben beschrieben, Mathe und Deutsch kaum vermittelt werden können? Außerdem sind diese Kenntnisse auch in den Ausbildungsberufen gefragt. Die Wirtschaft klagt seit Jahren über den Mangel an Grundkenntnissen bei Azubis. Und da geht es nicht etwa um die »21st Century Skills«, die derzeit als Bildungsziele angepriesen werden, sondern ums schlichte Schreiben und Rechnen.

In einem *FAZ*-Essay schreibt Merz, gerade frisch als Parteichef bestätigt, was der Begründer der Sozialen Marktwirtschaft, Ludwig Erhard, der heutigen Politik noch zu sagen hätte: »Er würde betonen, dass unverändert jeder Mensch die Chance bekommen muss, sein Leben nach eigenen Vorstellungen zu gestalten«, so Merz, »damit aber auch die Pflicht einhergeht, dies selbst wenigstens ernsthaft zu versuchen.«

In Bezug auf die Bildung ließe sich das so übersetzen: Schulischer Erfolg ist nicht nur eine Bringschuld des Staates, sondern auch eine Individualanstrengung. Ähnlich formulierte es einmal die Bildungsexpertin der *FAZ*, Heike Schmoll. Eine Anstrengung, die idealerweise auch belohnt werden sollte. Nicht nur beim Schulbuchpreis von Familie Merz, sondern generell, auf dem nicht immer leichten Weg zum Abschluss.

Die soziale Herkunft sollte jedoch nicht über die Art der Ausbildung entscheiden. Friedrich Merz weist in seinem Buch in diese Richtung: »Alle Kinder haben unabhängig vom Bildungshintergrund ihrer Eltern Anspruch darauf, eine gute Schulbildung zu bekommen, und jedes einzelne Kind hat Anspruch darauf, dass seine besonderen Fähigkeiten entdeckt und gefördert werden.«

Anders war es noch bei dem Sauerländer Franz Müntefering, der nicht wie Merz in einem Akademikerhaushalt aufwuchs. Als Arbeitersohn konnte Müntefering sich keine höhere Bildung leisten, auch das ein Grund, warum es ihn damals in die SPD gezogen hatte, wie er einmal im Gespräch mit dem *Rheinischen Merkur* verriet. Was den alten SPD-Kämpen allerdings nicht daran hinderte, mit seiner mangelnden akademischen Ausbildung zu kokettieren. Als er 2006 seine Pläne zur Rentenreform erläuterte, fiel der legendäre Satz: Dazu müsse man kein Mathematiker sein, »da reicht Volksschule Sauerland«.

Wichtig für den Bildungserfolg sei das »Growth Mindset«, sagt der langjährige Koordinator der Pisa-Studien, Andreas Schleicher, der *FAS*. Wenn Schüler daran glauben, dass ihr Engagement einen Unterschied macht, wachsen ihre Leistungen. Bei Kindern mit Migrationshintergrund dagegen wird zu schnell die Leistungserwartung heruntergesetzt. Die Mentalität ist: »Ihr habt es schwer, deshalb machen wir es euch leicht.«

Ein anderer wissenschaftlicher Berater der Kultusminister bestätigt dies: »Wenn wir in Berlin oder Gemeinschaftsschulen ohne Oberstufe fragen, was sie werden wollen, kommt oft die Antwort: Bürgergeldempfänger. Sie laufen genau genommen dann mit dem Stigma umher, dass sie nichts können und aus einer Familie kommen, die nichts kann. Und die Lehrer bringen ihnen nichts bei, weil der Glaube daran fehlt, dass Fertigkeiten und Fähigkeiten veränderbar sind. Dass über Lerngelegenheiten Fähigkeiten erworben werden können.«

Wäre das nicht ein Ansatzpunkt für Merz und die CDU, denen der Leistungsgedanke und die Entfaltungsmöglichkeiten des Individuums so am Herzen liegen, sich hier stärker einzumischen? Auf eine Frage des *Spiegel* nach den Defiziten seiner Partei, führte Merz als ersten Punkt an: »Wir sollten ein klareres Profil in der Bildungspolitik haben.« Wirklich erkennbar ist das bei der Bundes-CDU bisher noch nicht.

Wie wäre es mit einer echten Debatte, die die verschiedenen Positionen aufgreift? Da wäre zum Beispiel der Historiker Andreas Rödder, in der CDU der Mann für die Grundwerte, der beteuert: »Wir gehen von der individuellen Person aus und nicht von der Gruppenzugehörigkeit.« Dann der Sozialpolitiker Mario Czaja, der im November

2021 im *Bild*-Talk eher die Gruppenzugehörigkeit in den Blick nahm: »In Armut lebenden Kindern wird in Deutschland der soziale Aufstieg verbaut.« Wenn sich diese Diskussion nicht im allgemeinen Anprangern von Missständen erschöpfen soll, gilt es früh gegenzusteuern und endlich eine Kultur der Ermutigung in deutschen Schulen zu begründen, so dass der Aufstieg durch Bildung auch glücken kann.

Noch wird zu oft der Bildungsdurchmarsch organisiert, wo der Aufstieg nicht gelingt. Nach dem Motto: runter mit den Schranken, damit möglichst viele drüber laufen können. In manchen Bundesländern, wie auch Berlin, herrscht eine Inflation der guten Noten. Auch weil, so Experten, im zweigliedrig gefassten System die Latte deutlich niedriger gelegt wurde, um mehr Übergänge in die gymnasiale Oberstufe zu ermöglichen. »Ergebnisgleichheit« heißt das dann. Die bedeutet nichts anderes als das Eingeständnis, dass es nicht funktioniert hat, Chancengleichheit oder -gerechtigkeit so umzusetzen, dass Schüler und Schülerinnen ihre Leistungen unabhängig von der Herkunft steigern können.

Wenn wir dieses Problem nicht lösen, schreibt Merz, »werden wir die soziale Spaltung in unserer Gesellschaft vertiefen, und zwar von unten nach oben, von den Kindern, die es auf ihrem Lebensweg bis zum Ende mitnehmen; von den späteren Ausbildungs- und Berufschancen bis hin zu den Einkommensperspektiven; und nicht zuletzt im Hinblick auf die Fähigkeit unseres Landes, mit dem Wettbewerb auf der Welt mitzuhalten und ein wohlhabendes Land zu bleiben.

Dicke Bretter bohren

Dieser Einschätzung ist zuzustimmen, denn das Herunterschrauben von Erwartungen und Anforderungen verschiebt das Scheitern nur weiter hinaus ins Leben. 130 Hochschulprofessoren klagten zuletzt in einem offenen Brief, dass den Studienanfängern Mathematikkenntnisse fehlen, die sonst bereits in der Mittelstufe vermittelt werden.

Schicken Bildungspolitiker unsere Kinder auf einen folgenschweren Irrweg, wenn sie nur »Kompetenzen« vermitteln wollen, wo es an Grundwissen fehlt? Diese Probleme fangen nicht in der Schule an. Die beginnen schon in der Kita. Auf der Website Kita.de heißt es denn auch: »Besonders manche private Vorschule ist stolz darauf, sehr viel Wissen zu vermitteln. Das ABC steht in solchen Vorschulen auf dem Lehrplan. Da die Grundschule jedoch die Möglichkeit bietet, all das nachzuholen, ist der Sinn zweifelhaft.« Schöne Illusion. Denn teilweise gibt es bei der Einschulung schon so große Rückstände, dass diese kaum mehr aufzuholen sind.

Anders in England, wo schon die 4- bis 5-Jährigen auf spielerische Weise in sogenannten »reception classes« Rechnen, Schreiben und Lesen trainieren. In Deutschland verzeichnen dafür in letzter Zeit Wald-Kindergärten enormen Zulauf. Wohl auch, weil die Meinung vorherrscht: Die schöne Kindheit geht verloren, wenn der Kopf trainiert wird. Die Präsidentin der KMK teilt diese Meinung nicht: »Wir sind nicht gut genug in Deutschland bei der frühkindlichen Bildung. Die Ausgangslage bei den Grundschülern läuft extrem auseinander, weil wir die wichtige Zeit zwischen 3 und 6 Jahren in den Kitas, in denen Kinder extrem lernfähig sind, nicht hinreichend nutzen. Das passt leider nicht in das Bullerbü-Denken mancher deutscher Eltern.« Auch zu viele zugewanderte Kinder besuchten die Kita nicht oder zu spät.

Dabei spricht die Wissenschaft hier eine deutliche Sprache: Thomas Cornelissen und Christian Dustmann vom Centre for Research and Analysis of Migration (CReAM) am University College London haben sich damit beschäftigt und herausgefunden, dass Jungen aus benachteiligten Elternhäusern besonders stark von einem frühen Schulbesuch profitieren – gerade in Bezug auf sprachliche und mathematische, aber auch auf soziale und emotionale Kompetenzen. Warum also könnte man nicht, wie Kai Wegner, der Vorsitzende der Berliner CDU, vorschlägt, die Vorschule wieder einführen, da, wo sie abgeschafft wurde?

Statt pädagogischer sind es zu oft politische Motive, die die Auseinandersetzungen prägen um die Hoheit über die Klassenzimmer. Die Glaubenskriege der Parteien entfachten sich um die Fragen gegliedertes Schulsystem versus Gesamtschule, Inklusion, Förderschulen, G 8 oder G 9, Grundschule 4 oder 6 Jahre? Einmal hin und wieder zurück.

Wofür sollen sich Friedrich Merz und eine christdemokratische Politik stark machen? Gerade eine CDU, die Leistung nicht nur als Sozialleistungen versteht, sondern Eigenverantwortung stärken will? Die Zuständigkeit der Länder, so viel ist klar, wird man nicht verändern können. Doch es könnte trotzdem gelingen, den lahmen Schleppkahn KMK, zurzeit gesteuert von der schleswig-holsteinischen Bildungsministerin Karin Prien, die nun auch eine der Stellvertreterinnen von Friedrich Merz im Parteivorsitz und Leiterin der Fachkommission »Aufstieg« im Grundsatzprogrammprozess ist, etwas beweglicher und schlagkräftiger zu machen. So könnten in einem echten Bildungsstaatsvertrag die Grundlagen geschaffen werden, die KMK-Vereinbarungen verbindlicher zu machen. Mehr Vergleichbarkeit und evidenzbasierte Programme wären das Ziel.

Karin Prien weiß, wie: »Ich würde zurückkehren zu einem kooperativen Bildungsföderalismus, wie wir ihn vor 2005 hatten. Die Länder dazu verpflichten, mehr zusammenzuarbeiten. Und ich würde auch den Bund in der Verfassung verpflichten, dauerhaft mehr mitzufinanzieren.« Chancengerechtigkeit für Kinder und Jugendliche sei ein zentraler Aspekt gleichwertiger Lebensverhältnisse in Deutschland und wichtig für die Zukunftsfähigkeit unseres Landes.

In ihrem eigenen Bundesland Schleswig-Holstein trägt das Bildungskapitel des schwarz-grünen Koalitionsvertrags deutlich ihre Handschrift, etwa wenn von der Stärkung der Basiskompetenzen bei Kindern in Kita und Grundschule die Rede ist oder von der »Erhöhung des Leistungsniveaus«. Heutzutage keine selbstverständlichen Forderungen mehr.

Als KMK-Präsidentin hingegen konnte Merz-Vize Prien nicht schalten und walten, wie sie wollte. Sie hat nur ein Jahr zur Verfügung, so lange dauert ihre Amtszeit. Zudem können die Beschlüsse in dem Gremium der Länder nur einstimmig gefasst werden. Der Präsident des Deutschen Lehrerverbandes Heinz-Peter Meidinger fordert: »Die Amtszeit der KMK-Präsidenten sollte man auf vier Jahre verlängern, und besser ausstatten«. Und weg müsse der Zwang zur Einstimmigkeit.

Viele dicke Bretter sind zu bohren. Der Bundeszuschuss für »Sprachkitas« darf nicht das einzige Thema sein, bei dem sich die CDU zu Wort meldet. Merz sollte sich nicht abschrecken lassen – auch wenn es mühsam wird. Wie hatte er schon in seinem Buch beklagt: Zu viele in den

Landesregierungen Verantwortliche gingen »Konflikten mit Schülern, Eltern, Lehrern und ihren Verbänden eher aus dem Weg«.

Genau das sollte die Union jetzt nicht mehr tun, wenn ihr an der Zukunft der Kinder in Deutschland liegt.

14.

Die Zukunftserzählung

Vor dem Fenster des Zuges graut der Morgen. Die weißen Laken auf dem schmalen Bett sind schon wieder gerichtet, die Mineralwasserflaschen auf dem Klapptisch stehen parat, das Handy hängt am Ladekabel. Alles sieht recht adrett aus. Auf dem Bett sitzt Friedrich Merz und spricht in eine Kamera. Er trägt ein weiß-blau gestreiftes Businesshemd mit Button-Down-Kragen, es ist ja schließlich ein Arbeitstag. Und was für einer.

Friedrich Merz ist unterwegs in die ukrainische Hauptstadt Kiew. Er ist mit dem Nachtzug gekommen, in die Kamera spricht er von »einer Nacht im Schlafwagen«. Die Wortwahl ist ein wenig unglücklich, »im Schlafwagen« reist man als Politiker tunlichst nirgendwo hin. So wie diese kleine sprachliche Ungeschicklichkeit wird ihm bei diesem Ausflug in die Welt der Außenpolitik nicht alles zu seinen Gunsten ausgelegt: gut gemeint, aber nicht unbedingt gut.

In der Kiewer Vorstadt Irpin betrachtet Merz zerstörte Häuser. Er ist sichtlich ergriffen, legt tröstend seinen Arm um eine ukrainische Abgeordnete. »Ich bin voller Trauer«, sagt er. Später an diesem Tag, es ist der 3. Mai 2022, trifft er zunächst den ukrainischen Parlamentspräsidenten, den Ministerpräsidenten und schließlich, eine volle Stunde lang, den Staatspräsidenten Wolodymyr Selenskyj. Merz kann zufrieden sein. Er hat das erhoffte Foto mit dem tapferen Mann des Widerstandes aus Kiew, den er um Haupteslänge überragt und der in seinem olivfarbenen Shirt beinahe zu ihm aufschaut. Später trifft Merz auch noch die Brüder Klitschko. Er ist empfangen worden wie ein Staatsoberhaupt, aber mitgebracht hat er nichts, außer guten Worten.

Ruppiger Sauerländer?

Zu Hause ist dem Oppositionsführer genau das vorgehalten worden, schon vor der Reise und auch wieder nach seiner Rückkehr. Er habe in Wahrheit ja gar nichts anzubieten gehabt für die Ukraine, vielmehr habe er nur Kanzler Scholz vorführen wollen. Der hatte am Vortag noch einmal bekräftigt, dass er so lange nicht in die Ukraine reisen könne, wie die Kiewer Ablehnung gegen einen Besuch von Bundespräsident Frank-Walter Steinmeier bestehe. Als Merz kontert, das sei für ihn doch kein Grund, auf die Reise zu verzichten, ruft ihm der SPD-Vorsitzende Lars Klingbeil nach, parteipolitische Spielchen in Kriegszeiten gehörten sich nicht.

Zurück in Deutschland stürzt sich Merz in den Landtagswahlkampf in Nordrhein-Westfalen. Eigentlich alles Heimspiele. Brilon, Bad Salzuflen, Olpe, Paderborn. Im Hintergrund brüllen und pfeifen Störer, das typische Grundrauschen der Landtagswahlkämpfe in diesem Frühjahr, das auf dem Marktplatz in Olpe Merz so sehr ärgert, dass er zurückschimpft. Die Nachrichtensendungen an diesem Tag werden freilich nicht von seinen Auftritten bestimmt, sondern von einem »klärenden Telefongespräch« zwischen Selenskyj und Steinmeier, das mittlerweile stattgefunden hat. Die Wogen scheinen geglättet.

Doch Merz kann auch hier nicht an sich halten: »Ich bin Präsident Selenskyj sehr dankbar, dass er meiner Bitte um eine Einladung des Bundespräsidenten gefolgt ist«, twittert er. Ich, Außenpolitiker und Oppositionsführer, ich habe dem Bundespräsidenten und damit auch dem Kanzler den Weg geebnet, will er sagen. Musste das sein? Hätte es der CDU-Chef nicht still und staatsmännisch genießen können, dass er hier eine Vermittlerrolle hat einnehmen können? »Impulskontrolle« ist nicht gerade seine Stärke, kommentiert den Vorgang ein Kritiker aus der eigenen Partei. Und so sehr Merz' Temperament den Bundestag wieder zur Arena parteipolitischer Kämpfe macht, stellen sich manche, etwa im Angesicht des Aggressors Putin, lieber den stoischen Scholz vor als den ruppigen Sauerländer, dem auch mal die Nerven durchgehen.

Auch die nordrhein-westfälische SPD war in jenen Tagen auf Wahlkampf gebürstet. Man sei Merz unendlich dankbar, ließ sie verlauten, auch »für die Mondlandung, Andy Brehmes Elfmeter und die fünf Känguru-Babys im Duisburger Zoo«. Hohn und Spott also für den Außenpolitiker Merz. Dabei hatte er es doch nur gut gemeint.

International trainiert

Die Ukraine ist nicht der erste außenpolitische Einsatz des Politrückkehrers Friedrich Merz. Erste internationale Erfahrungen hatte er bereits vor 30 Jahren als junger Mann gesammelt. Von 1989 bis Mitte der 1990er-Jahre erlebte Merz als Abgeordneter des Europäischen Parlaments schon einmal eine dramatische Zeitenwende: das Ende des Eisernen Vorhangs und die deutsche Wiedervereinigung. 1992 wurde zudem der »Vertrag von Maastricht« unterzeichnet, der die Voraussetzungen für eine einheitliche europäische

Währung schuf. »Ich war in zwei Parlamenten an diesen Entscheidungen beteiligt«, sagt der CDU-Chef dazu rückblickend, »erst im Europäischen Parlament und dann im Deutschen Bundestag«.

Zu dem europäischen kam bei Merz das transatlantische Standbein hinzu. Das konnte er in den zehn Jahren seines politischen Exils stärken: einerseits durch die Tätigkeit für amerikanische Kanzleien und Finanzdienstleister wie Mayer Brown und BlackRock, andererseits durch den Vorsitz beim deutsch-amerikanischen Netzwerk Atlantik-Brücke. Von den Erfahrungen und Kontakten inner- und außerhalb Washingtons profitiert Merz bis heute und weiß genau, welche Erwartungen Bündnispartner wie die USA an Deutschland haben – und umgekehrt.

Seine prominenten Vorgänger an der Spitze der CDU waren da nicht so gut trainiert im Internationalen. Merkel erprobte sich vor ihrer Kanzlerschaft in der Familien- und Umweltpolitik, und als Partei- und Fraktionschefin wurde sie notwendigerweise zur Generalistin. Auch als Helmut Kohl 1982 Kanzler wurde, war die Welt außerhalb von Oggersheim, Mainz und Bonn noch längst nicht sein Zuhause. Allerdings lagen ihm, auch schon als Ministerpräsident von Rheinland-Pfalz, stets die Beziehungen zum benachbarten Frankreich am Herzen. Die Erfahrungen des Zweiten Weltkrieges ließen Kohl zu einem glühenden Anhänger und Gestalter eines geeinten Europas werden, der «ever closer union«.

Wenn Friedrich Merz nun seine Partei außenpolitisch neu aufstellen will, dann wird von ihm noch am ehesten erwartet, endlich Schluss zu machen mit der sehr entgegenkommenden und nachgiebigen Außenpolitik der Merkel-Jahre. Die außenpolitische Expertise der Union des vergangenen Jahrzehnts lässt sich verdichten auf eine Politik der beliebigen Spurwechsel – und diese auch noch mit angezogener Handbremse. Auch die Idee einer partnerschaftlichen Beziehung zu Russland ist ein Erbe der Merkel-Zeit, das selbst durch die russische Intervention in Krim und Donbass von 2014 nicht in Frage gestellt wurde. Sicherheit mit Russland war die Devise, nicht Sicherheit vor Russland; auch das Prinzip »Wandel durch Handel« wurde nicht wirklich in Frage gestellt.

Was am schwersten wiegt, ist die miserable Ausstattung der Bundeswehr. Auch das geht aufs Konto von 16 Jahren Merkel, die das NATO-Zwei-Prozent-Ziel für Verteidigungsausgaben nie ernst genug genommen hat. Wenn die Ampelregierung dies nun trotz anderslautender Beteuerungen wieder ähnlich hält, muss Merz dagegenhalten. Sonst ist sie nicht glaubwürdig, die deutsche Zeitenwende.

Neue Machtverhältnisse

Mit seiner bisherigen Zögerlichkeit, mehr in die Verteidigung zu investieren, steht Deutschland in Europa nicht alleine da: Zwischen 2009 und 2018 haben die EU-Länder etwa 160 Milliarden Euro bei den Verteidigungsausgaben eingespart. »Das Ergebnis ist, dass wir nicht über die militärischen Fähigkeiten verfügen, unsere eigene Sicherheit zu gewährleisten«, sagt der EU-Außenbeauftragte Josep Borrell, und der deutsche Heeresinspekteur Alfons Mais fügt hinzu: »Wir sind blank!« Eine Bankrotterklärung auf allen Ebenen.

Doch das macht es nicht besser, schon gar nicht für die CDU, die in dieser Zeit durchgehend das Verteidigungsressort besetzte. Deshalb kann sie in der Bundestagsdebatte über das geplante Sondervermögen für die Bundeswehr die Rolle als Streiterin für eine robuste und zuverlässige Außen- und Sicherheitspolitik nur mit bedingter Glaubwürdigkeit spielen. Stattdessen nutzt Merz die Gunst der Stunde, um eben mal locker aus dem Handgelenk die grüne Außenministerin wegen ihres beim Amtsantritt gegebenen Versprechens einer »feministischen Außenpolitik« abzuwatschen (siehe auch Kapitel 7 »Merz und die Frauen«).

Doch das Lachen bei den CDU/CSU-Abgeordneten erstirbt schlagartig, als Baerbock den notwendigen Perspektivwechsel in der Außenpolitik erläutert: »Und wissen Sie warum? Weil ich vor einer Woche bei den Müttern von Srebrenica war (...) damals wurde nicht gehandelt, als sie, ihre Töchter, als ihre Freundinnen vergewaltigt worden sind, Vergewaltigung als Kriegswaffe nicht anerkannt war, nicht vom Internationalen Gerichtshof verfolgt wurde. Deswegen gehört zu einer Sicherheitspolitik des 21. Jahrhunderts auch eine feministische Sichtweise.«

Als sie dann noch hinzufügt, »das ist kein Gedöns, das ist auf der Höhe dieser Zeit«, hat Merz als Erneuerer der Außen- und Sicherheitspolitik seinen ersten Schlagabtausch mit der Amtsinhaberin gleich zweifach verloren: Denn von seiner beherzten, im Übrigen durchaus bemerkenswerten Jungfernrede als Anführer der Opposition gegen die Ampelregierung schafft es ausgerechnet dieses scheinbar nebensächliche Geplänkel in die Abendnachrichten und in die sozialen Netzwerke.

War dieses Geplänkel womöglich nur der Auftakt zu einer neuen Machtverteilung in Bezug auf die außenpolitische Sprechfähigkeit? Wie lächerlich das Schlagwort »feministische Außenpolitik« in den Ohren altgedienter Sicherheitsexperten auch klingen mag, das linksgrüne Lager hat damit einen eigenen Begriff belegt. Der deckt sicher nicht alles ab. Auf die globalen Herausforderungen der Zeit müssen darüber hinausgehende Antworten gegeben werden. Auch und gerade von der größten Oppositionspartei.

Merz, der Kanzler im Wartestand.

Es gehört zur neuen sicherheitspolitischen Wirklichkeit, dass die deutschen Grünen eben nicht nur Außenpolitik feministisch interpretieren, sondern auch in der Frage deutscher Waffenlieferungen der CDU an Forschheit und Klarheit in nichts nachstehen.

Eine RTL-Umfrage bereits im Mai 2022 ergab, dass Waffenlieferungen erstaunlicherweise bei den Anhängern der Grünen mit 66 Prozent noch mehr Zustimmung finden als bei denen der Unionsparteien (62 Prozent). Wenn die Grünen jetzt die neuen Hardliner und Weltpolizisten geben, gerät deren pazifistisches Bremsen früherer Jahre fast in Vergessenheit. Anders bei der SPD – die zaudernd wirkende Vorgehensweise von Kanzler Scholz nimmt Oppositionsführer Merz denn auch immer wieder gern aufs Korn: »Seine Ankündigungen zur militärischen Unterstützung der Ukraine halten einer Überprüfung nicht stand«, sagte Merz der Funke-Mediengruppe fünf Monate nach dem Beginn der russischen Invasion.

Die Leitplanken sind gesetzt

Dennoch ist klar: Das Attackieren der Regierung, wie auch die Reisen des CDU-Chefs nach Kiew und später nach Polen und Litauen, ersetzen keine eigenen, zukunftstauglichen Strategien.

Die gute Nachricht für die CDU ist: Es muss nicht alles neu werden, die Leitplanken für christdemokratische Außenpolitik sind seit Jahrzehnten gesetzt. Auf der Habenseite befindet sich die transatlantische Bündnistreue, wenn auch mit Einschränkungen beim Zwei-Prozent-Ziel für Verteidigungsausgaben. Selbst heftige Beziehungskrisen wie in der Ära Trump haben die deutsch-amerikanischen Beziehungen überstanden. Als langjähriger Vorsitzender der Atlantik-Brücke hat Merz in den schwierigen Zeiten dazu beigetragen, dass die deutschen Beziehungen zu Amerika sich nicht nur aufs Weiße Haus beschränkten, sondern die einzelnen Bundesstaaten ebenso einbezogen wie die Zivilgesellschaft.

Ein anderer Eckpfeiler christdemokratischer Politik ist das Engagement für Europa. Die Partei hält sich hier zugute, seit der Gründung der Montanunion 1951 wie keine zweite deutsche Partei die Integration Europas vorangetrieben zu haben. Die entscheidenden Fortschritte im Einigungsprozess werden immer noch mit den Namen Konrad Adenauer und Helmut Kohl verbunden, genauso wie das stete Bemühen um eine Vertiefung der Integration und die deutsch-französische Freundschaft – letztere mit Abstrichen in jüngster Zeit.

An diese Grundfeste will Merz anknüpfen. Seine erste Reise, noch vor dem russischen Einmarsch in die Ukraine, führt ihn als frisch gewählten Parteichef nach Paris und Brüssel, seine alte zweite Heimat. In der Hauptstadt Europas lässt der neue CDU-Chef dann seine Follower per Liveschalte daran teilhaben, dass »an diesem Ort vor 33 Jahren« seine Karriere begann. Er wirkt ganz ergriffen, wie er da steht unter grauem Februar-Himmel in seinem europablauen Anzug, leicht vorgebeugt, nervös die Hände knetend. Im Hintergrund wehen die Farben Europas, auch das deutsche Schwarz-Rot-Gold ist gut zu erkennen. Es ist wohl kein Zufall, dass Merz sich genau hier ablichten lässt.

Neben Terminen bei NATO und den EU-Institutionen sucht der CDU-Chef in Brüssel auch den Schulterschluss mit der EVP, für ihn immerhin eine Möglichkeit, über Deutschland hinaus in der EU gestalterisch mitzuwirken. Die Gestaltungsspielräume halten sich allerdings derzeit in Grenzen, denn nur noch sieben Länder der EU werden von Staats- und Regierungschefs geführt, die sich der konservativen Europäischen Volkspartei zurechnen lassen. Der Rest befindet sich, wie die CDU, in der Opposition.

Auch wenn die EVP nicht mehr eine so stattliche Truppe und deren Vorsitzender Weber nicht das politische Schwergewicht ist, könnte hier eine Chance für Merz liegen. Er könnte über die EVP seinen außen- und europapolitischen Einfluss stärken – was ihm sogar als Oppositionsführer gelingen kann. Unter den Regierungschefs der EU-Nachbarländer stechen außer Macron nicht viele außenpolitische Größen hervor. Und der Franzose hat nach der jüngsten Parlamentswahl eine schwierige innenpolitische Lage zu Hause.

Zu den bitteren Erkenntnissen der »Zeitenwende« gehört allerdings auch, dass die herkömmliche Außen- und Sicherheitspolitik von Deutschland, EU und auch NATO die russische Invasion der Ukraine nicht verhindern konnte. Schon zeichnet sich die nächste Gewitterfront ab: Die anhaltenden Spannungen zwischen China und Taiwan, gar ein möglicher chinesischer Überfall auf das kleinere Land, bereiten nicht nur der Politik größte Sorgen. Auch die deutsche Wirtschaft ist alarmiert, China ist einer der wichtigsten Handelspartner der Deutschen. Was, wenn es auch wegen der wachsenden Konfrontation mit den USA zum Handelskrieg kommt?

Deutschland habe sich in eine sehr einseitige Abhängigkeit von Russland und eine gegenseitige Abhängigkeit von China begeben, sagte Friedrich Merz schon im Frühsommer 2022 dem Deutschlandfunk. Diese Abhängigkeit von der Volksrepublik müsse man deutlich reduzieren.

Merz: »Wir müssen auch die deutsche und europäische Chinapolitik überdenken.«

Um die EU bei Krisen handlungsfähiger zu machen, bedarf es allerdings grundlegender institutioneller Reformen. Ob sie so ausfallen, wie Macron sie gelegentlich vorgeschlagen hat, oder ob Deutschland eigene Gestaltungsideen vorbringt, wird über Machtperspektiven der Europäischen Union mitentscheiden. Die Ampel bewegt sich derzeit mit ihren Reformideen zu den EU-Schuldenregeln schon mal in die richtige Richtung.

Wie würde Merz als Kanzler agieren, wenn er so könnte, wie er wollte? Bis jetzt fiel er in der Rolle des Mahners und Kritikers auf, in Bezug auf die Währungsunion, die nicht zuletzt durch die Finanz- und dann die Coronakrise erheblichen Belastungen ausgesetzt war. Beim Parteitag in Hannover bemängelte er die Brüsseler Regelungswut – auch fehlende europäische Solidarität forderte er schon ein, etwa bei der Bewältigung der Flüchtlingskrise. Im Sinne der Handlungsfähigkeit plädierte er für Mehrheitsentscheidungen in den EU-Außenbeziehungen und eine Stärkung des europäischen Pfeilers der NATO. Dann wieder prophezeite er, wie wichtig die Nationalstaaten weiterhin sein werden, und geißelte den europäischen Zentralismus. Viel einerseits, viel andererseits.

Das europäische Narrativ aber, das Merz in seinem Buch »Neue Zeit. Neue Verantwortung.« einfordert, die »Zukunftserzählung«, bleibt er bisher schuldig. Zwar betont er immer wieder sein Commitment für Europa, doch die tief empfundene, emotionale Bindung an die europäische Idee, etwa eines Helmut Kohl, sucht man beim CDU-Chef aus dem Sauerland bisher vergebens.

Vielleicht ist dies eine Frage der Generationen – oder der Herkunft. Schon die in der DDR aufgewachsene Angela Merkel fiel nicht dadurch auf, dass sie Europa als Herzensangelegenheit betrieb – meist kam die Kanzlerin eher nüchtern rüber, etwa, wenn sie mal wieder zum Rettungseinsatz in den Maschinenraum der Europäischen Union gerufen wurde. Gewissenhaft und pflichtbewusst ging sie dabei vor, keine Frage, und hat sich unbestritten in nächtelangen Konfliktsitzungen des Europäischen Rats ihre Meriten erworben.

Merkel war hier, wie in der deutschen Innenpolitik auch, die Krisenreaktionskraft Nummer eins. Das Schlichten, Integrieren und Deeskalieren – das konnte sie, das hat sie erlernt und erprobt in zwölf Jahren Großer Koalitionen. Solche Erfahrungen hat sie Merz voraus, dem wiederum jegliche Regierungserfahrung fehlt und der in der Vergangenheit nicht eben durch Kompromissbereitschaft oder die Fähigkeit auffiel, viele Leute rechtzeitig einzubinden und mitzunehmen. Was bei der langjährigen Kanzlerin zu kurz kam, war ein unbeirrtes, mehr gestaltendes Vorangehen mit klaren Zielen. Und zwar im Hinblick auf Europa und auf Deutschland. Ob ihr Nachfolger im Kanzleramt, Olaf Scholz, das besser kann, ist fraglich.

Krieg und Frieden

In der Krise will die CDU den aktiven Part jedenfalls nicht der Ampelregierung überlassen und wirft dem Kanzler Zögern und Zaudern vor. Doch Merz weiß auch: Eine Zeitenwende-Rede eines CDU-Kanzlers hätte Antikriegsdemos von Anhängern der SPD, Grünen und der Linkspartei provoziert. Die außenpolitische Wende wurde durch Scholz eingeläutet. Das ist gut. Doch den Worten müssen auch Taten folgen, das wird Merz nach der Zeitenwende-Rede weiter einfordern. Das ist das Hauptthema des Oppositionsführers in den Monaten, die folgen.

Um zu zeigen, wie gefährdet wir sind in unserer Lebensweise, holt Merz gern weit aus. Im sauerländischen Meschede, entwirft er das große Bedrohungsszenario. Anlässlich Putins Krieg gegen die Ukraine sieht er »die erste große Konfrontation seit 30 Jahren zwischen den freiheitlichen, offenen, liberalen Demokratien und den hochgerüsteten autoritären Systemen auf dieser Welt«. Diese Konflikte werden sich fortsetzen, sagt Merz. Und die entscheidende Frage sei: »Was haben wir dem entgegenzusetzen außer Freiheit, Frieden, Demokratie, schönes Leben?« Wie wehrhaft sind wir – im Inneren und im Außen?

Das Prinzip Wandel durch Handel hält er für gescheitert und schlägt auch einen Bogen zu China: »Die Chinesen wollen nicht nur die wirtschaftlich stärkste Macht der Welt sein, sie wollen auch militärisch die stärkste Region der Welt sein. Und sie werden auch versuchen, das mit einer territorialen Expansion zu verbinden.«

Die anwesenden Unternehmer, die eigentlich über marode Brücken im Sauerland sprechen wollten, lauschen staunend den Ausführungen des Weltenerklärers. Fast ist es ein bisschen wie bei Helmut Schmidt, der auch gern das große, geostrategische Panorama präsentierte. Als Merz Vorsitzender der Atlantik-Brücke war, hat er sich oft und gern mit dem früheren Kanzler ausgetauscht. Er hielt den SPD-Mann für einen guten Bundeskanzler.

Kurze Zeit nach seinem Wahlkreisauftritt in Meschede wird sich Merz den Vorschlag eines europäischen atomaren Schutzschirms von Frankreich zu eigen machen. Eine solche Initiative hätte wohl vor dem Überfall Russlands auf die Ukraine Friedrich Merz' Ruf als rückwärtsgewandter Hardliner weiter Vorschub geleistet.

Doch in der gegenwärtigen Lage buchstabiert die deutsche Politik alle strategischen Vorschläge und Entscheidungen entlang den Erfordernissen der »Zeitenwende«.

Der russische Angriff habe auch zu einem Paradigmenwechsel in der Betrachtung der Bundeswehr geführt, findet Merz.

Einen solchen »europäischen nuklearen Schutzschirm« begründet der CDU-Chef auch mit einem Blick über den Atlantik: Man wisse schließlich nicht, ob Schutzversprechen eines amerikanischen Präsidenten auch für die Zukunft gelten.

Sein Vertrauter, der parlamentarische Geschäftsführer der CDU/CSU-Fraktion Thorsten Frei, hatte zuvor ähnliche Töne angeschlagen, als er in der *FAZ* eine »Europäisierung der französischen Atomstreitmacht« in Aussicht gestellt hatte. Dies wäre wohl die Antwort an Macron, auf die dieser seit 2020 wartet.

Damals schon hatte der französische Staatspräsident seine Bereitschaft bekundet, in ein strategisches Gespräch über die französischen nuklearen Streitkräfte einzutreten. Jetzt scheint diese Perspektive nicht mehr so unrealistisch zu sein. Selbst das links-grüne Urgestein Jürgen Trittin befasste sich in einem *Tagesspiegel*-Aufsatz mit der »notwendigen atomaren Abschreckung«. Ein Begriff, der im Wortschatz der CDU-Kanzlerin eher selten vorkam. Wie sehr sich doch die alten Gräben deutscher Parteipolitik verschoben haben!

Wer den französischen atomaren Schutzschirm auch auf Deutschland und andere Partner erstrecken will, wird dafür tief in die Tasche greifen müssen. Wenn die CDU es hier ernst meint, muss sie nicht nur in Deutschland, sondern auch in der EU um Mehrheiten werben. Ein heikles Unterfangen: Wie populär wäre es wohl, eine EU-weite nukleare Abschreckung zu präsentieren, bei der allein der französische Präsident am roten Knopf sitzt, während die anderen und allen voran Deutschland dafür bezahlen müssten? In einem Aufsatz für *Die Welt* warb Merz auch wieder für den »nuklearen Schutzschirm«, sagt aber nichts zu den finanziellen und politischen Implikationen.

Im europäischen Bummelzug

In diesen angespannten Zeiten ist viel in Bewegung. Wir in Deutschland werden uns im Verbund von G7, NATO oder EU entscheiden müssen, wie viel uns unsere Sicherheit wert ist. Immer mehr Länder drängen zum Beispiel nicht nur unter den Schutzschirm der NATO. Auch die Frage der EU-Erweiterung kommt in neuer Dringlichkeit auf den Tisch.

Die kriegsgeschüttelte Ukraine hatte schon im März einen EU-Beitrittsantrag gestellt. Während sich CDU-Chef Merz hier anfangs skeptisch äußerte, hat seine Partei inzwischen ihre Vorstellungen präzisiert: Die Bundesregierung solle sich dafür einsetzen, dass die Ukraine, Moldau und Georgien Beitrittskandidaten werden. So könne eine Destabilisierung dieser Länder durch Moskau verhindert werden. Keine »countries in between«: Könnte dies also eine sicherheitspolitische Forderung der CDU werden?

Die Ukraine und Moldawien wurden bereits offiziell zu Beitrittskandidaten erklärt. In Bezug auf den Westbalkan gab es dagegen keine greifbaren Ergebnisse.

Montenegro, Serbien, Nordmazedonien und Albanien sind Beitrittskandidaten, das Kosovo und Bosnien-Herzegowina noch nicht. Das Wiederaufleben des Konflikts zwischen Serbien und Kosovo hätte möglicherweise verhindert werden können, wenn die EU auf diese Region mehr Aufmerksamkeit verwandt hätte.

Auch in dem EU-Balkan-Annäherungsprozess war in den letzten Jahren nicht viel vorangegangen, was zu Frustrationen auf allen Seiten führte.

In der Zwischenzeit, auch wegen Serbiens engen Verbindungen nach Moskau, fehlt es nicht an Willensbekundungen westlicher Politiker, hier Versäumtes nachzuholen. Solche Hinhaltetaktiken können aber auch das Gegenteil bewirken und statt Vorfreude Frustrationen wecken, wie das Beispiel Türkei lehrt. Das Land ist seit 1999 Beitrittskandidat, und die Aussicht, dass dieser Status sich bald zu einer echten Mitgliedschaft wandelt, ist schlechter denn je.

Was also tun? Einerseits gibt es den Wunsch, durch erneute EU-Erweiterungen den Kreis der »Verbündeten« zu vergrößern. Andererseits hatte schon Jean-Claude Juncker vor seiner Wahl zum Kommissionspräsidenten angemerkt, die Union und ihre Bürger müssten »den Beitritt von 13 Staaten in den letzten 10 Jahren erst einmal verdauen«.

Wie wird es dann weitergehen mit einer stetig wachsenden EU – auch jenseits der militärischen Herausforderungen? Liegt die Zukunft eines strategisch handlungsfähigen Europas tatsächlich in einem Modell, wie es Wolfgang Schäuble schon 1994 beschrieben hatte – mit einem integrationswilligen Kerneuropa, umgeben von regionalen Staatengruppen im Mittelmeerraum, in Skandinavien, dem Baltikum und in Mittel-, Ost- und Südosteuropa? Auch Merkel hatte noch 2017 einem »Europa der zwei Geschwindigkeiten« das Wort geredet. Nur dass es heute gelegentlich so wirkt, als säßen die Reformwilligen und die Bremser im selben Bummelzug. Wohl auch deshalb setzt sich Merz dafür ein, dass einige Staaten wie Deutschland und Frankreich hier »intergouvernemental« vorangehen sollten, wenn eine echte Integration der Außen- und Verteidigungspolitik aller 27 nicht gelänge.

Energie- und Außenpolitik verschmelzen

Unmittelbar vor der Merz-Reise in die Ukraine, ein wenig im Windschatten dieses Großereignisses, verabschiedeten die Präsidien von CDU und CSU eine »Kölner Erklärung«. Darin wird die Verknüpfung von Klimapolitik mit der Außen- und Sicherheitspolitik zum ersten Mal auf eine programmatische Ebene gehoben. Der Ukrainekrieg, Pekings Machtanspruch – vor dessen militärischer Hochrüstung der Parteichef immer wieder warnt – und der Klimawandel träfen insbesondere die Exportnation Deutschland massiv, lautet eine Zustandsbeschreibung. Auch hier steht die Forderung nach einer »Zukunftserzählung«, oder einfach nach einer Politik der langen Linien.

Dazu gehöre es, sich die militärischen Bedrohungen vor Augen zu führen, aber eben auch Klimafolgeschäden, Abhängigkeiten der Wirtschaft, bei der Energieversorgung und bei Nahrungsmitteln. Die vernetzte Welt von heute sei nicht automatisch eine friedliche und kooperative, sondern könne auf ihre Weise genauso bedrohlich werden wie die alte Blockwelt des Kalten Krieges. Der von Parteichef Merz frisch berufene Generalsekretär Mario Czaja sagt bei der Vorstellung der »Kölner Erklärung«, es sei an der Zeit, »im Großen wie im Kleinen« über Sicherheitsfragen zu sprechen, zu denen auch die Klimapolitik gehöre.

Das erste Kapitel für die Zukunftserzählung der Union ist also geschrieben, und Klimapolitik sowie Sicherheits- und Außenpolitik sollen darin eine in gleichem Maße wichtige Rolle spielen. Einige politische Konkurrenten waren da schneller, andere hinken hinterher. Die Grünen haben den Kampf gegen die Erderwärmung, die »Dekarbonisierung« der Industrie und des Alltags frühzeitig zu einem Kernthema der Ampelregierung ausgerufen, den Abwiegelungsbemühungen der Liberalen zum Trotz. Deren Vorsitzender Christian Lindner hatte noch im Wahlkampf 2021 gespottet, das Thema solle man besser nicht den Kindern von »Fridays for Future«, sondern lieber den erwachsenen Profis überlassen. Merz war zu diesem Zeitpunkt gedanklich noch nicht viel weiter.

ZDF-Talkshow mit Markus Lanz. Nicht nur Karl Lauterbach, auch Friedrich Merz ist dort gern gesehen. Mitte 2021 geht es mit Blick auf die Bundestagswahl ausnahmsweise mal nicht um Corona, sondern um Klimaschutz. Die Energieexpertin des Deutschen Instituts für Wirtschaft, Claudia Kemfert, trägt vor, der Klimaschutz habe für die jüngere Generation den Stellenwert eines Grundrechts. Merz kann ein Lachen nur mühsam unterdrücken. Das irritiert. Wochen vorher hatte er, ebenfalls bei Lanz, versucht, die Klimaaktivistin Luisa Neubauer zu verzwergen, was ihm freilich nicht gelang. Klima, wiederholt Merz, sei doch auch für ihn »total wichtig und spannend« – leider klingt das bei ihm nicht immer so, als sei er davon schon im tiefsten Inneren überzeugt. Dabei weiß er von seinen Kindern und ihren jungen Familien ganz genau, wie essenziell wichtig das Thema Natur, Klima und Gesundheit für nachwachsende Generationen ist.

Manche Beobachterinnen meinen bei ihm in solchen Diskussionen mit kompetenten Frauen gelegentlich ein Überlegenheitslächeln zu bemerken. So als könne er nicht an sich halten. Ein solches Dominanzverhalten kommt nicht gut an, auch nicht in der eigenen Partei. Als Gegenbeispiel wird selbst in konservativen Kreisen gern der Grüne Robert Habeck genannt. So authentisch sei der, einfach ein glänzender Kommunikator.

Bei einer Abendgesellschaft in Berlin stand noch vor Kurzem klassische CDU/FDP-Klientel zusammen und unterhielt sich über den Wirtschaftsminister. »Habeck macht das gut«, befand eine Dame aus deutschem Uradel, strenges Kostüm und Perlenkette. Dann schlich sich ein versonnenes Lächeln in ihr Gesicht: »Und wenn Robert sagt, weniger duschen – dann dusch ich eben weniger.«

Inzwischen ist dessen Stern gesunken. Habeck, auf dessen Schultern ein Großteil der Krisenbewältigungslast liegt, macht Fehler. Anlass für Häme aus der Opposition. Ein Ersatz für eigene tragfähige Positionierungen ist Schadenfreude jedoch nicht. Damit allein lässt sich Glaubwürdigkeit nicht (zurück)erlangen.

In der Ära Merkel sind beim Thema Energie viele Entwicklungen in die falsche Richtung gelaufen. Das ist gewiss nicht nur die Verantwortung der CDU; mit Unterstützung der SPD ist die Abhängigkeit der deutschen Wirtschaft und der deutschen Privathaushalte von russischem Öl und Erdgas derart gewachsen, dass sie zu einem Bestandteil der deutschen Außenpolitik wurde – wenn man so möchte, galt der Primat des Handels. Beide, SPD und Union, hatten in der alten Bundesregierung die Erdgasleitung Nord Stream 2 von Russland nach Deutschland mitgetragen. Davon ist auch die Ampel zunächst nicht abgerückt. Bei der Präsentation seines sogenannten »Osterpaketes 2022« hatte Wirtschaftsminister Robert Habeck ausdrücklich eine Verknüpfung von außen- und sicherheitspolitischen Erfordernissen einerseits und den Überlebenskampf der Menschheit im Zeichen des Klimawandels andererseits hergestellt. In dem kurz- und mittelfristigen Konzept, sagte Habeck bei der Vorstellung vor der Bundespressekonferenz, gehe es ihm um einen kräftigen Schub in der deutschen Klimapolitik, aber zugleich auch um die Sicherung der Energie- und Außenpolitik. Diese heikle Verknüpfung wird der Erneuerer Merz bei der angekündigten Neuaufstellung der Union nicht einfach entflechten können.

Ganz allgemein, aber nicht zuletzt was die Klimabeschlüsse betrifft, könnte sich Merz auf den Standpunkt stellen, er persönlich sei dabei fein raus. Schließlich war er nicht im Parlament, als die Parteifreunde der Union und die in der großen Koalition mitregierenden Sozialdemokraten für den nahezu gleichzeitigen Ausstieg aus Kohle und Atomenergie stimmten und damit eine folgenreiche deutsche Antwort auf die drohende Klimakatastrophe gaben.

Allerdings will der CDU-Chef die Entscheidung zum Atomausstieg von 2011 nicht grundsätzlich rückgängig machen, er spricht sich aber, ähnlich wie Bayerns Ministerpräsident Markus Söder (CSU), für eine Laufzeitverlängerung der Kraftwerke aus, die noch am Netz sind und plädiert im Mai 2022 dafür bei einer Veranstaltung im Wahlkreis dafür, »sie noch ein paar Jahre länger laufen zu lassen. Diese drei Kraftwerke bieten zehn Millionen Haushalten eine sichere Stromversorgung«. Ähnlich argumentiert auch die FDP, die angesichts eines möglichen Stopps russischer Gaslieferungen eine Laufzeitverlängerung bis 2024 anstrebt.

Im Sommer 2022 schwelt der Streit in der Ampelregierung weiter. Druck kommt auch von europäischen Nachbarn, und EU-Kommissar Thierry Breton mahnt: »In dieser Zeit, in der wir Solidarität benötigen, muss jeder alles tun, was in seiner Macht steht.« Und an die Adresse der Bundesregierung: »Wir können nicht sagen, ich mache nicht, was ich machen könnte, aber erwarte, dass andere liefern, was ich brauche.«

Doch die Grünen, aus der Anti-Atomkraft-Bewegung hervorgegangen, tun sich schwer mit der Vorstellung, dass ausgerechnet eine von ihnen mit geführte Regierung eine Laufzeitverlängerung durchwinken könnte.

Während sie zwischen strikter Ablehnung und vorsichtigem Einlenken in Bezug auf den »Streckbetrieb« schwankten, signalisierte Kanzler Scholz ein Umdenken. Von neuen Prüfverfahren war die Rede, von Stresstests.

Merz hatte die Bundesregierung aufgefordert, für die drei verbliebenen Atomkraftwerke »neue Brennstäbe« zu besorgen, um den Betrieb notfalls zu verlängern – für die Grünen ein No-Go.

Mittlerweile legte Habeck einen Kompromissvorschlag vor: Zwei der drei AKWs sollen bis zum 31. März 2023 »in Reserve« gehalten werden. Kritik daran kam nicht nur von Kraftwerksbetreibern, sondern auch aus Wirtschaft und Opposition, wo man nicht versteht, dass in diesen Zeiten nicht alle Möglichkeiten zur Energieerzeugung ausgeschöpft werden. Dass die Union angesichts der Zerstrittenheit der Ampelpartner versucht, in dieser Frage einen Keil in die Regierung zu treiben, ist ihr gutes Recht, doch bis jetzt nicht wirklich gelungen. Ein entsprechender Änderungsantrag der Union im Bundestag »zur Bereithaltung von Ersatzkraftwerken« bekam keine einzige Stimme aus den Regierungsparteien.

So kommt auch die Union nicht umhin, auf die Fragen der Energieversorgung eigene christdemokratische Antworten und nachhaltige Strategien vorzulegen. Der Hamburger CDU-Abgeordnete Christoph Ploß nannte in einem *Spiegel*-Interview den gleichzeitigen Ausstieg aus Kernkraft und Kohle in Deutschland »ein Klumpenrisiko«. Er sagt, dass sei »entgegen allen Warnungen gesellschaftlich so gewollt gewesen. Die entstandene Abhängigkeit von russischen Gas rächt sich nun aber angesichts des Angriffskrieges Putin-Russlands auf die Ukraine.«

Ein »Klumpenrisiko« also. Ein anschaulicher Begriff für den Berg an Problemen, vor dem die Politik in der Klimafrage steht. Ein weiterer Brocken kommt hinzu: die Zukunft des Verbrennermotors. Auch dieses Thema war umstritten innerhalb der Ampel. Die FDP warnte, wie auch die CDU, vor einem strikten Verbot ab 2035, so wie von der EU vorgeschlagen. Man wollte ein Türchen offenlassen für mit synthetischen Kraftstoffen betriebene Motoren. Die Grünen fochten ähnlich wie bei den AKWs vehement für ein radikales Ende der ungeliebten Verbrenner, ab 2035 sollten in der EU nur E-Autos verkauft werden.

Auch hier gelang es der Union nicht, den Spaltpilz in die Politik der Ampel zu tragen. Denn am Ende des Streits stand ein Kompromiss: Das Verbot für Verbrennermotoren nach 2035 wurde im EU-Ministerrat zwar beschlossen, doch soll es Ausnahmen geben für Motoren, die mit klimaneutralen Kraftstoffen angetrieben werden. So wurde der Koalitionsfrieden wieder einmal gerettet.

Ökonomie und Ökologie

Da die Union viele problematische Weichenstellungen in der Energiepolitik der letzten Jahre mitverschuldet hat, ist ihre Glaubwürdigkeit hier nicht naturgegeben. Da hilft es auch wenig, dass Merz schon 2019 die »Versöhnung von Ökologie und Ökonomie« anmahnte, so als käme es hier besonders auf die CDU an.

Tut es das? Den Beweis kann die Union jenseits der Bundeshauptstadt antreten, wenn sie nun in zwei weiteren Bundesländern mit den Grünen regiert. Schwarz-Grün im Bund galt dem Bayern Söder noch vor zwei Jahren als vielversprechende Option: »Ich glaube, dass Schwarz-Grün einen großen Reiz hätte, weil beide politischen Kräfte die ganz großen Fragen unserer Zeit im Blick haben, wie die Versöhnung von Ökologie und Ökonomie«, sagte er dem *Spiegel*. Heute drückt sich Söder hier zurückhaltender aus.

Verbirgt sich nun hinter der Formel »Versöhnung von Ökonomie und Ökologie« tatsächlich eine echte Zukunftsperspektive oder handelt es sich eher um ein hohles Versprechen? In der Realität des Regierungsalltags mit den Grünen droht der Union das gleiche Schicksal, dem in Berlin auch die Ampelpartner SPD und FDP nicht entgehen konnten: Der schwierigen Weltlage und ihren ideologischen Altlasten zum Trotz werden vor allem die Grünen als ökologisch-wirtschaftliche Erneuerer wahrgenommen. Auch in der schwarz-grünen Koalition in Düsseldorf herrscht die Grüne Mona Neubaur, ähnlich wie Habeck in Berlin, über ein Superministerium für Wirtschaft, Industrie, Klima und Energie.

Spannend ist in dem Zusammenhang ein Aspekt, den ebenfalls Markus Söder im *Spiegel* ansprach: »Macht Schwarz-Grün die Grünen schwärzer oder nur die Schwarzen grün?« Dies ist eine Frage, die nicht nur relevant ist für die Binnenentwicklung der jeweiligen Parteien, sondern auch für den Kurs, den Deutschland, immer noch die viertgrößte Volkswirtschaft der Welt, in Zukunft steuern wird. Wer beeinflusst wen am stärksten?

In jedem Fall lohnt es sich, Nordrhein-Westfalen ins Visier zu nehmen. Sicher gab und gibt es schwarz-grüne Koalitionen in anderen Bundesländern, doch wird gerade dem bevölkerungsreichsten Bundesland NRW nachgesagt, dass Entwicklungen dort eine Aussagekraft für den Bund haben, ja sogar einen Trend aufzeigen können. 1995 zum Beispiel formierte sich in Düsseldorf erstmalig eine rotgrüne Landesregierung. Drei Jahre später folgte die rotgrüne Premiere auch im Bund... Schauen wir also genau hin, wie sich die Kräfteverhältnisse in Düsseldorf austarieren und was daraus folgt.

Die CDU macht sich derweil auch an anderer Stelle daran, das angekratzte klimapolitische Image hellgrün aufzupolieren. Schon im Frühjahr 2021 tat sich ein Häuflein von CDU-Mitgliedern zusammen und gründete unter dem Vorsitz des vormaligen Bahnmanagers und einstigen Grünen Heinrich Strößenreuther die KlimaUnion. Die ersten Versprechen des Seiteneinsteigers waren fulminant. Deutschland sollte demnach nicht erst bis 2040, sondern schon bis 2030 eine klimaneutrale Energieversorgung haben, als Nebeneffekt werde alles billiger. Das Heizen, der Strom, das Autofahren. Die eigene Wirtschaft werde man so umbauen, dass sie klimaneutral produzieren könne. Strößenreuthers Lieblingssatz: »Lieber Sprit vom Deich als Öl vom Scheich.« Was das konkret heißen sollte, wusste niemand auf Anhieb, es hat sich aber gereimt.

Als großen Coup verkündete die KlimaUnion nach wenigen Wochen ihres Bestehens, Friedrich Merz sei mit an Bord. Ja mehr noch: Man habe ihn sogar zu Treffen mit führenden Vertretern der Energiewirtschaft überreden können. Und diese Gespräche hätten etwas bewirkt. Nach und nach seien »neue Gedanken bei Merz freigelegt worden«, lobte das Vorstandsmitglied Felix Rodenjohann den guten Einfluss auf den Vorsitzenden. An Selbstwertgefühl mangelte es den Führungskräften der KlimaUnion offenbar nicht. Oder besser gesagt, die oft beklagte Überheblichkeit der moralisch Besseren mündete in die Vision: Mit dem Vorsitzenden an der Spitze wird die Union zur KlimaUnion erblühen.

Die Realität sieht anders aus. Nicht nur steht aufgrund der Ukrainekrise global nicht mehr die Klimapolitik an erster Stelle, sondern die Bemühungen um Energiesicherheit. Sondern auch schon zuvor war die Wertschätzung der KlimaUnion innerhalb der CDU eher überschaubar. Und es gibt tatsächlich in der Partei auch solche Stimmen wie die von Andreas Lämmel, bis zur Wahl 2021 Abgeordneter aus Sachsen, der zumindest für die Union keinerlei Nachholbedarf sah. Die Union habe schon unter Umweltminister Klaus Töpfer Klimaschutz gemacht, sagte er 2021 dem Deutschlandfunk, und in den letzten Jahren den Kohleausstieg auf den Weg gebracht. Während der Ukrainekrise sind es allerdings gerade die Früchte jener Unions-Politik, an denen wir besonders schwer zu schlucken haben.

Der neue Vorsitzende der KlimaUnion, der Berliner Bundestagsabgeordnete Thomas Heilmann, ist da deutlich kritischer, er beklagt im Gespräch, dass seine Partei »so gut wie keine Kompetenz beim Thema Klima« habe: »Wir sind komplett blank« und »dieser Zustand allein verhindert, dass die Union 2025 wieder regieren kann«.

Der Vorstand eines DAX-Unternehmens habe ihm beim Mittagessen geklagt: »Die CDU hat den Schuss beim Thema Klima nicht gehört.« Heilmann will »das historisch-langfristige Problem« lösen, aber er hat auch ein Schreckgespenst vor Augen: »So wie die Gewerkschaften und die SPD sich entfremdet haben, was der SPD jahrzehntelang Probleme bereitet hat, so geht es uns mit der Wirtschaft.« Die Gefahr sieht Heilmann auf dem Energiemarkt heraufziehen, wenn seine Partei bei der von der Wirtschaft gewünschten schnellen Transformation des Energiesektors weiter auf der Bremse stehe. »Wenn wir uns von der Wirtschaft entfremden, dann ist das für die CDU strategisch ein Debakel«, warnt Heilmann. Dann, so scheint es, wird das nichts mit der Versöhnung der CDU – weder mit der Ökologie noch mit der Ökonomie.

Ein schmaler Grat auch hier für Friedrich Merz, der nicht müde wird, selbst Vorschläge zum Thema Klima in die Debatte zu bringen. In Hannover hat er sich ein Thema zu eigen gemacht, an dem schon seit 50 Jahren geforscht wird: die Umwandlung von schädlichem Treibhausgas Kohlendioxid (CO_2) zu Rohstoff. Die Vermeidung von gefährlichen CO_2-Emissionen würde, so Merz, nicht reichen,

Deutschland bis 2045 klimaneutral zu machen. Deshalb müsse man Technologien einsetzen und »CO_2 zurückgewinnen, dann müssen wir es trennen von Verbrennungsprozessen und Industrieprozessen, dann müssen wir es als Rohstoff verstehen und nicht nur als Umweltzerstörung«. Doch bis so etwas großflächig eingesetzt werden kann, ist es noch ein weiter Weg.

Die Aufholjagd bei der Klima-Expertise wird die Union schon deshalb kaum gewinnen können, da hier die Grünen, trotz Robert Habecks missglücktem Heizungsgesetz einen natürlichen Vorteil haben. Schließlich ist der Kampf gegen die Umweltverschmutzung und den Klimawandel ihr Gründungsmythos.

Die größere Chance, mit eigener Unions-Politik zu punkten, bietet sich bei der Europapolitik, die letztlich die Grundlage für alles Weitere ist: Nur eine geostrategisch handlungsfähige EU wird den vielfältigen Herausforderungen der Zukunft begegnen können, beim Thema Migration, bei Global Health, beim Klima, bei der Wirtschaft-und Währungspolitik oder bei der Sicherheits- und Verteidigungspolitik.

15.

Mit Merz zurück an die Macht?

Dichter Nebel hängt über Berlin. Die am Vortag noch leuchtenden Herbstfarben verschwinden hinter einem grauen Schleier. An diesem 6. November 2024 ist nichts mehr, wie es war. In den USA gewinnt entgegen allen Prognosen Donald Trump mit großem Vorsprung die Präsidentschaftswahl. Als wäre das noch nicht Schock genug, platzt in Berlin am gleichen Abend die Ampelkoalition. Also alles auf Anfang in der deutschen Politik. Neuwahlen liegen in der Luft, Monate vor dem Ende der regulären Legislaturperiode.

CDU-Parteichef Friedrich Merz redet an diesem Abend beim Start-Up-Verband in der Zalando-Zentrale in Berlin. Er sagt dem Stillstand in Deutschland den Kampf an. »Anstatt ständig neue Regelungen einzuführen, müssen wir einen klaren Schnitt machen: Keine weiteren regulatorischen Schritte, sondern schrittweise Reduktion und Vereinfachung.«

Zu diesem Zeitpunkt ahnt Merz noch nicht, dass er schon bald die Chance hat, solche Ansagen auch umsetzen zu können. Minuten später erreicht ihn per SMS die Nachricht über die Entlassung von Bundesfinanzminister Christian Lindner und das Ende der Regierung Scholz. Merz bleibt nicht viel Zeit. Eine Nacht noch kann er die neue Lage überdenken, dann wird er das Ende der »Fortschrittskoalition« öffentlich kommentieren.

Bei allem gebotenen Ernst kann Merz seine Genugtuung nur schlecht verbergen. »Der Keim des Scheiterns« sei bereits am 27. Februar 2022 gelegt worden, sagt er vor den laufenden Kameras der Hauptstadtpresse, am Tag der berühmten Zeitenwenden-Rede von Olaf Scholz. Die Ampel, so Merz im eingeübten Angriffsmodus, habe es »nie geschafft, ihre Politik den neuen Erfordernissen der Zeitenwende anzupassen«.

Gut eine Woche später, am 13. November, verteidigt der Kanzler im Bundestag seine Politik noch einmal und wirbt dafür, wenigstens »wichtige Gesetze zu beschließen, die keinen Aufschub dulden«.

Es ist der verzweifelte Versuch von Scholz, Zeit zu gewinnen und sich als nach wie vor handlungsfähiger Regierungschef darzustellen. Das zeigt auch sein Versuch, die Vertrauensfrage, die Auflösung des Bundestages und die dann folgende Neuwahl so weit wie möglich nach hinten zu schieben. Scholz will aus der Defensive heraus, in die er sich durch das plötzliche Aufkündigen der Koalition gebracht hat.

Doch Merz durchschaut die Taktik des Kanzleramts. Sichtlich amüsiert hört er sich im Bundestag die Regierungserklärung von Scholz an. Der Noch-Kanzler nutzt die Gelegenheit, um Lindner die Schuld für das Ende der Koalition zu geben, Merz und die Union frontal anzugreifen und sich schon einmal in Wahlkampflaune zu reden.

Merz reagiert erst ruhig. Man könne über alles reden, sagt er dem Kanzler, bei einigen unaufschiebbaren Gesetzen würde die Union der Rumpfkoalition von SPD und Grünen aus staatspolitischer Verantwortung auch noch zu einer Mehrheit verhelfen. Aber klar sei, dass die richtige Reihenfolge eingehalten werden müsse. Erst die Vertrauensfrage, dann die noch notwendigen Abstimmungen. »Sie haben keine Mehrheit mehr«, erinnert Merz, »und wir sind nicht Ihre Auswechselspieler«. Scholz solle nicht so tun, »als könnten Sie in der Spätphase Ihrer Regierung noch etwas bewirken, Sie haben keine Bedingungen zu stellen«. Das sind die Sätze, die er dem Kanzler entgegenschleudert. Der ganze Mann ist in Bewegung geraten, den Kopf in Adlerhaltung vorgebeugt, die Arme mal eng am Körper, mal weit ausgebreitet.

So kennt man Merz, so hat man ihn hier schon öfter erlebt. Und heute ist der Tag der Abrechnung.

Doch mit diesem immer nur »dagegen sein« lassen sich keine Wahlen gewinnen, das ist dem Oppositionsführer auch klar. Und so kündigt er im Bundestag eine »grundlegend andere Politik« an. Es fallen die Begriffe Migration, wirtschaftliche Wettbewerbsfähigkeit, neue Außen-, Sicherheits- und Europa-Politik. Diese Gegen-Agenda bietet keine großen Überraschungen, es ist das, was Merz in seinen Reden und im Grundsatzprogramm der CDU schon deutlich thematisiert hat. Aber wird er jetzt der Mann sein, der die »Zeitenwende« nicht nur einfordert, sondern tatsächlich umsetzt?

Der Kandidat

Wenn die bayerische Landesvertretung in Berlin die Hauptstadtpresse mit kurzer Vorlauffrist zu einem wichtigen Pressetermin einlädt, kann man ahnen, dass wieder einmal Markus Söder die Bundesbühne betritt. So auch am 17. September 2024. Der bayerische Ministerpräsident und CSU-Vorsitzende ist am Morgen extra nach Berlin geeilt und schreitet gegen Mittag gemeinsam mit Friedrich Merz in den Saal. Söder stellt sich vor die aufgebauten

Mikrofone und verkündet, dass man sich auf den CDU-Chef als gemeinsamen Kanzlerkandidaten der Union geeinigt habe. »Friedrich Merz macht's und ich bin fein damit«, kleidet Söder seinen Verzicht in etwas ungelenke Worte. Das geschehe »nicht zähneknirschend«, beteuert er, sondern »mit voller Rückendeckung und sehr hoher Wertschätzung«.

Die Entscheidung soll selbstbestimmt aussehen, fast so, als sei Merz – anders als beim verheerenden Machtkampf mit Armin Laschet 2021 – jetzt ein Kandidat von Söders Gnaden.

Doch in Wahrheit ist der CSU-Chef zu diesem Zeitpunkt in dem Auswahlverfahren nicht mehr der Taktgeber, sondern nur noch Getriebener. Nur einen Tag zuvor hatte der nordrhein-westfälische Ministerpräsident Hendrik Wüst erklärt, dass er in der K-Frage Merz unterstütze. Damit war die Sache entschieden. Denn gegen das Votum des mit Abstand mitgliederstärksten CDU-Landesverbandes kann kein CSU-Vorsitzender Kanzlerkandidat der Union werden. Zumal Wüst ebenfalls als möglicher Kandidat galt und seine Ambitionen in den vergangenen Monaten auch nicht verheimlicht hatte. Indem er aber eigene Ansprüche aufgibt und sich klar hinter Merz stellt, blieb auch Söder nichts anderes mehr übrig, als nachzuziehen und gute Miene zum taktischen Kandidatenspiel des populären Landesvaters aus Düsseldorf zu machen.

Für Söder verstrich damit die letzte Gelegenheit, Anlauf auf das Kanzleramt zu nehmen. Für den 49 Jahre alten Wüst hingegen war das Schaulaufen um die Kanzlerkandidatur nur eine gute Aufwärmübung, um sich für die Zeit nach Merz zu empfehlen. Jetzt aber kann Merz erst einmal aufatmen. Zumindest für den vorzeitigen Bundestagswahlkampf 2025 ist der lange schwelende Konflikt um die Führung der Union entschieden.

Migration: Wer drin ist, der bleibt

Im Jahr 2023 kamen mehr als 200 000 Asylbewerber nach Deutschland. Länder und Kommunen beklagen seit Jahren die ständig steigende Überforderung. Es fehlt an Wohnraum, Schulplätzen und geeignetem Lehrpersonal – für Kinder ebenso wie für Erwachsene, denn die wenigsten sprechen Deutsch und sind so kaum in der Lage, Arbeit zu finden.

Das Thema Migration wird Regierung und Opposition während der gesamten Legislatur beschäftigen. Erst im Mai 2024 hatte die EU neue, strengere Asylregeln beschlossen, die aber in den Mitgliedstaaten erst bis 2026 umgesetzt werden müssen. Streit und Uneinigkeit sind damit nicht ausgeräumt. Polen und die Niederlande wollen das Asylrecht ganz aussetzen, Deutschland, Schweden, Österreich, Italien und Slowenien führen wieder Kontrollen an den Binnengrenzen ein und Ungarn weigert sich ohnehin, Flüchtlinge aufzunehmen. Merz plädiert wie andere EU-Staaten auch dafür, die Asylverfahren in Drittländer auszulagern und die Zahl der Antragsteller durch eine Liste sicherer Herkunftsstaaten zu verringern.

Zwar ist Deutschland so gut wie nie das erste Land, in das Migranten einreisen. Aber im Endeffekt leben die meisten Flüchtlinge und Asylbewerber in der Bundesrepublik, wo die Rechtssicherheit und die soziale Absicherung im EU-Vergleich immer noch am besten ausfällt. Die Schengen-Regel, wonach eigentlich das Land der ersten Einreise für die Aufnahme der Migranten verantwortlich ist, wird in der täglichen Praxis seit Jahren ad absurdum geführt. Länder wie Italien und Österreich drücken beide Augen zu, wenn die ankommenden Migranten in Richtung Deutschland weiterreisen.

Alle Versuche, diese Themen innerhalb eines Deutschlandpaktes mit der Bundesregierung anzugehen und gemeinsam zu lösen, scheiterten schon 2023. Der Union gingen die Vorschläge der Bundesregierung nicht weit genug. SPD und vor allem die Grünen wiederum wollten sich nicht auf Verschärfungen einlassen.

Von Anfang an hatte die Union härtere Asylregeln gefordert und sich damit von der Flüchtlingspolitik der Ära Merkel abgesetzt. Merz weiß mit seinen Forderungen nach strengeren Regeln die Mehrheit der Bevölkerung hinter sich. Sagten 2021 lediglich 36 Prozent der Befragten, Deutschland könne nicht mehr Flüchtlinge aufnehmen, so waren es im März 2024 laut *Tagesspiegel* schon 60 Prozent.

Das Problem bleibt: Wer einmal drin ist, der bleibt drin. Abgeschoben wird nur ein kleiner Teil der Ausreisepflichtigen. Und dann trifft es eher ganze Familien, aber nur selten Gefährder. Diese Themen kennt Merz aus seinem Wahlkreis im Sauerland. Die örtliche *Westfalenpost* titelt im November 2024: »Mann sieben Mal abgeschoben, siebenmal zurück«. Die Behörde ist verzweifelt: der Mann sei »schneller wieder zurück als das Team, das ihn wegbringt.«

Wirklich schwierig werden solche Versäumnisse der Behörden, wenn etwas Schlimmes passiert. Die Messerattacke von Solingen durch einen syrischen Angreifer drehte die Stimmung in Politik und Medien – auch dieser Asylbewerber hätte schon 2023 abgeschoben werden sollen. Die Regierung gerät unter Druck, die Umfragewerte für die AfD steigen. Daraufhin unterbreitet die Ampelkoalition der Union noch einmal das Angebot zur Zusammenarbeit. Doch wieder platzen die Gespräche. Ein gereizter Scholz geht Merz dann bei der Debatte im Bundestag frontal an: »Sie sind der Typ von Politiker, der glaubt, mit einem Interview in der Bild am Sonntag hätte er schon die Migrationsfrage gelöst«. Scholz spricht von »in die Büsche schlagen«.

Merz wehrt sich gegen den Vorwurf, der Abbruch der Gespräche sei eine Inszenierung der Union gewesen. Aber er schlägt fortan beim Thema Migration sanftere Töne an als früher: Deutschland solle ein weltoffenes Land bleiben, betont Merz, es gehe hier lediglich um die »kleine Zahl einer Minderheit von jungen Männern, die sich nicht an Regeln halten«.

Jedoch bleiben hier nach dem Bruch der Ampel-Regierung viele Fragen offen. Und es sieht nicht danach aus, als ob das kontroverse Thema Zuwanderung aus dem Wahlkampf herausgehalten werden könnte, so wie es Linnemann und Merz am liebsten gewesen wäre.

Immerhin: Innerparteilich gelingt Merz die Neupositionierung und Abgrenzung beim Thema Migration. Die Union im Jahr 2024 ist lösungsorientierter als die bisherige Regierung, sie ist deutlich restriktiver als die Merkel-Regierung, und sie ist nicht so populistisch wie AfD und BSW.

Das Ziel kommt in Reichweite

Mit dem Ampel-Aus kommt Merz seinem Lebenstraum, einmal Kanzler zu werden, nun schneller näher als gedacht. Aber es ist nicht so, als ob er in den vergangenen Monaten nicht auch einmal laut darüber nachgedacht hat, ob er es wirklich werden will – und das gewaltige Amt auch bewältigen kann. Um die Jahreswende 2023/24 äußerte er sich nachdenklich: Bin ich vielleicht schon zu alt, bin ich der Richtige, welche Wählergruppen kann ich erreichen, was sagt die Familie? Seine Frau Charlotte, Direktorin des Amtsgerichts im heimischen Arnsberg, hat es nie als ihre Aufgabe betrachtet, die Ambitionen ihres Mannes zu bremsen oder ihn sonst wie zu beeinflussen. Im Gespräch betont sie das ganz bewusst. Sicher auch, weil es in der deutschen Politik noch nie gut ankam, wenn Ehepartner von Politikern als private Top-Berater in Erscheinung traten.

»Ich habe meine eigene Meinung, das stimmt,« gibt die gebürtige Saarländerin zu. Berufliches und Privates trenne man zuhause aber sehr klar: »Ich lege ja Friedrich auch nicht meine Gerichtsurteile vor«.

Inzwischen wird Charlotte Merz ständig gefragt, ob sie ihren Job als Gerichtsdirektorin kündigen würde, falls ihr Friedrich Bundeskanzler wird. Über die Zeit nach dem 23. Februar 2025 will sie nicht spekulieren, aber eine passende Antwort hat die schlagfertige Juristin dennoch parat: »Meinen Sie, irgendjemand hat Professor Sauer gefragt, ob er aufhören will zu arbeiten, als seine Frau Bundeskanzlerin wurde?«

Friedrich Merz hat eine Ahnung, was nach einer gewonnenen Wahl auf ihn zukommen könnte. Schon in den vergangenen drei Jahren war das Arbeitspensum gewaltig. Die Wochenenden zuhause in Arnsberg, die ihm wichtig sind, um aufzutanken, schrumpfen manchmal auf einen halben Tag zusammen. Das dürfte in Zukunft kaum besser werden.

Merz weiß, dass es für eine von ihm geführte Regierung keine Schonfrist geben würde, keinen Raum für Probieren und Experimentieren: »Dies ist vielleicht die letzte Chance der politischen Mitte«, sagt er mit nüchternem Blick. Er teilt die Einschätzung seines Generalsekretärs Carsten Linnemann: Eine Regierung unter Unionsführung hat nur einen Slot. Gelingt es nicht, die Bürger mitzunehmen durch eine neue Politik, dann droht 2029 das Chaos.

Optionen und Koalitionen

Generalsekretär Linnemann und CDU-Chef Merz haben ein Zusammengehen mit dem BSW für die Bundesebene kategorisch ausgeschlossen. Das gleiche gilt für AfD und die (bundesweit kaum noch vorhandene) Linke.

CSU-Chef Markus Söder möchte die Ausschlussliste um die Grünen erweitern. Merz sieht das anders. Einerseits hatte er im Sommer 2023 die Öko-Partei als Hauptgegner der Union identifiziert und ihnen Polarisierung in der Energie und Umweltpolitik vorgeworfen. Andererseits regieren in drei großen Bundesländern die Grünen gemeinsam und vergleichsweise geräuschlos mit der CDU. Wieso dann kategorisch dagegen sein? Außerdem gilt im Hinblick auf die Bundestagswahl: So viele Optionen wie möglich offenhalten, um dann idealerweise – wie in Hessen – die Wahl zwischen mehreren Partnern zu haben.

Spekulationen über mögliche Partner weist Parteimanager Linnemann regelmäßig zurück. »CDU Pur« heisst der Leitspruch für den Wahlkampf. Eine Kampagne mit Handbremse und taktischen Rücksichten auf mögliche spätere Koalitionspartner wird es nicht geben. »Wir kämpfen für unsere Sache«, sagt Linnemann. Alle anderen Fragen kläre man, nachdem die Wähler entschieden haben.

Zunächst geht es der Union darum, das Vertrauen der Bürger zurückzugewinnen. Deren Glaube an die Problemlösungskompetenz der Parteien ist in den Tagen des Regierungsbruchs massiv erschüttert. 54 Prozent der Befragten halten laut einer Forsa-Umfrage im Herbst 2024 keine Partei für politisch kompetent. Die CDU kommt bei dieser Frage auf schmale 22 Prozent Zustimmung, bei der Sonntagsfrage auf gut 10 Punkte mehr. Auch dieses Ergebnis ist deutlich ausbaufähig. Die Wahl gewinnen allein reicht nicht, mahnt eine Christdemokratin aus dem Süden: »Es ist so wie mit der Hochzeit. Die eigentliche Arbeit beginnt erst am Tag danach.« Gut klingenden Wahlversprechen inklusive Äußerungen wie »die politische Mitte, ist der Ort, wo die CDU hingehört«, nützen nichts, wenn sich angekündigte Maßnahmen nicht umsetzen lassen. Das weiß Friedrich Merz ganz genau.

Immer wieder wird dem Sauerländer, der zwölf Jahre lang der Politik den Rücken zugekehrt hatte, vorgehaltenen, er verfüge über keinerlei Regierungserfahrung. Dem kann er nicht widersprechen. Doch »was er an Stehvermögen bewiesen hat auf dem Weg an die Parteispitze und danach, das war schon beeindruckend«, sagt einer, der sich früher dem Merkel-Lager zurechnete. Außerdem: Die drei Jahre unter der irrlichternden Ampel seien »ein echtes Lehrstück gewesen in Sachen Bad Governance«.

Dagegen sein ist nicht alles

Die eine Rolle ist dem kantigen Sauerländer von Anfang auf den Leib geschnitten: Als Oppositionsführer im Bundestag der Regierung Contra geben. Das kann er, da hat er Erfahrung. Schließlich war er während der Schröder/Fischer-Regierung von 2000 bis 2002 schon einmal Oppositionsführer im Parlament. Man kann ihm deshalb glauben, wenn er sagt, dass es »relativ schnell ging, die Opposition handlungsfähig zu machen«. Zwar fremdelten anfangs einige Unionsabgeordneten mit dem Comeback-Kid Merz. Aber nicht lange. Es »hat mich gefreut, dass wir schnell gegenseitig Vertrauen aufbauen konnten und die Zusammenarbeit so gut läuft«, sagt er heute in der Rückschau. »Mit der Neuausrichtung der Partei«, bekennt er aber offen, »hat es etwas länger gedauert.«

In der Tat.

Bekanntlich glückte sein Aufstieg an die Spitze der Partei auch nicht von heute auf morgen. Erst beim dritten Versuch konnte der Rückkehrer endlich über die Ziellinie laufen. Das im Kern recht biedere Partei-Establishment fremdelte lange mit dem weltgewandten früheren Black Rock-Manager und begeistertem Hobby-Piloten, der dazu noch erklärter Merkel-Gegner war. Hinzu kam, dass auch die Schlüsselstellen in der Parteizentrale noch mit Merkel-Getreuen besetzt waren. Ein Großteil der Absprachen und parteiinternen Kommunikation lief in der Anfangszeit deshalb über andere Kanäle, vor allem über eine langjährige und bewährte Mitarbeiterin im Wahlkreisbüro von Merz in Arnsberg.

Anders als in der Fraktion, in der man sich während der 24 Sitzungswochen pro Jahr im Bundestag regelmäßig sieht, kommen die Gremien in der Partei seltener zusammen: das Präsidium alle vier Wochen, der Bundesvorstand alle sechs Wochen. »In der Fraktion«, betont der Vorsitzende, habe er eine »Diskussionskultur wieder eingeführt, bei der offen gesprochen wird, ohne dass das Gesagte am nächsten Tag in der Zeitung steht.«

In Präsidium und Bundespartei bedurfte es dafür allerdings disziplinarischer Maßnahmen. Da hat der Sauerländer, geübt in der Rolle des gestrengen Pater Familias, sogar Boxen aufgestellt, in denen bei Betreten des Sitzungssaals die Handys abgegeben wurden, damit konzentrierte Gespräche möglich wurden.

Dennoch ging am Anfang in der CDU-Organisation einiges schief. Es gab ungeklärte Zuständigkeiten, unklare Absprachen und stellenweise auch gezielt eingestreuten Sand im Getriebe – vor allem im Adenauerhaus. Erst Generalsekretär Carsten Linnemann schaffte es, die Strukturen und Abläufe in der Parteizentrale wieder auf Vordermann zu bringen. Der Paderborner ist nach dem glücklosen Mario Czaja die richtige Besetzung als Stratege der Partei. Ein political animal durch und durch.

Merz hatte Linnemann schon vor dessen Wahl zum Generalsekretär damit beauftragt, die Arbeit am neuen Grundsatzprogramm zu koordinieren. Damit war der schwierige und zeitraubende Prozess der innerparteilichen Standortbestimmung zurück an die Partei gespielt worden. Ansagen »von oben« gab es nicht. Stattdessen wurden elf Fachkommissionen gegründet, die unter Moderation von Linnemann über Monate hinweg die verschiedenen Kapitel diskutierten. »Bottom up«, wie es ein Mitarbeiter formuliert.

Im Mai 2024 ist es dann so weit, das Grundsatzpapier wird beim CDU-Parteitag im Berliner Hotel Estrel verabschiedet. Der Saal erstrahlt im neuen türkisen Nach-Merkel-Look. Charlotte Merz ist mitgekommen und sitzt in der ersten Reihe im farblich abgestimmten türkisfarbenen Outfit, um ihrem Mann den Rücken zu stärken.

Das fertige CDU-Papier enthält Bekenntnisse, die polarisieren können – und mit Blick auf den Wahlkampf auch polarisieren sollen. Die CDU will strengere Asylregeln, bekennt sich zu Atomkraft und Schuldenbremse und scheut auch vor der Neuauflage der »Leitkultur« nicht zurück, einem Begriff, der in den Merkel-Jahren, sozusagen mit der Aufschrift »hochgiftig«, in die hinterste Ecke des parteiinternen Requisitenschranks verbannt worden war.

Vor allem aber wirbt die CDU für eine Politik, die mehr Anreize schaffen soll, eine Arbeit aufzunehmen. Im März hatte die Union bereits angekündigt, das im Januar 2023 von der Bundesregierung eingeführte »Bürgergeld« durch eine neue Grundsicherung ersetzen zu wollen, die für wirklich Bedürftige da sein soll, aber nicht für solche, die arbeiten könnten, es aber nicht tun.

Mit der »Agenda für die Fleißigen« knüpft die Union an Helmut Kohls Leitsatz »Arbeit soll sich wieder lohnen« an, mit dem dieser 1982 auch die geistig-moralische Wende ausgerufen hatte. So eine Wende lässt sich in der Tendenz wohl auch von einer Regierung Merz erwarten – immer vorausgesetzt, es findet sich dazu die nötig Mehrheit.

Merz gibt beim Parteitag den souveränen Staatsmann. Er hält keine temperamentvolle Bierzelt-Rede wie der Gast aus Bayern, Markus Söder, sondern verzichtet auf Polarisierung und scharfe Attacken gegen die Ampel. Stattdessen rückt er die AfD, als »Kraft der Zersetzung« in den Fokus der Kritik. Als die Abstimmungsergebnisse auf dem Podium verlesen werde, sitzt Friedrich Merz in den Reihen der NRW-Delegierten neben seinem alten Freund und Weggefährten Karl Schneider, dem Landrat des Hochsauerlandkreises. Das Ergebnis seiner Wiederwahl als Parteichef bleibt hinter seinen Erwartungen zurück. 90 Prozent galt als Minimum, das wird knapp unterlaufen.

Die Enttäuschung kann der sonst so taffe Sauerländer in der Sekunde nicht verbergen: Das Lächeln, das er auf seine Züge zwingt, ist für die Kameras. Einen Augenblick nur, dann hat er sich wieder im Griff. Der damals Noch-nicht-Kanzlerkandidat muss ja Zuversicht ausstrahlen. Und es ist ja auch nichts Schlimmes passiert. Alles gut. Das Ergebnis ist ordentlich, doch lässt sich daraus noch nicht der eindeutige Auftrag der Partei an Merz ableiten, dass er – komme, was wolle – der Kandidat der Herzen ist.

Doch Merz sitzt fest im Sattel. Öffentliche Kritik hatte zuvor per Zeitungsinterview nur Daniel Günther geübt: Angela Merkels Kurs der Mitte sei ihr Erfolgsrezept gewesen, hatte Günther gemahnt und den giftigen Satz hinzugefügt, dass die Union angesichts der schlechten Ampel-Performance eigentlich viel besser dastehen müsste als im Moment.

Opposition und Regierung

Das Gegeneinander von Ampel und Union zwischen 2022 bis zu den Neuwahlen 2025 ist geprägt durch die wechselseitige persönliche Abneigung zwischen dem SPD-Kanzler und dem CDU-Chef. Im Gegensatz zu Scholz schätzt Merz den Vorsitzenden der SPD-Bundestagsfraktion Rolf Mützenich sehr – trotz großer inhaltlicher Differenzen. Es sei schwierig, herauszufinden, was der Kanzler wolle, sagt Merz im Gespräch und erinnert an sein früheres politisches Gegenüber: Bundeskanzler Gerhard Schröder. Mit Schröder habe er nach den Terroranschlägen in den USA vom 11. September 2001 »sehr eng abgestimmt zusammengearbeitet«. Merz und Scholz hingegen, das wird im Lauf der Legislaturperiode immer deutlicher, sind wie Hund und Katze.

Beide gelten als Besserwisser und respektieren einander nicht – was keine gute Basis ist für einen professionellen Umgang. Merz fühlt sich in der Autorität seiner Rolle als Oppositionsführer nicht ernst genommen. Gespräche werden kurzfristig wieder abgesagt, Absprachen angeblich nicht eingehalten. Mal fühlt sich der eine düpiert, mal der andere. Wenn Merz dann im Bundestag am Rednerpult steht, geht es selten nur um die Sache. Das schneidende Urteil »Sie können es nicht, Herr Bundeskanzler!«, musste sich Scholz in den vergangenen Monaten gleich mehrfach anhören. Immer öfter verliert der sonst so stoische Scholz seine Contenance bei diesen Rededuellen.

Merz verteidigt das Recht des Oppositionsführers auf Provokation, auf Zuspitzung. Nur: Was im Bundestag funktioniert, ist in TV-Talkrunden noch lange nicht richtig.

Problem Impulskontrolle

Zwischen September 2022 und 2023 vergeht kaum ein Fernseh-Auftritt, bei dem der Politik-Rückkehrer aus dem Sauerland nicht in ein Fettnäpfchen tritt. Im September 2022 bei Bild TV unterstellt Merz nach Deutschland geflüchteten Ukrainern »Sozialtourismus«. Wie kann der nur? Die deutsche Öffentlichkeit ist empört. Merz korrigiert sich später, aber da ist das Kind schon in den Brunnen gefallen.

Bei Markus Lanz im Januar 2023 nennt Merz die Söhne der Migranten »kleine Paschas«. Und wieder schlagen die Wogen der Entrüstung hoch. Und im Sommerinterview 2023 mit dem ZDF setzte sich Merz beim Umgang mit der AfD in die Nesseln. Anstatt die (vor allem der West-CDU) heilige »Brandmauer zur AfD« zu beschwören, relativiert er: »Natürlich muss dann in den Kommunalparlamenten nach Wegen gesucht werden, wie man gemeinsam die Stadt, den Landkreis gestalten«. Heftige Kritik von außerhalb und innerhalb der Partei folgte auf den Fuß. Merz korrigierte sich, war alles nicht so gemeint. Und dann, ein paar Monate später im September 2023, knöpft er sich im WeltTalk abgelehnte Asylbewerber vor. »Die sitzen beim Arzt und lassen sich die Zähne neu machen, und die deutschen Bürger nebendran kriegen keine Termine.«

Die öffentliche Aufregung lässt nicht lange auf sich warten. Und es stimmt ja auch: Wer wie Merz in diesen Zeiten frei von der Leber weg und sehr zugespitzt formuliert, der verstößt gegen die strenge Etikette einer »diskriminierungssensiblen« Sprache und wird entsprechend rasch und rüde gemaßregelt.

Merz unloaded: Die Schockwellen, die seine Sprüche immer wieder durch die Republik jagen, überraschen ihn selbst. Wohlmeinende Parteifreunde meinen den Grund zu kennen: In mehr als zehn Jahren Abwesenheit aus der aktiven Politik haben sich die Mechanismen und auch die Drehgeschwindigkeit solch hingeworfener Bemerkungen exponentiell vervielfacht. Der heute 69 Jährige Merz wurde in einer Zeit politisch sozialisiert, als nicht jedes Wort auf die Goldwaage der political correctness gelegt werden musste. »Social Media hat die Welt verändert, das kannte man so vorher nicht. Ich lasse mich aber nicht von dieser Kurzatmigkeit bei X oder Instagram unter Druck setzen«, sagt Merz. Richtig ist, dass seine Tonlage im Laufe des Jahres 2024 insgesamt deutlich ruhiger und auch souveräner geworden ist.

»Wenn Merz keinen Druck spürt, ist alles gut«, sagt ein Präsidiumsmitglied. Wenn doch, dann könne es leider immer noch passieren, dass »ihm im nächsten Moment die Hutschnur platzt.« Oder dass er verbal zurückrudern muss. Nicht nur um etwaige Fauxpas auszubügeln, sondern auch um unbedachte politische Ansagen zu korrigieren, wie in der Frage von Koalitionen mit dem BSW oder zum früheren Wahltermin. »Das Einknicken und Zurückrudern ist fatal«, moniert das Präsidiumsmitglied.

Grundsätzlich ist Friedrich Merz geerdet, ein Mensch, bei dem die Inhalte den Diskurs bestimmen. Parteifreunde erleben ihn in Diskussionen als offen, integer und zugewandt.

Von Helmut Kohl habe er gelernt, so Merz auf seiner Reise nach Finnland, dass man gute Kontakte zu den kleineren EU-Mitgliedsstaaten pflegen müsse. Ob sich das so angesprochene Land aber wirklich klein fühlte? Vom früheren Kanzler könnte sich der Sauerländer da tatsächlich etwas abgucken in Sachen Diplomatie. »Helmut Kohl hat ausländische Staatsgäste tief beeindruckt durch seinen glühenden Einsatz für die Idee Europa«, so ein Ex-Mitarbeiter, »und das war das Besondere an ihm: diese Mischung aus Emotionalität und politischer Vision.« So geschehen beim Antrittsbesuch des damaligen sozialdemokratischen Ministerpräsident Goran Persson. Der kam völlig brainwashed aus Kohls Office, fortan ein »überzeugter Fan von Kanzler Kohl«.

Würde ein Kanzler Merz das auch können, andere Menschen für sich einnehmen? Er habe jedenfalls erkannt, wie wichtig, »das Persönliche« sei, räumt er ein. »Das habe ich in der Vergangenheit oft unterschätzt.« Schließlich konnte er am Beispiel der Regierung Scholz studieren, was passiert, wenn ein Kanzler nicht führt, menschliche und politische Konflikte nicht moderiert. Doch weder Scholz noch Merz sind Menschenfänger oder auch nur halb so kommunikativ begabt wie Robert Habeck in seinen schwächsten Momenten.

Politisch ist der kürzlich verstorbene Wolfgang Schäuble das große Vorbild des Sauerländers. Einer, der mit beiden gearbeitet hat, sieht jedoch wenig Parallelen zwischen Merz und seinem einstigen Mentor. »Schäuble hatte zwar einen klaren inhaltlichen Kompass, aber durch seine süddeutsch-alemannische Prägung auch eine größere Bereitschaft zum Kompromiss«. Und man muss wohl hinzufügen: auch eine größere Bereitschaft zum Aushalten von Kränkungen, beispielsweise durch Helmut Kohl und Angela Merkel. Schäuble biss die Zähne zusammen und »diente« dem Gemeinwesen.

Diese Haltung ließ sich jedenfalls bei Merz 1 (Ära Merkel) weniger beobachten. Bei Merz 2 ist es eine Mischung: zum einen sah er nach Merkels Abschied seine Chance, an die Spitze der Partei zu gelangen, trotz aller Rückschläge immer noch getrieben von dem festen Glauben »ich kann es besser«. Anderseits stellt er sich mit fast 70 Jahre wohl kaum aus Gründen der persönlichen Karriereplanung in den Dienst von Partei und Staat. Zu dem »ich kann es besser« gesellt sich die feste Überzeugung: »Deutschland kann es besser«.

Wer nach oben will, braucht starke Nerven. Aus den internen, vorbereitenden Strategiepapieren der SPD lässt sich ablesen, wie sehr die Person Friedrich Merz zur Zielscheibe gemacht werden soll. Im Fernsehen geht es schon los: »Wer Wärme im Blick von Friedrich Merz sucht, bekommt eine Gänsehaut«, so unkte jüngst die Heute Show. Solche Gehässigkeiten schlagen ihm immer wieder auch von Zeitungsseiten entgegen. So auch in der *Spiegel*-Titelgeschichte »Die Dämonen des Friedrich Merz« vom Mai 2024. Schon das Cover zeigt ein hässliches Zerrbild des CDU-Chefs. Im Text dann wird ein negatives Stimmungsbild gezeichnet, das zum Datum des Erscheinens beim CDU-Parteitag schon nicht mehr aktuell ist. Die Erregungszustände des Parteichefs werden darin genüsslich ausgemalt, ergänzt um negative Kommentare von »Parteifreunden«. Merz war alles andere als amused.

Kann er bei solchen Anfeindungen ruhig bleiben und Konflikte aushalten?

Das wäre nicht nur für den Wahlkampf wichtig, sondern auch für den Fall, dass der Kanzlerkandidat der Union tatsächlich ins Kanzleramt einzieht. Immerhin rechnen ihm viele in der Union hoch an, wie elegant er den latenten Dauerkonflikt mit der CSU gelöst hat. Bis jetzt hält Markus Söder, der Störenfried von 2021, sogar Kurs.

»Ich bin ein loyaler Mensch und erwarte auch Loyalität von meinen Kollegen. Mein Verständnis von politischer Arbeit ist«, sagt Merz, »dass man gut, loyal und offen zusammenarbeitet« Und dann spricht er über den 15. Juni 2023. »Aktionen, wie die vom 15. Juni 2023, wenn ich von hinten überrascht werde, mag ich nicht und werde ich auch nicht akzeptieren.«

15. Juni? An diesem Datum war 2023 der programmatische Text des nordrhein- westfälischen Ministerpräsidenten Hendrik Wüst in der FAZ erschienen. Die Partei müsse in der Mitte bleiben bei Helmut Kohl und Angela Merkel, schrieb Wüst. Und insinuierte damit, dass die CDU unter Merz sich von der Mitte entfernt habe.

Merz fühlte sich brüskiert und konterte wenig später in einer Fernsehsendung: »Die Unzufriedenheit mit Regierungen in den Ländern – auch in NRW – ist fast so groß wie mit der Regierung im Bund«. Rumms, das musste jetzt mal raus, take that, Hendrik!

Wutausbrüche, Rücktrittsgedanken, dann irgendwann die Aussprache. Auch den Konflikt mit dem starken Mann aus NRW hat Merz schließlich bereinigt.

Er weiß, dass er Wüst als Vorsitzenden des größten CDU-Landesverbandes braucht, wenn er als Kanzler im Bundesrat seine Vorhaben durchbringen will.

Und er hat auch verstanden, dass Wüst in der CDU-internen Hackordnung einen klaren Akzent setzen und künftige Führungsansprüche anmelden wollte – nach seiner Zeit. Insofern ist der Frieden mit dem Westfalen erst einmal recht stabil.

Die Welt ist mein Ort

Im Herbst 23 sitzen sich Merz und Macron auf schwarzen Ledersofas gegenüber. Ort, Paris, Élysée-Palast. Eine Stunde habe man gesprochen, wird der Sauerländer später stolz berichten. Immer wieder hat er kritisiert, dass Deutschland nicht genügend auf Frankreich zugehe, vor allem nicht auf die sicherheits- und europapolitischen Vorschläge, die Präsident Emanuel Macron immer wieder gemacht hat – und nie eine Antwort aus Berlin bekam. Auch als Macron im darauffolgenden Mai zum Staatsbesuch nach Berlin kommt, hört man von Merz ähnliche Töne.

Europa ist für Merz seit seiner ersten Zeit als Abgeordneter im Europa-Parlament in den 90er-Jahren eine Herzensangelegenheit. Deshalb findet er es auch falsch, dass beim Abschiedsbesuch von Joe Biden neben Macron nicht auch der polnische Präsident Donald Tusk eingeladen worden war. Der revanchierte sich im November, als er zu einer Ukraine-Konferenz nach Polen einlud und neben Finnland, Schweden, und den baltischen Staaten auch Frankreich einlud – nicht aber Deutschland als größten Geldgeber der Ukraine. Man kann darin eine kleinkarierte Revanche von Tusk sehen, aber man merkt daran auch, wie wichtig im politischen Geschäft Befindlichkeiten und persönliche Fragen sind.

Die Ungeduld ist dem Oppositionsführer auch bei der Außenpolitik anzumerken. Doch noch ist Scholz da, noch ist er Kanzler.

Am 15. November sitzt Friedrich Merz nichts ahnend in der Hans-Galinski Schule in Berlin-Charlottenburg zwischen hellen Fichtenmöbeln und bunt dekorierten Wänden. Es ist Bundesvorlesetag und Merz, selbst bereits Großvater, liest Zweitklässlern vor. Da hätte er direkt Gesprächsstoff mit Wirtschaftsminister Robert Habeck gehabt, den er ein paar Wochen zuvor noch despektierlich als »Kinderbuchautor« abgetan hatte.

Keine zehn Kilometer davon entfernt sitzt der Noch-Kanzler und versucht, mit Blick auf die vorgezogene Wahl die Welt zu retten. Der Kanzler ohne Mehrheit telefoniert mit dem russischen Präsidenten Putin und lässt sich dabei auch noch fotografieren, auf das die Welt Kenntnis vom genialen Schachzug der German Lame Duck nehme. Das Echo fällt jedoch verheerend für Scholz aus. Indem er den isolierten Russen anrufe, werte er ihn nur auf, ohne dass man in der Sache selbst auch nur einen Millimeter weitergekommen sei, heißt es in Brüssel und den anderen europäischen Hauptstädten. Im Gegenteil besteht Putins Antwort noch in der gleichen Nacht in einem Bombenhagel auf die ukrainische Energieversorgung. Die Bürger dort sollen frieren und im eisigen Winter mürbe gemacht werden.

Das Telefonat von Scholz dürfte Merz nicht überrascht haben. Schon Wochen zuvor hatte er in seiner #MerzMail 224 geschrieben: »... im deutschen Bundeskanzleramt regiert die Angst und die verzweifelte Hoffnung, noch kurz vor der Bundestagswahl den Friedenskanzler geben zu können«.

In der SPD erinnert man immer wieder an Gerhard Schröder, der 2002 (in Bezug auf den damaligen Irak-Krieg) als »Friedenskanzler« erfolgreich gewesen war. Daran scheint Scholz anknüpfen zu wollen. Doch seine Selbstinszenierung als Friedenskanzler ist allzu durchsichtig. Allen voran kritisiert ihn ausgerechnet der ukrainische Präsident Selenskyj, der bei Scholz nicht ohne Grund den Verdacht hegt, ihm sei der Wahlerfolg mindestens so wichtig wie seine Hilfslieferungen. Zumal diese auch nach inständigem Bitten noch ohne weitreichende Raketen sind – jedenfalls aus Deutschland.

Außerdem ist die Lage heute anders als vor 20 Jahren, der Krieg in der Ukraine bedroht auch die Sicherheit der Bundesrepublik und ganz Europas unmittelbar. In dieser Einschätzung liegen Kanzler und Oppositionsführer zwar nicht weit auseinander. Doch bei aller prinzipiellen Einigkeit darüber, dass der Ukraine geholfen werden soll, geraten Scholz und Merz seit dem russischen Überfall auf die Ukraine immer wieder aneinander, über das wie und was der Waffenlieferungen. Immer wieder drängte die Union und Teile der Ampel selbst den Bundeskanzler zu einer klaren Haltung. Wiederholt stellte die Union eigene Anträge zur Lieferung schwerer Waffen in der Hoffnung auf Umfaller aus den Reihen der Ampelfraktionen. Das gelang nicht.

Wohl mit Rücksicht auf die Landtagswahlen im Osten, in Sachsen, Brandenburg und Thüringen im September 2024 schlägt auch Merz mildere Töne an. Denn die ostdeutsche Bevölkerung steht der Hilfe für die Ukraine kritischer gegenüber. Vor allem der sächsische Ministerpräsident Michael Kretschmer hatte die Parteispitze immer wieder irritiert – mal mit Forderungen nach dem Stopp von Panzerlieferungen, mal mit vermeintlich russlandfreundlichen Äußerungen.

In einem gemeinsamen Essay vom 3. Oktober 2024 setzen sich Kretschmer (CDU), Thüringens CDU-Chef Mario Voigt und Brandenburgs Ministerpräsident Dietmar Woidke (SPD) – für Verhandlungen mit Russland und für Waffenstillstand ein. Alles eng mit Merz abgestimmt und gerade noch im Rahmen der Parteilinie. Für Merz ist entscheidend, dass in dem Papier nicht ein Ende der Waffenhilfe gefordert wurde.

Wieder wird sein Konfliktmanagement gelobt.

»Er hat denen im Osten nicht in ihre Koalition-Überlegungen reingefunkt«, sagt ein CDU-Insider. »Und er hat in Bezug auf die Ukraine auch nicht versucht, seine Sicht der Dinge durchzudrücken«.

Und es folgt ein weiterer Auftritt, der ihm Respekt in der Partei einbringt. Der deutsche Oppositionsführer schlägt vor, endlich einmal auch umgekehrt Putin eine rote Linie aufzuzeigen. Wenn der Kriegsterror gegen die Zivilbevölkerung nicht aufhöre, drohte Merz, sollten die Reichweitenbegrenzungen westlicher Waffensystem aufgehoben und von deutscher Seite der Taurus-Marschflugkörper nach Kiew geliefert werden.

In der Union kommt das gut an, Merz fordert nicht nur einfach den Einsatz schwerer Waffen, sondern verbindet damit ein strategisches Ziel. Auch der frühere CDU-Chef Armin Laschet, der immer mehr Raum für Diplomatie gefordert hatte, applaudiert. Ein Erfolg für Merz.

Unterdessen überstürzen sich die Ereignisse in der Ukraine. Kurz nach Scholz' Anruf bei Putin meldet die Ukraine massiven Raketenbeschuss aus Russland. Dann folgt die Nachricht, dass der Noch-Präsident Biden der Ukraine die Genehmigung erteilt hat, US-Waffen mit größerer Reichweite auch gegen Ziele in Russland einzusetzen. Scholz weigert sich dennoch weiterhin, Taurus- Raketen zu liefern. Das hatte er bei seiner Regierungserklärung zum Ende seiner Koalition bereits angekündigt. Scholz bleibt dabei, dass er durch seine Linie der »Besonnenheit« eine Eskalation verhindert habe und weiter verhindere. Dabei unterschlägt er freilich, dass Putin, davon offenbar unbeeindruckt, seinerseits den Krieg gegen die Ukraine intensiviert und eskaliert. Ein fataler Nebeneffekt ist, dass sich der deutsche »Friedens-Kanzler« damit gegenüber den eigenen Partnern USA, Frankreich und Grossbritannien isoliert, die ihrerseits weiterreichende Waffen freigegeben haben.

Dieses Thema wird vorhersehbar eine wichtige Rolle im Wahlkampf spielen. Scholz wird der Versuchung kaum widerstehen können, aus der Kriegsangst vieler Menschen Kapital zu schlagen. Merz wird ihm seine argumentativen Schwachpunkte nicht durchgehen lassen. Offen ist allerdings, welche Linie besser ankommt bei einer Bevölkerung, deren Kriegsangst eventuell noch wachsen mag?

Nicht jeder will erkennen, dass die eher nachgiebige Russlandpolitik von Merkel und ihren langjährigen Außenministern Frank-Walter Steinmeier und Sigmar Gabriel den Aggressionskurs des Kreml nicht gestoppt, sondern im Gegenteil eher noch ermutigt haben. Zwei Beispiele dafür sind die vom Westen quasi folgenlos hingenommenen Besetzungen von Teilen Georgiens (2008) und der Krim (2014).

Schwieriger aber als der Blick zurück gestaltet sich der Blick nach vorne. Bis jetzt ist nicht klar, wie ein Präsident Donald Trump sein Verhältnis zu Europa und zur Nato gestalten wird. Geht man davon aus, dass er den größten Teil seiner Ankündigungen aus dem Wahlkampf in den USA wahr machen wird, dann stehen den Europäern harte Zeiten bevor. Zum einen, weil Deutschland und andere EU-Staaten dann ihre Verteidigungsausgaben drastisch erhöhen müssen, um auf Dauer das Zwei-Prozent-Ziel der Nato zu erreichen. Das von Scholz mit Zustimmung der Union aufgebaute »Sondervermögen« in Höhe von 100 Milliarden Euro ist bereits so gut wie aufgebraucht. Niemand weiß, wie es weitergehen soll, wenn der Topf spätestens 2027 leer sein wird. Zumal man davon ausgehen kann, dass aus den zwei Prozent künftig drei Prozent des Bruttoinlandsvermögens werden, das zur Aufrechterhaltung der europäischen und nationalen Sicherheit erforderlich sein wird. Merz weiß, dass sich allein in diesem Bereich eine riesige Finanzlücke auftut.

Alle Welt geht davon aus, dass ein Präsident Trump wie angekündigt 2025 einen »Deal« mit Putin anstreben wird. Ein »Einfrieren des Konflikts« und ein Waffenstillstand, etwa entlang des heutigen Frontverlaufs, gilt als potenzielles Ziel. Putin hätte dann erst einmal seine Beute sicher und Trump könnte sich als Politiker präsentieren, der die täglichen Massaker und Zerstörungen in der Ukraine beendet hat. Zwar fürchtet Präsident Selenskyj zu Recht, dass er auf diese Weise von Washington und Moskau in einer Art »Diktatfrieden« zur Preisgabe weiter Teile seines Landes gezwungen wird. Aber wenn die USA eine solche Vereinbarung anstreben sollten, um sich damit der in Amerika unpopulären Milliardenhilfe für die Ukraine zu entledigen, dann rücken diese Überlegungen in den Bereich des Möglichen. Damit wäre Europa noch viel stärker gefordert, der Ukraine zu helfen – zur Eindämmung des Konflikts und danach zum Wiederaufbau des Landes, der nach bisherigen Schätzungen weitaus mehr als 600 Milliarden Dollar verschlingen würde. Dass US-Firmen bereits das Geschäft des Wiederaufbaus wittern, zeigen schon die vielen vorbereitenden Gespräche großer Finanzunternehmen der USA mit der Regierung in Kiew.

Dass Merz die Lage ähnlich einschätzt wie weite Teile der europäischen Außenpolitiker, hat er in einer seiner Merzmails schon aufgeschrieben. Dort heißt es: »Wir müssen davon ausgehen, dass Präsident Trump schon jetzt an einem kurzfristigen Plan arbeitet, den Krieg zu beenden – mit größeren Gebietsabtretungen an Russland, ohne weitere Hilfen der USA an die Ukraine und mit Sicherheitsgarantie«.

Hinzu kommt, dass Trump auch in der Handelspolitik auf Verschärfungen dringt. Seine Drohung, europäische Waren und hier vor allem deutsche Autos mit hohen Zöllen zu belegen, werden in Brüssel absolut ernst genommen. Die EU-Kommission hat sich deshalb in Absprache mit den führenden Handelspolitikern der EU schon detaillierte Gegenmaßnahmen überlegt, um Trump etwas entgegenzusetzen und ihn vielleicht zu Verhandlungen drängen zu können – schließlich ist der ehemalige Immobilienunternehmer ein »Dealmaker«. Dass Deutschland als Exportnation von dieser protektionistischen Politik empfindlich getroffen würde und angesichts drohender Handelskriege in eine extrem schwierige Lage geriete, ist Merz klar. Als langjähriger Vorsitzender der Atlantikbrücke setzt er darauf, mit Trump verhandeln und seine guten Kontakte in die USA nutzen zu können. Aber er macht sich keinerlei

Illusionen darüber, wie groß die Gefahr für Europa ist, im Kräftemessen der großen Mächte zwischen Amerika und China zerdrückt oder dazu gezwungen zu werden, sich auf eine Seite zu stellen.

Das Merz-Team

Natürlich wird erst ganz zum Schluss über die Postenverteilung in einer neuen, unionsgeführten Bundesregierung entschieden. Aber gesprochen wird schon vorher, zumal drei bis vier Namen quasi als gesetzt gelten. Der erste in der Reihe der Merz-Vertrauten ist Carsten Linnemann. Der 47 Jahre alte CDU-Generalsekretär aus Westfalen gilt wie Merz als forsch und wirtschaftsnah und hat den Kanzlerkandidaten von Beginn an unterstützt. Ohne den aus einer Paderborner Buchhändlerfamilie stammenden promovierten Volkswirt Linnemann hätte Merz die CDU kaum in so kurzer Zeit neu ausrichten und den Mitte-Kurs der Ära Merkel korrigieren können. Unter Leitung von Linnemann entstand ein neues Grundsatzprogramm mit deutlich konservativeren Zügen.

Ebenfalls in den engeren Kreis gehört Jens Spahn. Der 44-Jährige legte sich schon relativ früh auf Merz fest. Bereits Ende 2023 erklärte Spahn, dass Merz Kanzlerkandidat der Union werden sollte – zu einem Zeitpunkt also, als der Wettbewerb noch gar nicht offiziell eröffnet war. Spahn, der bei Merz' erstem Anlauf auf den CDU-Vorsitz noch sein unmittelbarer Konkurrent war, hat sich seitdem als loyaler Stellvertreter in der Fraktion gezeigt. Nicht nur deshalb kann der Münsterländer darauf hoffen, in einer möglichen Regierung Merz eine große Rolle zu spielen: Als früherer Gesundheitsminister und Staatssekretär im Bundesfinanzministerium verfügt er auch über Regierungserfahrung. Nach der Bundestagswahl hatte er das Feld gewechselt und kümmert sich jetzt um Energie und Klimapolitik. Spahn, nicht für mangelndes Selbstbewusstsein bekannt, könnte sich aber auch andere Ressorts vorstellen.

Da Merz seinen Wahlkampf mit Fokus auf die Wirtschaftspolitik führt, taucht neben dem Parteichef und Kanzlerkandidaten auch Julia Klöckner öfter auf, die wirtschaftspolitische Sprecherin der Union und eine der frühen Unterstützerinnen von Merz. Auch die Rheinland-Pfälzerin bringt als ehemalige Landwirtschaftsministerin Regierungserfahrung mit. Medienberichten zufolge fand sich ihr Name auf einer Liste für eine Art Notfall-Kabinett, die im Frühjahr 2024 für den Fall eines vorzeitigen Bruchs der Ampelkoalition kursierte. Auf dieser Liste war sie als Familienministerin vorgesehen.

Dafür, dass Klöckner nach der Wahl wieder eine größere Rolle spielen wird, spricht aber noch etwas anderes: Nachdem zuletzt mehrere prominente CDU-Politikerinnen angekündigt hatten, 2025 nicht noch einmal anzutreten, ist Klöckner eines der wichtigsten weiblichen Gesichter der CDU. Gerade für Merz, der den Umfragen zufolge bei Frauen schlechter ankommt als bei Männern, kann sie deshalb eine wichtige Stütze sein.

Das könnte auch für Karin Prien gelten. Die 59-Jährige ist zwar als stellvertretende CDU-Chefin automatisch Teil von Merz' Team in der Parteiführung, doch gilt die Bildungsministerin von Schleswig-Holstein als Verbündete ihres Ministerpräsidenten Daniel Günther, und der wiederum als einer der wichtigsten Verteidiger des Merkel-Erbes in der CDU – also jenes Mitte-Kurses, von dem Merz sich loslösen will.

Will er regieren, wird Merz auch diesen ohnehin schrumpfenden Teil der Partei einbinden müssen. Prien könnte ihm dabei helfen. Zumal sie gerade in den letzten

Monaten immer wieder ihre gute persönliche Beziehung zum Parteichef betont.

Serap Güler ist eine der wenigen bekannteren CDU-Politikerinnen mit Migrationsgeschichte. Wie Merz stammt sie aus Nordrhein-Westfalen. Ihr großer Förderer war jedoch nicht der Sauerländer, sondern Ex-Parteichef und Kanzlerkandidat Armin Laschet. Serap Güler ist von Herkunft und Einstellung eigentlich ein Kontrastprogramm zu Merz, aber vielleicht gerade deshalb eine Kandidatin für eine hervorgehobene Rolle in einer Regierung Merz. Wie Prien könnte Güler ein Bindeglied zu den Teilen der Partei darstellen, die nicht von Anfang an hinter Merz standen – und vielleicht auch zu Teilen der Bevölkerung, die sich in dem 68-Jährigen nicht sehen.

Eine ganz zentrale Rolle spielt Thorsten Frei: Der 51 Jahre alte Jurist aus Baden hat als Erster Parlamentarischer Geschäftsführer der CDU/CSU-Bundestagsfraktion die Kärrnerarbeit für den Fraktionsvorsitzenden. Frei verfügt über langjährige Erfahrung in der Kommunalpolitik, überdies repräsentiert er den nach Mitgliedern zweitstärksten CDU-Landesverband Baden-Württemberg. Seine politischen Positionen sind dezidiert konservativ. Im Auftritt ist Frei meist freundlich, in der Sache aber hart. Auch er käme für ein Ministeramt infrage – oder aber für den Fraktionsvorsitz im künftigen Bundestag –, eine Aufgabenbeschreibung, die auch auf Jens Spahn zutrifft.

Ebenfalls genannt wird Dennis Radtke. Der 45 Jahre alte Europaabgeordnete spielt vor allem als Bundesvorsitzender der Christlich Demokratischen Arbeitnehmerschaft (CDA) eine Rolle. Manche nennen ihn spöttisch den »schwarzen Arbeiterführer« oder gar die »Dampframme aus Wattenscheid«. Eigentlich hat Merz als Wirtschaftsmann keine engen Drähte zum Sozialflügel der Union. Verband Merz mit Radtkes Vorgänger Karl-Josef Laumann noch eine politische wie persönliche Freundschaft, so ist sein Verhältnis zum oft konfrontativ auftretenden Radtke eher schwierig. Aber Merz muss den CDU-Chef einbinden, wenn er danach die Wahl gewinnen und Zustimmung für überfällige Sozialreformen innerhalb der Union erreichen will.

Es ist schwierig, auf dem Gebiet der Finanzpolitik das Vertrauen von Merz zu gewinnen – schließlich betrachtet er alle Fragen rund ums Geld als sein Stammrevier. Aber Matthias Middelberg hat es als stellvertretender Fraktionschef der Union mit der Zuständigkeit für Haushalt und Finanzen geschafft, Merz zu überzeugen. Vielleicht auch, weil der 59 Jahre alte, promovierte Jurist ähnlich offensiv auftritt wie Merz. In den Debatten des Bundestages hat er der Ampelkoalition mit guten Argumenten immer wieder Tricks und Taschenspielereien vorgeworfen. Auch wenn es für ein Ministerium nicht reichen sollte, wird Middelberg im Fall eines Unionssieges in der nächsten Legislaturperiode eine wichtige Funktion einnehmen.

Ähnliches gilt für Johann Wadephul. Der 61 Jahre alte Fraktionsvize besitzt eine unbestrittene Expertise für Außen- und Sicherheitspolitik, ein Themenfeld, das durch die Kriege in der Ukraine und in Gaza sowie durch den Sieg von Donald Trump enorm an Bedeutung gewonnen hat. Zugute dürfte Wadepuhl auch kommen, dass er insbesondere in den USA gut vernetzt ist. Auf den Oberstleutnant der Reserve kann sich Merz verlassen – anders als auf den CDU-Verteidigungsexperten Roderich Kiesewetter, der in Sachen Ukraine-Unterstützung mitunter mehr Druck macht, als Merz lieb ist.

Über große Erfahrung in der Außen- und Sicherheitspolitik verfügt auch Norbert Röttgen. Der ehemalige Bundesumweltminister unter Merkel ist allerdings in der Vergangenheit immer als Merz-Kontrahent in Erscheinung getreten. Außerdem kommt Röttgen wie Merz aus Nordrhein-Westfalen und der Überhang an Kandidaten aus diesem Landesverband ist ohnehin schon hoch.

Neben potenziellen Kabinettsposten hat Merz auch noch einen Kreis an Vertrauten und Beratern um sich versammelt. Es sind Männer und Frauen, die er teilweise seit Jahrzehnten kennt und die er schätzen gelernt hat. Dazu beigetragen haben auch die regelmäßigen Treffen, zu denen Merz seine Wegbegleiter und ehemaligen Mitarbeiter zwischen 2009 und 2018 eingeladen hat – in dieser Zeitspanne hatte er den Bundestag verlassen und war in die Wirtschaft gewechselt. Die Treffen fanden immer an einem Wochenende in einem Hotel statt, mal im Sauerland, mal in Düsseldorf oder nahe von Berlin in Brandenburg. Bis zu 35 Teilnehmer zählte die Runde der Merz´schen Tafelritter. Man diskutierte, lachte, feierte und tauschte sich aus. Merz trug stets die Kosten für Übernachtung und Verpflegung – er kann durchaus großzügig sein.

Zu diesem inneren Kreis zählt beispielsweise Michael Eilfort. Der 61 Jahre alte Politikwissenschaftler ist so etwas wie die wirtschaftspolitische Denkfabrik des CDU-Chefs. Als Merz im Jahr 2000 noch in Bonn den Fraktionsvorsitz von Wolfgang Schäuble übernahm, wurde Eilfort sein Büroleiter. Er unterstützte den liberalen Kurs seines Chefs in der Wirtschafts- und Steuerpolitik, lieferte Zahlen, Berechnungsbeispiele und half Merz auch bei Vorschlägen für eine drastische Vereinfachung des Steuerrechts, die in ihrer Zuspitzung schließlich als »Bierdeckel-Erklärung« berühmt wurde. Die Verbindung hält bis heute. Eilfort, inzwischen Professor und Vorstand der Stiftung Marktwirtschaft, arbeitet Merz weiter zu, unterstützt vom Freiburger Ökonomen Bernd Raffelhüschen. Außerdem ist Eilforts Ehefrau, Barbara Götze, dazugekommen. Sie leitet das Büro des CDU-Vorsitzenden im Konrad-Adenauer-Haus.

Das Zentrum im Kosmos von Merz bildet allerdings Jacob Schrot. Der 35 Jahre alte Politikwissenschaftler war Mitarbeiter von Merkels außenpolitischem Chefberater Jan Hecker, wechselte dann im Wahlkampf 2021 vom Kanzleramt zu Armin Laschet in die CDU-Zentrale und wollte nach der verlorenen Wahl eigentlich der Politik den Rücken kehren. Doch Merz ging auf Schrot zu, der in den USA studiert hatte und ein ausgeprägter Transatlantiker ist. Die Chemie zwischen beiden stimmte sofort und heute fungiert Schrot als zentraler Ratgeber des CDU-Vorsitzenden.

Ebenfalls ein geschätzter Ratgeber und Strippenzieher ist der frühere hessische Ministerpräsident Roland Koch. Der 66 Jahre alte Anwalt gehört zu den Mitbegründern des legendären »Andenpakts«, jener Gruppe aufstrebender CDU-Männer westdeutscher Prägung, die bereits zu Helmut Kohls Zeiten zusammenkamen und sich mit Blick auf ihre absehbaren Parteikarrieren gegenseitigen Beistand schworen. Zu dessen Mitgliedern zählen auch der frühere Ministerpräsident von Baden-Württemberg und EU-Kommissar Günter Oettinger sowie Kurt Lauk, der langjährige Chef des CDU-Wirtschaftsrats. Erst Anfang November hatte Merz alte Weggefährten vom »Andenpakt« zum Abendessen im Berliner Hotel Adlon getroffen.

In der Öffentlichkeit kaum präsent aber dennoch in einer zentralen Rolle befindet sich Christoph Brand. Der heute 64 Jahre alte Jurist kennt Merz noch aus Studientagen. Brand war zwei Jahre lang Vorsitzender des Rings Christlich-Demokratischer Studenten (RCDS) und ist heute wie Merz Mitglied der Ludwig-Erhard-Stiftung und Schatzmeister der parteieigenen Denkfabrik, der Konrad-Adenauer-Stiftung (KAS). In dieser Funktion nutzt er die Akademie der KAS im italienischen Cadenabbia am Comer See, eine alte Villa, in der Adenauer als Kanzler regelmäßig

Urlaub machte und die heute unter anderem für Führungstreffen der CDU oder für das Format »Politik trifft Wirtschaft« gebraucht wird. Brand, ehemaliger Berater und Partner von Goldman Sachs, hilft Merz mit seinem dichten Netzwerk zu Managern und Unternehmern.

Auf der Liste des inneren Kreises darf Renate Köcher nicht fehlen. Die Geschäftsführerin des Instituts für Demoskopie Allensbach präsentiert Merz und dem Vorstand der CDU regelmäßig die Ergebnisse ihrer repräsentativen Erhebungen. Sie hilft dabei, das Ohr auf dem Puls der Zeit zu haben, Stimmungen zu erspüren und die Bedeutung einzelner Themen für die Bürger zu erkunden. Als Meinungsforscherin weiß sie auch, welche Politikfelder an Bedeutung gewinnen und verlieren oder am Ende wahlentscheidend sein können. Sie hat Merz anhand ihrer Untersuchungen auch darin bestärkt, seinen persönlichen Markenkern als konservativ-liberaler Wirtschaftspolitiker zu stärken.

Und jetzt?

Wie die vorgezogene Bundestagswahl am 23. Februar 2025 ausgeht, ist trotz des gewaltigen demoskopischen Vorsprungs, den Merz Ende November 2024 in allen Umfragen hält, alles andere als gewiss. Die SPD und auch die Grünen planen eine intensive Negativ-Kampagne gegen Merz. Er soll als arroganter Millionär dargestellt werden, als kalter Neoliberaler mit Privatflugzeug, als Frauenfeind und Mann von gestern. Die ersten Kostproben der persönlichen Angriffe kursieren bereits im Netz. Dass sich bei vielen dieser zusammengeschnittenen Videos Wahrheit und Dichtung zu einer teils perfiden Propaganda mischen, ist wohl unausweichlich. Die Union will sich davon nicht provozieren lassen und auf einen persönlichen Schmutzwahlkampf verzichten. Wir werden sehen.

Dass die Wahl für Merz noch lange nicht gewonnen ist, zeigt nicht zuletzt die Diskussion darüber, ob Verteidigungsminister Boris Pistorius am Ende nicht der bessere Spitzenkandidat für die SPD gewesen wäre als Kanzler Olaf Scholz. Diese für die Genossen so schädliche wie verräterische Debatte hat zweierlei gezeigt: Erstens muss Scholz erkennen, dass er die Rückendeckung in weiten Teilen seiner Partei verloren hat, was angesichts seiner konstant schlechten Umfragewerte kein Wunder ist. Zweitens ist durch den direkten Vergleich zwischen Pistorius und Merz deutlich geworden, dass die Unterstützung für den CDU-Chef alles andere als stabil ist. Er kann weiterhin erhebliche Teile der Wählerschaft nicht für sich gewinnen. Das zeigt auch die Tatsache, dass es die Union trotz der schlechten Bilanz der Ampel bisher nicht gelungen ist, deutlich über 30 Prozent hinauszukommen. Merz hat hier noch viel Überzeugungsarbeit vor sich. Mit seiner Agenda 2030 und dem 10-Punkte-Programm empfiehlt er sich inhaltlich für eine bessere Wirtschaftspolitik, die Entlastung der arbeitenden Mitte, für eine entschiedenere Migrationspolitik und er zeigt den Mut, auch unpopuläre Prioritäten zu setzen und manche Fehlentwicklungen im Sozialrecht – Stichwort Bürgergeld zu korrigieren.

Renate Köcher vom Institut für Demoskopie in Allensbach veröffentlicht vor Weihnachten aufschlussreiche Zahlen.Während 2015 noch 82 Prozent der Deutschen die heimischen Unternehmen für wettbewerbsfähig hielten, sind es 2024 nur noch 42 Prozent. 2015 betrachteten noch 78 Prozent der Deutschen die Leistungsbereitschaft der Menschen als Stärke, 2024 sehen das nur knapp über 50 Prozent so.

Eine gute Vorlage für den Wahlkämpfer Merz.

Während die SPD ein Stück weit Merkel kopiert und auf Zumutungen sowie Verteilungskämpfe jeder Art verzichten will, appelliert Merz an den Willen zur Veränderung: Wir müssen uns alle mehr anstrengen, damit Deutschland es aus der Krise schafft.

Wie genau das gehen soll, das muss Merz im Einzelnen noch erklären – auch wie er die absehbaren Finanzlöcher im Bundeshaushalt schließen will. Nur mit Einsparungen und höheren Steuereinnahmen durch Wirtschaftswachstum wird er die absehbaren Investitionen nicht bezahlen können. Auf dem Wirtschaftsforum der Süddeutschen Zeitung im November 2024 in Berlin machte er vor diesem Hintergrund auch schon ein interessantes Zugeständnis. Man könne über die Schuldenbremse und ihre Reform reden, so Merz fast im Plauderton, »allerdings nicht, um noch mehr Geld auszugeben für Konsum und Sozialpolitik«. Laute allerdings die Frage, »Ist es wichtig für Investitionen, ist es wichtig für Fortschritt, ist es wichtig für die Lebensgrundlage unserer Kinder, dann kann die Antwort eine andere sein.«

Man sieht daran, dass sich der CDU-Vorsitzende finanzpolitische Hintertüren offenhält, ja wohl offenhalten muss. Wenn er die Wahl gewinnt, so hat er seinen Getreuen eingeschärft, wolle er in den ersten 100 Tagen die zehn wichtigsten Dinge auf den Weg bringen und eine erkennbare Kurskorrektur einleiten. Deshalb werde er im Wahlkampf nur versprechen, was er in seinem Sofortprogramm auch wirklich umsetzen kann. Der Beginn seines Lebenstraums soll schließlich nicht mit einer politischen Enttäuschung enden.

In diesen Tagen, in denen er seine ganz persönliche Zeitenwende vorbereitet, holt sich Friedrich Merz Kraft und Rückendeckung da, wo seine Wurzeln sind, da wo sie immer an ihn geglaubt haben: in seinem Wahlkreis im Hochsauerland. An einem Abend im November, der erste Schnee ist bereits gefallen, besucht Merz den Landmaschinenhändler Vogt in Felbecke. Größer könnte der Kontrast nicht sein: Vor ein paar Tagen saß er noch im Townhall-Chat beim Start-Up-Verband in Berlin Mitte, jetzt tritt er bei der Sauerländer Firma auf, die Produkte wie Schlegelmulcher, Holzhäcksler oder Baumstumpffräser verkauft. Beides Termine nach Merz' Geschmack.

Der Kandidat ist bester Stimmung an diesem Abend. In seiner Rede setzt er auf einen klaren Sieg der CDU, nach Möglichkeit mit doppelt so vielen Stimmen wie einer der wahrscheinlichen Koalitionspartner SPD oder Grüne. »Es liegt an euch, an euch Wählern, was für eine Regierung wir bekommen«, feuert er seine Zuhörer an, »Gehen Sie zur Wahl!«

»Wieder nach vorne«, lautet der neue Wahlslogan der CDU. Friedrich Merz steht jedenfalls bereit.

Personenregister